RESEARCH ON THE LEGAL SYSTEM OF
SUBSTANTIVE CONSOLIDATION OF
AFFILIATED ENTERPRISES IN BANKRUPTCY

关联企业实质合并
破产法律制度研究

钟颖 著

法律出版社
LAW PRESS·CHINA
——北京——

图书在版编目(CIP)数据

关联企业实质合并破产法律制度研究 / 钟颖著. -- 北京 : 法律出版社, 2024
ISBN 978 -7 -5197 -7695 -4

Ⅰ. ①关… Ⅱ. ①钟… Ⅲ. ①破产法-研究 Ⅳ. ①D912.290.4

中国国家版本馆 CIP 数据核字(2023)第 047933 号

关联企业实质合并破产法律制度研究
GUANLIAN QIYE SHIZHI HEBING POCHAN FALÜ ZHIDU YANJIU

钟 颖 著

责任编辑 赵明霞
装帧设计 臧晓飞

出版发行 法律出版社
编辑统筹 法商出版分社
责任校对 晁明慧
责任印制 胡晓雅
经　　销 新华书店

开本 710 毫米×1000 毫米 1/16
印张 16.25 **字数** 213 千
版本 2024 年 7 月第 1 版
印次 2024 年 7 月第 1 次印刷
印刷 北京虎彩文化传播有限公司

地址:北京市丰台区莲花池西里 7 号(100073)
网址:www.lawpress.com.cn
投稿邮箱:info@lawpress.com.cn
举报盗版邮箱:jbwq@lawpress.com.cn

销售电话:010-83938349
客服电话:010-83938350
咨询电话:010-63939796

书号:ISBN 978-7-5197-7695-4
定价:68.00 元
凡购买本社图书,如有印装错误,我社负责退换。电话:010-83938349

序　一

钟颖博士的新著涉及关联企业实质合并破产问题,这是近些年备受破产法学界关注和争议的问题。在优化营商环境、破产法实施颇受重视的大背景下,各地涌现大量关联企业破产案件,而关联企业之间的复杂法律与商业联系对破产法提出了挑战。源于美国判例法实践的实质合并破产制度是解决关联企业破产分配问题的一个重要创新,被我国破产审判实务所借鉴。随着实质合并破产规则的广泛运用,该制度得到了国内学界、实务界的高度关注。中国政法大学破产法与企业重组研究中心主办的"蓟门破产重组对话"曾经先后邀请两位专家就相关话题进行主题演讲,并组织国内外专家深入研讨,其中左北平会计师曾经主讲《关联企业实质合并破产的相关问题》,冯果教授主讲《关联企业合并破产中的利益平衡与问题面向》。此外,我们研究中心研究员贺丹副教授曾经出版专著《企业集团破产:问题、规则与选择》一书,这些均广泛涉及该主题。钟颖博士这本书结合国内外的实践情况,对关联企业实质合并破产制度又作了一个更为精细化的研究。阅读书稿之后,我感觉本书在以下几个方面作了比较有价值的探讨。

第一,实质合并破产的产生逻辑。从整体来看,我国现行《企业破产法》主要以企业法人人格独立原则,通过破产撤销权制度、破产无效行为制度等措施规制滥用法人人格的行为。但是,当关联企业财产、业务、人员混同达到难以区分,人格具有实质统一性的时候,以独立法人人格为基础的破产规制规则明显存在不足。实质合并是美国破产制度下破产法官根据衡平法权力创设的破产规则,反映了关联企业破产的特殊诉求。本书从发生学的视角去研究实质合并破产规则产生的实践逻辑和理论逻辑,并且提出"实质合并规则可以对法人人格基础完全丧失的关联企业进行规制,从而有效地弥补了关联企业破产制度体系的空缺"这一基本观点。

第二,如何构建合理、高效的实质合并破产启动规则?关联企业成员具有独立的法人人格,本应独立地完成破产程序。但是,如果启动实质合并破产,则涉及合并的时间、申请主体、管辖法院等复杂的程序问题,需要在今后的立法中进一步明确。正如书中提及:"如何在多个独立破产程序的基础上进行实质合并,这既关系到司法效率的问题,更关乎相关利益主体的公平问题。此外,实质合并破产如何与现有破产程序规则相衔接,这也是一个现实问题。"

第三,要辩证地看待实质合并破产的制度价值,坚持审慎的适用原则。关联企业的设置是市场上的一种常见现象,有其独特的经济价值。而实质合并是应对关联企业滥用法人人格、不规范经营的一种事后规制手段,可以解决关联企业财产难以区分和债权公平清偿问题。但是,不适当适用实质合并破产不但可能带来新的清偿公平问题,甚至可能影响企业集团化发展。对此,最高人民法院印发的《全国法院破产审判工作会议纪要》曾明确提出,要审慎适用关联企业实质合并破产。人民法院在审理企业破产案件时,应当尊重企业法人人格的独立性,以对关联企业成员的破产原因进行单独判断并适用单个破产程序为基本原则。如何在司法裁判中坚持审慎适用原则,需要法官自由裁量,同时也需要在立法中明确相关规则,防止滥用现象出现。

第四,从实体和程序两个方面构建实质合并破产的判断规则,提升裁判的合理性和正当性。实质合并破产的判断问题是整个制度的核心问题。对此,《全国法院破产审判工作会议纪要》曾经提及标准的问题,"当关联企业成员之间存在法人人格高度混同、区分各关联企业成员财产的成本过高、严重损害债权人公平清偿利益时,可例外适用关联企业实质合并破产方式进行审理"。本书指出,要从实体和程序两方面设计实质合并破产的判断规则,一方面不应局限于单一的人格混同标准,而应以人格混同标准为核心,结合信赖利益标准、债权人收益标准、重整需要标准等标准体系进行裁判;另一方面需要在程序上设置债权人利益反馈程序、合理的举证责任分配机制,以平衡相关主体的利益。这种观点一定程度上反映了当下司法实践的探索方向,需要破产法学界进一步深入研究。

第五,保护异议债权人的利益。实质合并破产是将难以区分的资产合并处理,保证债权人公平清偿。这种处理方式无疑触及了债权人的清偿基础,直接表现为关联企业债权清偿率的改变,容易招致相关债权人的反对。为了防止法院滥用裁判权,寻求债权人之间的利益平衡,本书认为需在裁定实质合并之时赋予异议债权人必要的救济渠道和合理的损失补偿。这种处理方式可以尽可能地保护异议债权人的利益,减少实质合并破产的质疑和阻力。

钟颖博士是中国政法大学2020年入站的博士后,跟随我做博士后研究,他对破产法学有着浓厚的研究兴趣,且涉猎甚广。他的这本专著对我国关联企业实质合并破产法律的制度设计进行了较为全面、系统、深入的探讨,并且根据我国实践提出了一些制度落地的建议。相信本书的出版可以为接下来的关联企业实质合并破产立法和司法解释出台提供一些参考,同时也可以成为该领域深化研究的一个重要基础。期待钟颖博士再接再厉,在破产法学领域持续耕耘,产出更多理论研究成果,为中国破产制度的完善作出贡献。

中国政法大学教授、博士生导师,
中国政法大学破产法与企业重组研究中心主任　李曙光
2023年9月9日

序　二

伴随我国供给侧结构性改革的日益推进和关联企业成员不能清偿到期债务，且资产不足以清偿全部债务或者明显缺乏清偿能力情形的逐步增加，关联企业破产也渐次成为破产法学界关注的热点领域。根据传统企业破产法，具有独立法人人格的关联企业成员达到破产条件的，应分别破产。然而，当关联企业出现法人人格高度混同的现象甚至成为实质上的整体时，对达到破产界限的关联企业成员分别适用破产程序，将面临区分关联企业成员之间的财产成本过大甚至无法对此作出区分的问题，从而难以实现破产债权公平受偿。这无疑给未将关联企业破产纳入考量的我国现行的企业破产制度带来了巨大挑战。在此情况下，关联企业实质合并破产也就在我国司法实践中应运而生。

历史地看，关联企业实质合并破产源于美国判例法实践，是美国法官根据衡平法创设的一项破产救济措施，旨在为解决人格高度混同的关联企业破产问题提供一条新思路。根据关联企业实质合并破产的操作实践，不同实体的财产和债务在破产程序中被作为一个破产案件实施合并，被合并的财产被当作一个债务人的破产财产，所有对合并债务人享有的债权将从这笔破产财产中获得公平受偿。应当说，关联企业实质合并破产虽然可以在一定程度上解决关联企业之间破产财产难以区分、债权人受偿债权不公等问题，但是，此种合并又关涉实体层面的权利问题，意味着否认关联企业成员的法人人格，因此可能会对法人人格制度的价值带来冲击，进而引发合理性质疑。

针对关联企业实质合并破产给传统法人人格理论带来的挑战以及其引发的问题，国外学界和实务界展开了积极有益的探讨，并取得了丰硕成果。但在我国，关联企业实质合并破产的法律规定尚付阙如，相关理论研究和司法实践也处于初步阶段，诸如关联企业实质合并破产的正当性基础是什么、关联企业在何种情况下可以适用实质合并破产、如何构建关联企业实质合并破产的程序和实体规则等基本问题，都还有待学界和实务界进行深入探讨。

本书对关联企业实质合并破产法律制度进行系统、深入的研究，可谓恰逢其时。本书中，作者主要在以下几个方面做了努力：一是揭示关联企业实质合并破产的理论逻辑、基本概念以及价值取向等基础理论问题，论证在关联企业破产中适用实质合并破产的正当性和合理性；二是从立法和司法两个层面考察了国内外实质合并破产的实践现状，梳理了该制度的发展状况以及在我国司法实践中存在的问题；三是对关联企业实质合并破产的启动、裁判、后果这三大核心制度展开了深入、系统的探讨，并提出了一些具有本土性的制度构建建议。此外，尤其值得提及的是，本书除注重理论分析外，还考证了大量的国外案例，同时整理、剖析了国内既有相关案例，提炼出了一些制度经验层面的内容。这可谓本书的一大亮点。

当前，我国正积极酝酿《企业破产法》修订；在此过程中，将关联企业实质合并破产规则纳入《企业破产法》之中的呼声日渐高涨。于此背景下，本书可望为我国破产制度的完善提供参考。当然，本书涉及的关联企业实质合并破产问题无论在理论上还是在实践中均存在较多争议，本书所提出的观点也仅是一家之言，有待学界和实务界甄别。不过无论如何，本书选择关联企业实质合并破产制度这一前沿、复杂而又实用的领域的议题展开系统、深度研究，这是颇值得肯定的。

本书作者近年来一直从事破产法研究；本书是他在其博士论文的基础上，参酌破产法理论和实务的最新发展进一步修改、完善而形成的一部学术专著，同时也是他的第一本学术专著。期待作者在今后一如既往地关注关联企业实质合并破产这个现实回应性强、理论和实践价值彰显的研究方向，持续深耕，取得更多、更好的研究成果。

是为序。

西南政法大学教授、博士生导师、经济法学院院长　卢代富

2023 年 10 月 1 日

序　三

近些年，随着供给侧结构性改革的推进，大量企业面临破产，其中关联企业的破产问题尤为突出。关联企业成员是具有独立法人人格的主体，原本有独立的意志、明确的财产范围、清晰的责任范围，但是，不可忽视的是关联企业之间存在着控制关系，容易使企业的意志和行为产生扭曲和异化。这就要求企业法、证券法、反垄断法、破产法等法律需要对其重新审视，并做出制度回应。在破产法领域，当关联企业在经营过程中形成了人格混同的事实，破产程序的公平清偿价值便受到了挑战。基于此，美国法官根据其衡平权限创造了适用于关联企业破产的实质合并制度，其基本原理即是消灭所有关联企业间的求偿要求，将各成员的财产合并为一个整体以供全部关联企业的债权人公平清偿，从而解决关联企业之间财产难以区分的问题。然而，此种做法与现行的法人人格制度一样，因可能影响到法人人格制度的价值体系，适用时尚需格外慎重。本书就是针对这一问题，对关联企业实质合并破产制度展开的系统研究。阅读书稿之后，我感觉本书有以下几个特点：

其一，本书深入阐释了关联企业实质合并破产的理论渊源。关联企业成员在法律形式上是独立的企业法人，在陷入财务困境时本应坚持法人人格独立的原则，分别进入破产程序。对于不规范的经营行为，则可以采用公司法人人格否认、破产撤销权制度、破产无效行为制度等手段予以规制。面对关联企业滥用独立法人人格，形成人格高度混同的现实，以分别破产为基础的破产规制手段显然已无法满足实践需求，这就为实质合并破产提供了价值空间。本书从关联企业的法律特征出发，结合关联企业破产制度的发展，分析了实质合并破产背后从“独立破产”到“合并破产”的实践逻辑，从“实体法”到“企业法”的理论演变，为我们理解实质合并破产制度提供了一个理论视角。

其二，本书较为全面、系统地研究了关联企业实质合并破产制度的核心问题。关联企业实质合并破产与一般的破产程序协调不同，它不仅涉及多个企业法人破产程序的整合,而且触及实体层面的合并处理,因此,实质合并破产的制度构建无疑是极为复杂的。本书从从系统论的角度出发,对实质合并破产的启动规则、裁判规则、法律后果三大核心问题进行了全面的分析,既有基本原理的探讨,又有国内外实践的总结,并在此基础上提出了本土制度建构的对策与建议。

其三,本书对国内外关联企业实质合并破产的实践做了较为详尽的梳理和分析。实质合并破产源于美国判例法实践,并在一些判例法国家得到确立和发展。经过多年的实践,相关规则已经较为成熟,可为我国的制度设计提供有价值的参考。在我国,尽管没有实质合并破产的立法,但近些年各地法院通过"法官造法",办理了大量关联企业实质合并破产案件,积累了较多的实践经验。本书很好地采用了比较研究和实证研究的方法,一方面梳理了以美国为代表的多个发达国家的实质合并破产实践经验,另一方面总结了我国实质合并破产的实践探索。这些梳理和分析不仅可以为国内相关研究的深入提供素材,而且也可以为司法实践和立法设计提供很好的参考。

其四,本书对关联企业实质合并破产制度的立法设计提出了一些有价值的建议。从国内现有实践看,关联企业破产的启动、裁判、法律后果均存在较多不同的做法,国内外学界对此也存在较多争议。例如,由哪个主体来申请实质合并破产?由哪个法院来管辖?法院裁判时应该考量哪些要素?法院经常采用两个或两个以上判例中的判断标准,哪个标准是决定性的?这些标准之间是什么关系?诸如此类问题,本书从理论出发,参考国内外实践经验,对我国关联企业实质合并破产制度的构建,提出了一个较为系统的制度设计方案。

当前,新一轮《企业破产法》修订正在如火如荼开展,实质合并破产是此次修法过程中重点关注的问题,可以说此书的出版正当其时。本书是钟颖在他的博士学位论文持续修改、充实与完善的基础上完成的,也是他学术生涯的第一本专著。作为他的博士生导师,希望他能够再接再厉,以此为基础不断提升自己的研究能力和研究水平,为中国的破产法理论研究与实践推进作出更多的贡献。

西南政法大学教授、博士生导师　王怀勇
2023 年 7 月 27 日

目录
Contents

绪　　论

一、研究目的及意义

作为一种新型的企业联合形态,关联企业在经济生活中日益普遍。与单一的企业相比,关联企业在整合各类资源、提高运行效率、降低经营成本等方面具有较明显的优势,但关联企业特殊的运行方式也给现行法律制度和司法实践带来了诸多难题。究其根本,是因为关联企业在法律层面上的独立性与经济层面表现出来的统一性之间产生了矛盾:关联企业成员是具有独立法人人格的主体,在法律上能够独立地参加民事法律关系,具有独立意思,以自己独立的财产对外承担责任。但是,关联企业之间存在控制和重大影响关系,使企业的意思和行为容易发生扭曲和异化,呈现出诸多不同于单体企业的表征。因此,关联企业的出现,打破了传统企业法律制度已经建立的平衡和秩序,动摇了规范企业行为的传统法律框架和风险配置机制。[1] 这种冲击使我们需要重新审视所有领域的关联企业问题,并进行制度回应。例如,反垄断法通过控制关联企业滥用市场地位和限制性协议调整关联企业的反竞争行为;证券法通过规制关联企业内部交易保护证券投资者的合法权益;企业法则通过法人人格否认、关联担保控制等方式保护债权人和中小股东的利益。

在破产法领域,企业的关联关系是把"双刃剑":在关联企业陷入经营危机之后,关联关系可能成为其走出困境的有利条件,通过资源的整合走出困境;但是,关联关系也可能成为关联企业转移财产、损害债权人利益的工具。为此,需要针对性的破产措施以规制关联关系,确保破产法价值目标的实现。法人人格否定制度、破产撤销权制度、破产无效行为制度以及"深石原则"等措施可以对关联企业破产违法行为进行一定程度的扼制,但是,上述措施仍然建立在单体企业独立破产的规制逻辑之上。在独立破产的逻辑下,各企业的债权人只能向

---

〔1〕 参见孙向齐:《关联企业破产法律问题研究》,中国人民大学2008年博士学位论文。

其所对应的债务人(企业)分别求偿,而前述措施显然无法完全规制长期形成的财产不当转移行为和人格高度混同。面对在经济事实上为一体的关联企业,如果仍然固守形式上的法人人格独立理念,那么将无法实现关联企业外部债权人之间的清偿公平,最终与法人人格制度的价值相悖。

为应对关联企业之间的复杂关系,美国破产法官根据衡平权限创造了一种适用于关联企业破产情形的公平救济措施——实质合并(Substantive Consolidation),其核心旨意在于否认特定范围内关联企业的独立法人人格,消灭关联企业间的求偿请求,并将其财产合并为一个"资产池"以供相关债权人公平清偿。[1] 虽然实质合并破产尚未在美国的立法中予以明确,且一度引发合法性的争论,但该规则对于关联企业破产的制度价值已经逐渐被美国的破产法官所接受,涌现出大量的实质合并破产的判例。围绕判例实践,实质合并破产的主体、标准、程序等规则不断丰富和完善,已经发展成为一项独立的、具有重要地位的关联企业破产制度。在世界范围内,英国、新西兰等国也先后以不同形式引入这一规则。

在我国,为应对关联企业破产时的特殊法律问题,各地法院在破产实践中已经开始探索实质合并破产的做法,主要表现为"合并重整"、"合并清算"或"合并和解"三种基本形态。由于该规则直面了关联企业破产实务中的诸多难题,因而在破产实践中得到蓬勃发展。当前,国内已经存在大量的实质合并破产案例,例如闽发证券合并清算案、纵横集团合并重整案等。然而,值得注意的是,在我国现行的《企业破产法》中并无任何明确的法律条文依据可循[2],这意味着在中国语境下实质合并破产的法律实践完全是一种"法官造法"的结果。随着相关案例的大量出现,学界对这一规则的质疑也逐渐显现。例如有学者批评道:"对企业集团的合并重整违背了法人独立责任原则,是对债权人权利的损害,缺乏实质法依据和程序法依据的合并重整不应在司法实践中推广。合并重整的实质是对公司法人人格的否认,法院如欲否认公司法人人格,必须经过独

---

[1] 参见徐阳光:《论关联企业实质合并破产》,载《中外法学》2017年第3期。

[2] 从国内现有裁判文书来看,法院裁定实质合并破产的法律依据多为破产法总则性条款和法人人格否认条款,具体是《企业破产法》第1条规定:"为规范企业破产程序,公平清理债权债务,保护债权人和债务人的合法权益,维护社会主义市场经济秩序,制定本法。"《公司法》第20条规定:"公司股东应当遵守法律、行政法规和公司章程,依法行使股东权利,不得滥用股东权利损害公司或者其他股东的利益;不得滥用公司法人独立地位和股东有限责任损害公司债权人的利益。公司股东滥用股东权利给公司或者其他股东造成损失的,应当依法承担赔偿责任。公司股东滥用公司法人独立地位和股东有限责任,逃避债务,严重损害公司债权人利益的,应当对公司债务承担连带责任。"

立的民事诉讼程序,而不应通过裁定的方式否认公司的独立主体资格。在连带债务人破产的情况下,应根据《企业破产法》第52条规定处理连带债务人破产,其债权人有权就全部债权分别在各破产案件中申报债权。"[1]缺少明确的法律依据、与现有立法冲突、实践中做法不一,这一系列问题不仅对司法的权威性和公信力造成了影响,也制约着司法对于商业实践所本应具有的积极回应力的发挥。为此,最高人民法院早已在2012年开始启动《关于适用实质合并规则审理关联企业破产清算案件的若干规定》的司法解释制定工作,但因缺少共识而迟迟不能推出。[2] 在此背景下,本书拟对关联企业实质合并破产的法律问题进行系统研究,论述实质合并破产的理论基础总结分析现有国内外法院的实质合并破产经验,探讨实质合并破产的制度设计,希冀为我国引入实质合并破产规则提供智识支持。具体而言,本书的研究和写作主要为了实现以下几个目的,同时本书的理论和实践意义也包含以下几个目的之中。

其一,在学理层面,力图厘清实质合并破产的理论基础,达成深入研究和实践运用的理论共识。实质合并破产是个"舶来品",虽然国内存在一些司法实践,但是对于实质合并破产的理论基础却缺少深入系统的研究,使实质合并破产的正当性和合理性存疑,影响其司法适用。本书试图"正本清源",从规则产生的背景和判例出发,寻找实质合并的理论渊源,同时界定实质合并破产的法律内涵和制度价值,为实质合并破产的适用提供理论依据。

其二,在实践层面,试图考察国内外实质合并破产的实践历史,展现实质合并破产的发展脉络,为我国相关制度构建提供镜鉴。由于实质合并破产源于判例法规则,故在司法实践的层面梳理实质合并破产的历史实践面貌,便于理解该规则发展的意涵变迁,并将其作为反思现今司法实践的智识起点。本书选取美国、英国、新西兰以及中国几个典型性国家的实质合并破产实践进行考察,梳理其中的经验和问题,为实质合并的制度化提供参考。

其三,在制度层面,意图建构实质合并破产的核心规则,其中主要包括启动规则、裁判规则以及法律后果三个方面。从启动规则看,如何启动对多个破产程序的合并,其中包括什么时候启动、由谁启动、由哪个法院管辖、法院受理后

[1] 参见李永军、李大何:《重整程序开始的条件及司法审查——对"合并重整"的质疑》,载《北京航空航天大学学报(社会科学版)》2013年第6期。

[2] 参见朱黎:《论实质合并破产规则的统一适用——兼对最高人民法院司法解释征求意见稿的思考》,载《政治与法律》2014年第3期。

如何裁定等司法问题。从裁判规则看,由于实质合并破产与法人人格制度存在一定的价值冲突,如果无法合理设定实质合并破产的适用界限,将对围绕法人人格制度构筑的权利体系和商业秩序产生冲击,因此需要明确实质合并破产的标准,防止过度应用。从法律后果看,将关联企业视作一个"整体"进行破产,如何整合关联企业的破产程序,直接决定实质合并破产能否真正实现公平和效率的破产法价值。本书将通过规范分析和实证分析的方法,对标准和程序这两大问题进行应然层面的分析,为司法实践提供借鉴。

二、研究现状述评

(一)国外研究现状

历经近80年的司法实践,实质合并破产不仅成为美国的破产规则,同时也被英国、新西兰等许多国家所认可,并且在联合国国际贸易法委员会制定的《贸易法委员会破产法立法指南——第三部分:破产企业集团对待办法(2010年)》(以下简称《破产企业集团对待办法》)中被重点阐述,力图向世界各国立法提供参考。在丰富的司法实践基础上,已经衍生大量的理论研究成果,可以为国内的实质合并破产实践和研究提供镜鉴。这些研究主要围绕以下几个方面进行。

其一,关联企业实质合并破产的法理依据。在美国,一般认为实质合并破产的理论源自 Adolf A. Berle 教授在1947年提出的"企业整体说"(Enterprise Entity Doctrine)。Adolf A. Berle 教授认为,若多个股东依照法定程序注册一家公司,那么该公司就是一个独立的法律主体,此时该公司在法律事实层面和经济事实层面无疑是一致的。但是,若股东按照法定程序登记注册了多个公司,那么即使在法律上各公司具有独立的法律人格,但各公司之间因关联关系而成为经济上的共同体,某一控制公司实际上已经控制了其他公司的运行。因此,应从经济事实的角度出发,将这些公司视为一个主体。为此,"企业整体说"提出了两个重要的概念用以判断一个公司是否能够成为独立的法律主体,即公司事实(Corporate Fact)和企业事实(Enterprise Fact)。所谓公司事实是指法律事实,所谓企业事实即经济事实。[1] 企业整体说另辟蹊径,揭示了公司经济事实与公司法律事实的区别,与商事活动中快速发展的企业集团和跨国公司的真实现状。然而,在当时,许多美国法官对该学说持保留态度:一方面,该学说对于

---

[1] Adolf A. Berle, *The Theory of Enterprise Entity*, Colombia Law Review, Vol. 47:3, p. 343 - 358 (1947).

在何种情形下可以将关联公司视为一个主体并无具有可操作性的具体标准；另一方面，该学说否定关联公司成员的独立性，可能对企业集团和跨国公司的发展带来非常不利的影响。对此，有学者提出了与"企业整体说"完全相反的"实体法理论"（Entity Law）。该理论认为公司的形式重于实质，具体到关联公司破产程序中，应只考虑各主体在法律上的独立地位，而无须考虑它们在经济上的密切联系，只要将各公司作为独立的主体分别进行破产。然而，破产法的宗旨是公平偿债，但"实体法理论"在处理关联企业的破产问题时，显然无法保障债权人的利益。[1] 从逻辑上看，"企业整体说"更为准确地反映了企业的运行现实。此外，有学者借用法人人格否认理论分析实质合并破产的合理性。从理论演进来看，该规则的特殊性和独立地位越来越得到广泛的认可与肯定。[2]

其二，关联企业实质合并破产的合法性。综合美国学者的观点来看，实质合并破产的合法性依据源于两个方面：一是美国法院的衡平法权力。一般认为，虽然成文法是美国破产法的主要形式，但审理破产的法院依然被视为衡平法院。[3] 在破产案件中，如果认为现有法律规定无法实现公平正义的价值目标，那么法官就可以通过衡平权力实施特别救济，其中，实质合并破产就被认为是特别救济的一种。二是破产法中的特别规定。在著名的 Sampsell v. Imperial Paper & Color Corp. 案（1941 年）中，法院裁定实质合并破产的法律依据便是《美国破产法》第 105 条（a）款和第 1123 条（a）款第（5）项（c）的规定。然而，对于适用实质合并破产规则的合法性，在美国仍然存在许多争议。究竟是衡平法权力，还是破产法的规定抑或最高法院的判例规则，仍然有学者提出质疑。例如 Grupo Mexicano Desar Rollo，S. A. 案，有支持者认为"第三巡回法院在 Grupo 一案的裁定确实支持了而不是限制了破产法中的衡平法权力"[4]，而反对者则认为，"在缺乏立法授权情形下，初审法院没有权力颁布临时禁令"[5]。

---

〔1〕 Douglas and Shanks, *Insulation from Liability through Subsidiary Corporations*, Yale Law Journal, Vol. 39:2, p. 193 – 218 (1929).

〔2〕 Sabin Willett, *the Doctrine of Robin Hood—A Note on Substantive Consolidation*, Depaul Business and Commercial Law Journal, Vol. 4, p. 69 (2005).

〔3〕 Krieger, Marcia S, *Bankruptcy Court is a Court of Equity: What Does That Mean*, South Carolina Law Review, Vol. 50:2, p. 275 (1999).

〔4〕 William C. Blasses, *Redefining into Reality: Substantive Consolidation of Parent Corporations and Subsidiaries*, Emory Bankruptcy Developments Journal, Vol. 24:2, p. 469 (2008).

〔5〕 ［美］道格拉斯 · G. 贝尔德：《论破产重整的实质合并》，张钦昱译，载李曙光、郑志斌主编：《公司重整法律评论》第 3 卷，法律出版社 2013 年版，第 457 页。

其三,关联企业实质合并破产的适用标准。对于适用的原则,兰德教授提出"普遍适用说"(Landers,1975),而波斯纳法官提出"例外适用说"(Posner,1976),以二者为代表的两派曾展开激烈的争论。在具体标准的采用上,主要围绕 Fish v. East 案、Sampsell 案等典型案例展开讨论,先后提出"另一个自我标准"(alter – ego)、资产区分难度标准等多个衡量标准,但是仍然存在较大的不确定性(Sabin Willett,2005)。在联合国国际贸易法委员会制定的《破产企业集团对待办法》中详细介绍了涉及企业集团破产问题的相关制度,其中系统介绍了"实质性合并"的相关内容,尤其对实质合并破产的条件进行了详细的阐释并在"立法条文"的建议中提出了若干"可进行实质性合并的情形"。

总体而言,在国外尤其是美国,结合司法实践对实质合并破产展开研究时间较长,取得了大量的理论成果,其中大部分围绕美国的实质合并破产判例展开。在理论基础方面,经历了一个从"借用法人人格否认理论"到"独立的破产法规则"的发展历史,已经达成基本的理论共识,即"企业法"理论;在具体规则层面,大部分研究争论集中在适用标准、适用程序以及具体清偿等方面,但是仍然未能给出一个清晰的答案。

(二)国内研究现状

在国内,学者对实质合并破产的关注可溯源于 20 世纪 90 年代。当时,主要是在研究关联企业法律规制、法人人格否认法理之时提及实质合并规则[1],然而,这些研究都是简单地介绍实质合并破产基本内容,并未深入分析。随着关联企业破产中对实质合并破产的适用案例增多,直接性的研究亦开始增多。

其一,关联企业实质合并破产的法理基础。对于实质合并破产的正当性和合理性,学界多借鉴国外的企业主体理论,同时也结合现有破产制度的不足和实质合并破产的价值进行论证,例如有学者论述了关联企业独立破产的不利影响,包括造成债权人之间受偿的不公平,损害债权人利益;增加破产成本,降低破产效率;不利于重整目标的实现。而关于关联企业破产其他规制手段的不足,例如,法人人格否认制度是针对个别事项的,法律后果是限定范围的,其重点是保护特定债权人的利益;而实质合并规则对法人人格的否定是全面的、永久的,原则上使关联企业成员之间的所有债权债务关系完全消灭,财产完全合并,强调对全体债权人利益的维护,这在处理高度混同的关联企业破产案件中

---

〔1〕 参见施天涛:《关联企业的公司法调整》,法律出版社 1998 年版;朱慈蕴:《公司法人格否认法理研究》,法律出版社 1998 年版。

是一种更有利的手段。[1] 此外,有学者认为,实质合并破产的理论基础除了美国的企业主体理论,还包括公平正义的法哲学基础、司法效率和重整成功率提高的法经济学基础、公平和平等的民法基础、实现整体效益的经济法基础。[2] 也有学者提出实质合并规则与公司法上的法人人格否认既有联系又有区分,难以作为实质合并的理论根据。[3]

其二,关联企业实质合并破产的启动程序。在我国破产程序下,如何适用实质合并规则,学界和司法界均对此进行了详细的讨论。例如有学者对实质合并破产的启动、申请人、管辖法院、受理等程序问题进行了系统讨论。[4] 有学者对关联企业合并破产重整启动进行类型分析,总结了"分别破产、合并审理""一家破产、其余连带""先行合并、再审破产""整体受理、阶段推进"四种启动类型。[5] 有学者对申请权人的范围进行了具体的分析,其中包括债权人、债务人、清算义务人、出资人、管理人等主体。[6] 有学者对合并破产重整的法院管辖问题提出了解决思路:"利益中心说"是确定管辖的一般原则;"先入为主"是未申请破产之关联企业进入合并破产重整的管辖规则;当出现管辖分歧情形时,建立处理跨地域关联企业合并破产重整的请示协调机制。[7]

其三,关联企业实质合并破产的适用标准。对于如何适用实质合并破产规则,我国学者存在"普遍适用"和"谨慎适用"两种不同的观点,例如有学者认为:我国的企业集团发展处于初级阶段,相关法律调整制度尚不健全,实践中普遍存在不同程度的资产混同、账目不清等现象,相互间或明或暗进行资产转移和利益输送,留下的巨额债务损害了子公司的利益,同时这种损失风险也转嫁到债权人身上。因此,"普遍适用"实质合并破产规则,能够兼顾到大多数案件的公平。[8] 也有学者认为,"应当引导申请人优先适用其他规制不当关联关系的救济手段,只有在独立清算或重整将使部分企业处于无法清理状态且显失公

---

〔1〕 参见张少丽:《关联企业实质合并破产制度研究》,载《重庆第二师范学院学报》2014 年第 4 期。
〔2〕 参见王欣新、周薇:《论中国关联企业合并破产重整制度之确立》,载《北京航空航天大学学报(社会科学版)》2012 年第 2 期。
〔3〕 参见徐阳光:《论关联企业实质合并破产》,载《中外法学》2017 年第 3 期。
〔4〕 参见王欣新:《关联企业的实质合并破产程序》,载《人民司法(应用)》2016 年第 28 期。
〔5〕 参见王欣新、周薇:《关联企业的合并破产重整启动研究》,载《政法论坛》2011 年第 6 期。
〔6〕 参见王欣新:《关联企业的实质合并破产程序》,载《人民司法(应用)》2016 年第 28 期。
〔7〕 参见王欣新、周薇:《关联企业的合并破产重整启动研究》,载《政法论坛》2011 年第 6 期。
〔8〕 参见王欣新、蔡文斌:《论关联企业破产之规制》,载《政治与法律》2008 年第 9 期。

平时，实质合并才能作为必要的处理手段加以使用”。[1] 在具体标准的采用上，我国学者根据本土案例的实践提出了自己的看法。例如有学者认为，我国关联企业实质合并破产的标准应当由现有的单一人格混同标准扩展为包含资产分离困难标准、破产管理收益标准与债权人期待标准的综合标准，从而更好地发挥实质合并制度在解决公司集团破产问题方面的制度功能。[2] 也有学者认为，应将“非法或不当的利益转移或分配”或“人格高度混同”存在与否作为实质评判的两个核心要素。[3] 此外，对于异议债权人保护也多有涉及，例如有学者提出应该赋予债权人异议权和利益补偿权。[4]

其四，关联企业实质合并破产的法律后果。对于启动后如何实施实质合并破产，学界和司法界也进行了相关讨论。例如有关实质合并破产管理人的选任问题，有学者提出，“可以继续指定原管理人为实质合并破产程序的管理人，也可以由多个个别破产程序的管理人共同担任管理人，或重新指定管理人”。[5] 还有程序的整合问题，例如有学者对最高人民法院对破产法第六次司法解释征求意见稿和学界通说进行了反思，认为根本性的局限在于割裂了实质合并规则在清算、重整形态上的统一适用；基于实质合并与清算程序、重整程序的内在逻辑关系，实质合并规则应统一适用于关联企业全部清算型、全部重整型、部分清算部分重整型破产案件。[6] 总体而言，国内关于实质合并破产的研究成果仍然不多，理论研究较为薄弱。具体存在以下问题：一是研究主体大部分是法官和律师，内容多为介绍该法院的经验做法，缺少深入的理论分析。[7] 而少数研究实质合并破产问题的学者又主要在介绍国外经验，尤其是美国的实质合并破产实践，因而缺少制度本土化的深入研究。二是大部分成果都是对实质合并破产

---

〔1〕 参见王欣新、周薇：《关联企业的合并破产重整启动研究》，载《政法论坛》2011 年第 6 期。

〔2〕 参见贺丹：《破产实质合并司法裁判标准反思——一个比较的视角》，载《中国政法大学学报》2017 年第 3 期。

〔3〕 参见朱黎：《论实质合并破产规则的统一适用——兼对最高人民法院司法解释征求意见稿的思考》，载《政治与法律》2014 年第 3 期。

〔4〕 参见徐阳光：《论关联企业实质合并破产》，载《中外法学》2017 年第 3 期。

〔5〕 王欣新：《关联企业的实质合并破产程序》，载《人民司法（应用）》2016 年第 28 期。

〔6〕 参见朱黎：《论实质合并破产规则的统一适用——兼对最高人民法院司法解释征求意见稿的思考》，载《政治与法律》2014 年第 3 期。

〔7〕 参见重庆市高级人民法院民二庭课题组：《关联企业破产实体合并中的法律问题及对策》，载《法律适用》2009 年第 12 期；王永亮、黄杰国：《关联企业破产实体合并的适用条件及审理重点》，载《人民法院报》2010 年 8 月 18 日，第 7 版；陶蛟龙、史和新：《关联公司合并破产重整若干法律问题研究——以纵横集团“1 + 5”公司合并重整案件为视角》，载《政治与法律》2012 年第 2 期。

的整体性梳理和介绍，缺少对于具体问题，尤其是国内司法实践中存在问题的深入分析，因而参考价值有限。三是对适用实质合并破产可能带来的负面效果，如对异议债权人保护的忽视，以及现有破产法程序和实体权利之间的冲突与协调少有涉及。

三、研究思路与方法

（一）研究思路

本书研究遵循“理论基础——实践考察——制度建构”的研究思路，首先，通过揭示实质合并破产规则的思想渊源、界定其概念和特征以及价值取向等，系统论证在关联企业破产中适用实质合并破产规则的理论基础。其次，通过对关联企业适用实质合并破产规则的多层面分析，完整揭示实质合并破产规则的实践全貌，为下文具体问题的讨论提供借鉴。再次，本文以分析整理的实质合并破产的案件为基础，对实质合并破产规则的理论研究、立法规定、司法实践等方面存在的问题及其原因进行分析。最后，根据公司法学、破产法学等学科的相关理论，对该规则适用过程中存在的突出问题提出针对性的构建建议。

（二）研究方法

1. 文献研究方法：本书将通过中国知网、Westlaw、Google、全国企业破产重整案件信息网、中国裁判文书网等资料平台，广泛收集国内外关联企业实质合并破产的相关论文、著作、研究报告、内部数据资料等，以此作为课题研究的“第一手资料”，为研究的全面深入展开以及相关结论的准确性、针对性等奠定基础。

2. 实证研究方法：为全面掌握关联企业实质合并破产的基本情况及其实践效果，本书将运用实证研究方法，对浙江、广东、重庆等地关联企业实质合并破产的实践情况进行调研，尤其针对浙江的关联企业实质合并破产情况，本书通过座谈交流、实地和问卷调查以及典型案例收集等形式，进行全面深入的分析梳理。

3. 比较研究方法：实质合并破产规则源于美国的司法实践，并在实践中逐步得到认可和完善。虽然美国的破产法制度和司法权运行有较大的差异，但关于实质合并破产的适用范围、异议债权人保护等基本问题的规则可以为我国立法提供借鉴。本书收集美国的典型案例，通过深入的案例分析寻找共性的经验。

四、可能实现的创新之处

其一，研究选题新颖。在供给侧结构性改革的大背景下，破产法的功能再次被重视。在破产法领域，实质合并破产似乎成为学界“被遗忘的角落”，虽然司法实践中不乏相关案例，但理论研究成果却少之又少。有成果多侧重于从借鉴美国经验的视角对实质合并破产规则进行研究，而基于本土司法实践的研究较少。即使放眼国外，尤其是实质合并破产的发源地美国，这个规则也算“年轻”，仍然在实践探索阶段，难言完善。本书研究拟立足于我国现有的实质合并破产实践，从实践反思理论，对实质合并破产问题进行多角度、系统性研究。

其二，研究方法多样。国内现有的实质合并破产研究多是介绍美国的经验和理论，缺少本土化研究，这也是之前案例较少的局限所致。近几年实质合并破产的案例越来越多，为本土化的研究提供了丰富的素材。本书拟综合采用实证分析法、个案分析法、文献梳理法、比较研究法等对关联企业实质合并破产制度建构进行立体化的研究，并融入法解释学、法经济学等多学科知识予以阐释，提升写作内容的理论和实践价值。

其三，研究观点创新。实质合并破产的本质是将两个原本独立的法人主体视作“一个主体”进行破产，而这种合并涉及实体和程序两方面的问题。本书对启动、裁判、实施三个阶段进行了分析，结合实质合并破产的价值目标、我国现有的相关法律规则以及国内外实质合并破产的实践，从利于本土司法实践的角度出发，提出了一个本土制度化的系统方案。

第一章

关联企业实质合并破产的理论基础

关联企业的设置有助于资源优化组合，但也给企业破产法律制度带来了新的挑战。面对关联企业滥用独立法人人格，形成人格高度混同的现实，以分别破产为基础的传统破产规制措施已无法满足实践需求。在此背景下，实质合并破产制度应运而生。该制度是衡平法的产物，同时体现了对“实体法”理论不足的反思和“企业法”理论在破产法中的运用。从价值层面看，实质合并破产可在特定情形下实现破产法的公平价值和效率价值。

第一节　关联企业实质合并破产的基本内涵

一、关联企业的法律界定

在现代市场经济中，企业集团化发展已经成为普遍现象。通过设置关联企业，企业集团可以发挥资源共享、管理优化、优势互补、风险管控等多方面优势。然而，不可忽视的是，关联企业的成员形式上是独立的企业法人，但是在资金、人员等方面已经突破了独立企业法人的范畴，形成了复杂的关联关系。这种相互之间的复杂关系对于债权人利益保护、税收征管、反垄断等方面带来了直接的挑战，成为各部门法规制的对象。

法学界曾经对关联企业的概念界定展开过深入的探讨，试图从不同角度界定关联企业的内涵和外延，以明确规制对象。[1] 例如有学者认为关联企业是指为达到一定的经济目的而通过特定手段所形成的企业之间的联合，其具体特征包括：关联企业表现为一种企业之间的联合；形成手段为通过资本参与、企业合同；关联企业的形成主要是为了追求一定的经济目的。[2] 也有学者认为关联企业是与单一企业或独立企业相对应的概念，广义的关联企业泛指一切与他企业之间具有控制关系、投资关系、业务关系、人事关系、财务关系以及长期业务关系等利益关系的企业，而狭义的关联企业则是指与他企业之间存在直接或间接控制关系或重大影响关系的企业。其具体特征表现为：关联企业是企业联合体的组成成员；各关联企业均具有独立的法律地位；关联企业之间存在一定的经济利益联系纽带；关联企业之间存在直接或间接的控制关系或重大影响关系。[3]

从不同学者的观点可以看出，学界对于关联企业的概念已经取得一些基本的共识：关联企业的成员均具有独立的法人人格，但彼此之间存在控制和从属的关联关系。关联关系是关联企业与一般企业的区别所在。“关联企业是一种具有多元化和多层次结构的企业联合”[4]，其本质特征就是关联企业之间存在的控制与从属的关系。所谓控制与从属关系，是指一个企业通过持有股权、签订合同等特定手段影响另一个企业运营，使其按照自己的意志活动，从而在关联企业之间实现一种经营协同和利益配置。对于控制和从属关联关系的认定，一般可以从三个方面加以判断：一是企业的意思机关是否被其他企业控制，例如股东会和董事会被控制企业所控制；二是企业的经营活动是否被其他企业所控制，例如企业经营活动都围绕控制企业的需要而开展；三是企业被其他企业控制具有连续性，是一种长期的影响。对于控制和从属关系的表现形式，一般有以下几种：一是股权控制。一般而言，股权包含着参与公司经营管理的子权利，因此，当一个企业占有另一个企业一定比例的股权时，便意味这两个企业之间控制和从属关系的形成，典型的如母公司与子公司之间的关系。但是，现实

---

[1] 对关联企业的称谓较多，相关的还包括关系企业、母子公司、控股公司与被控股公司、控制公司与从属公司、公司集团、关联公司等。这些概念虽然存在外延的区别，但在破产语境下，关联企业无疑最能反映实质合并破产所指向的主体及其关联关系。另外，由于我国企业破产法的主体主要是企业法人，本书关于关联企业的讨论，如无特别说明，也主要围绕公司进行。

[2] 参见施天涛：《关联企业的公司法调整》，载《政法论坛》1998 年第 6 期。

[3] 参见时建中：《论关联企业的识别与债权人法律救济》，载《政法论坛》2003 年第 5 期。

[4] 施天涛：《关联企业概念之法律透视》，载《法律科学（西北政法学院学报）》1998 年第 2 期。

中以股权控制其他企业的关联企业形态远比前述的复杂，其中包括某一企业通过一个或若干中间企业间接控制一个或多个企业、同受某一企业控制的两个或多个企业等。二是合同控制。通过合同约定权利义务的方式，企业主体之间也可以形成控制和从属关系，例如A企业通过合同影响B企业的决策，使其按照A企业的意志进行生产经营。在现实中不乏这类例子，在德国甚至作为法律规定而确定下来。三是其他控制方式。这类一般是指基于人员身份而产生的一些控制，使企业之间具有关联关系。现实中的形态包括受同一企业或者自然人控制的多个企业，彼此之间并无股权关系或者合同关系；控制企业向从属企业派出董事、监事、经理等经营管理人员，加强其对从属企业的控制。

在立法方面，已有部分国家或地区将关联企业纳入立法中，并对关联企业进行了界定。较为典型的是《德国股份公司法》，它的第一编用8个条文、第三编用47个条文对关联企业作了专门规定，其中第15条将关联企业界定为"若干个法律上独立的企业通过一定的联系而组成的统一的经济实体"，并罗列了五种情形：权益被掌握、能够施加支配性影响、康采恩组织、相互参股1/4以上、订立关联企业合同[1]。在欧洲，各个国家对企业集团的概念有不同的对应称呼，如关联企业、母子公司，这些定义的界定最常用的两个关键概念就是"控制"与"支配"[2]。美国各州成文法中并没有关联企业的规定，但其秉承英美法系的法律传统？运用判例对关联企业予以规范[3]。我国台湾地区，将关联企业称为"关系企业"，其"公司法"第369条第1款规定，本规定所称关系企业指独立存在而相互间具有下列关系之企业：(1)有控制与从属关系之公司；(2)相互投资公

〔1〕《德国股份公司法》第15条规定，关联企业是指若干个法律上独立的企业通过一定的联系而组成的统一的经济实体，具体包括以下几种情形：(1)一个企业的多数权益(包括资产、股份或表决权)为另一企业所掌握；(2)一个企业直接或间接地对另一企业施加支配性的影响；(3)若干个法律上独立的企业接受统一领导而形成的康采恩企业(包括隶属型康采恩和平行型康采恩)；(4)两个以上相互持有对方企业1/4以上股份的相互参与企业；(5)相互间订有关联企业合同的法律上独立的企业。

〔2〕欧洲各国公司法学者共同撰写的《欧盟企业集团法指令草案纲要及说明》对关联企业作了界定。参见吴越：《企业集团法理研究》，法律出版社2003年版，第318－320页。

〔3〕时建中：《论关联企业的识别与债权人法律救济》，载《政法论坛》2003年第5期。

司。在大陆,关联企业作为一个法律术语最早出现于税法和会计法当中[1]。其中,现行的《税收征收管理法实施细则》从企业间的控制关系和利益关系两个方面着手,将关联企业界定为"有下列关系之一的公司、企业、其他经济组织:(一)在资金、经营、购销等方面存在直接或者间接的拥有或者控制关系;(二)直接或者间接地同为第三者所拥有或者控制;(三)其他在利益上具有相关联的关系"。[2] 然而,遗憾的是,尽管关联企业之间的关联交易会对债权人利益保护带来挑战,但是公司法和破产法并未将关联企业纳入其中,这也引发了旷日持久的争议。

综上所述,虽然界定关联企业的标准有所不同,但普遍都是围绕"法人人格"和"实际控制关系"这两个问题展开。从法人人格的角度来看,关联企业本身并非一个具有独立人格的法律主体。它没有整体独立的财产权和统一的意思自治机关,而是由多个具有独立法人人格的企业所组成的联合体。各成员企业以独立法人人格对外开展商事活动,并以独立财产分别承担法律责任。从实际控制关系的角度来看,关联企业成员之间存在事实上的控制和从属关系。它们相互之间存在资金、管理等方面的协同,使其人格独立性容易受到质疑。概言之,关联企业的成员具有独立的法律主体资格,但在经济事实上却存在实际控制关系,这种冲突带来的问题成为关联企业法律规制的逻辑起点。

二、实质合并破产的概念界定

实质合并规则(Substantive Consolidation Doctrine),又称"实质合并",从不同角度出发,国内外学界对其概念存在不同的表述:美国著名的破产法学者 Epstein 等人将"实质合并"描述为:不同实体的财产和债务在破产程序中被作为一

[1] 1991 年 4 月 9 日通过的《中华人民共和国外商投资企业和外国企业所得税法》(现已废止)第 13 条规定,外商投资企业或者外国企业在中国境内设立的从事生产、经营的机构、场所与其关联企业之间的业务往来,应当按照独立企业之间的业务往来收取或者支付价款、费用。不按照独立企业之间的业务往来收取或者支付价款、费用,而减少其应纳税的所得额的,税务机关有权进行合理调整。1991 年 6 月 30 日发布的《中华人民共和国外商投资企业和外国企业所得税法实施细则》(现已废止)第 52 条规定,《税法》第 13 条所说的关联企业,是指与企业有以下之一关系的公司,企业和其他经济组织:(1)在资金、经营、购销等方面,存在直接或者间接的拥有或者控制关系;(2)直接或者间接地同为第三者所拥有或者控制;(3)其他在利益上具有相关联的关系。1997 年财政部发布的《企业会计准则——关联方关系及其交易的披露》第 4 条规定,在企业财务和经营决策中,如果一方有能力直接或间接控制、共同控制另一方或对另一方施加重大影响,将其视为关联方;如果两方或多方同受一方控制,也将其视为关联方。

[2] 参见《税收征收管理法实施细则》第 51 条规定。

个破产案件实施合并,从而当作一个破产债务人对待,这些被合并的财产组成一项单独的破产财产,所有对合并债务人享有的债权将从这笔破产财产中获得分配。[1] 这一描述很好地展示了实质合并破产的基本原理,但是侧重于对合并债务人与外部债权人之间的关系的梳理,并未解释实质合并破产中如何处理关联企业之间的债权债务关系。破产法学者 Sabin Willett 从债权人受偿角度出发,将实质合并破产规则界定为"债权人债权请求权的一种重新分配",即当若干个关联企业同时破产时,对其中个别破产企业的资产享有债权请求权的债权人可以通过实质合并破产规则获得对合并后形成的新资产的债权请求权,这一规则主要适用于母子公司之间。[2] 作为破产法的规则,实质合并破产对债权人与债务人均会产生实质性影响,而 Sabin Willett 仅从债权人的债权分配这一角度来论述这一概念显然有失偏颇,不能准确概括实质合并破产的本质特征。此外,虽然实质合并破产确实较多地适用于母子公司之间滥用控制与从属关系的情形,但正如前文对关联企业的界定,母子公司显然并不是关联企业的唯一形态,因此并非实质合并破产适用的唯一对象和情形,故局限于母子公司并不全面。Phillip. Blumberg 教授则认为,实质合并主要是指法院忽略破产关联企业的独立法律地位,对其资产和债务合并计算,并且排除关联企业之间的债权债务关系,然后将合并后之破产资产,依债权比例向该集团所有债权人分配,并不细加追究该债权是哪一家从属企业所引起的。[3] 这一定义从关联企业内部关系的角度进行了界定,明确了实质合并后债务人内部的债权债务关系,同时又解释了其与外部债权人的清偿问题,但是,对于被纳入的关联企业是否进入破产阶段并无说明。我国台湾地区学者刘连煜也对实质合并规则进行了描述:在控制公司和从属公司或控制公司和控制下的若干从属公司均破产时,将各个破产公司的资产和债务合并,按债权额的比例分配于所有债权人的原则。[4] 该界定将合并的主体限定为控制公司和从属公司之间,与学者 Sabin Willett 的界定一样,显然有失偏颇。关联企业之间并非只有控制与从属关系,例如姊妹公司之

---

〔1〕［美］大卫·G. 爱泼斯坦、史蒂夫·H. 尼克勒斯、詹姆斯·J. 怀特:《美国破产法》,韩长印等译,中国政法大学出版社 2003 年版,第 23 页。

〔2〕Willett S, *Doctrine of Robin Hood – A Note on Substantive Consolidation*, DePaul Business and Commercial Law Journal, Vol. 4, p. 69(2005).

〔3〕Phillip. Blumberg, *The Law of Corporate Groups*, by New York: Little Brown & Co Law & Business, p. 401 – 402(1986).

〔4〕刘连煜:《公司法修正草案关系企业专章中"深石原则"相关问题之研究》,载刘连煜:《公司法理论与判决研究》(一),台北,三民书局 1995 年版,第 162 – 164 页。

间人格高度混同，两者之间并无控制从属关系，而是受同一公司控制。此时，适用实质合并破产的主体是平等的关联企业之间。

我国大陆也有学者对实质合并进行了界定："实质合并制度是在母公司或子公司破产，或母子公司同时破产时，确定母子公司各自的债权人应如何分配各公司的财产，或者说确定母公司债权人与子公司债权人之受偿顺序的一项原则。"[1]此外，也有学者从实质合并对法人人格的影响这一本质性问题出发，认为："实质合并是美国破产法官根据其衡平权限创造的一种适用于关联企业（企业集团）破产情形的公平救济措施（原则），其核心要义在于否认各关联企业的独立人格，消灭所有关联企业间的求偿要求，各成员的财产合并为一个整体以供全部关联企业的债权人公平清偿。"[2]这一界定综合了国内外学者的现有研究，较为全面地揭示了实质合并的来源、制度属性以及具体内容，但是并没有指明关联企业适用实质合并破产的缘由。

综合上述分析，本书认为，实质合并破产是一个在特定情形下适用的破产法制度，包含程序性和实体性两方面内容。结合国内外学者对实质合并破产的认识，可以将"实质合并"界定为：在关联企业先后或同时进入破产时，如果关联企业之间存在高度的人格混同或者复杂的利益转移关系，则可将关联企业的资产和债务进行合并，排除内部债权债务关系，全部债权人统一依照原有的清偿顺位和债权比例从合并后的资产中获得清偿的制度。

三、关联企业实质合并破产的本质特征

（一）以关联企业共同破产为适用的基本条件

实质合并是基于关联企业之间的特定关系，将已经破产或者濒临破产的关联企业合并处理。由于尚无立法的明确规定，对于法院在适用实质合并规则时能否将非破产主体直接纳入实质合并的范围，理论和实务中不无争议。在美国的判例法中，曾出现两种截然不同的做法，一种是允许将实质合并破产的范围扩展至尚未破产的债务人，例如在 Munford 破产案（1990 年）中，法院裁定了同

---

〔1〕 朱慈蕴：《公司法人格否认法理在母子公司中的运用》，载《法律科学（西北政法学院学报）》1998 年第 5 期。

〔2〕 参见徐阳光：《论关联企业实质合并破产》，载《中外法学》2017 年第 3 期。

属 Munford 的债务人公司和非债务人公司因资产混同而实质合并破产。[1] 另一种是拒绝将非债务人纳入实质合并破产的范围。例如，在 Julien 公司破产案(1990 年)中，法院认为，除非在破产程序中提出，否则实质合并的提议是不适当的；从程序上考虑，对非债务人实施实质合并可能存在管辖权限问题。[2] 从现有案例看，法院将非债务人公司直接纳入实质合并破产程序的正当性源于债务人与非债务人之间的“另一个自我”(alter - ego)关系，通过测试实体之间的实质一体性，从而可以直接由法官裁定实质合并。然而，这种做法在美国存在诸多质疑。首先，从这种直接合并非债务人的裁判权限看，似乎并无直接依据。追溯美国相关判例，支持这种合并的先例源于 Sampsell v. Imperial Paper 案(1941 年)，实际上，法院裁定合并非债务人资产很大部分原因是非债务人并不涉及任何当事人，完全是为了转移资产而设立的实体，因此，该案的立场最多是承认法院有权批准实质合并破产，但并不包括可以直接合并非债务人实体。其次，从美国破产法的规定看，授予法官的自由裁量权也并不包括对非破产债务人的管辖权限。[3] 至于可以强制破产的案件有着严格的标准，并不包括一般的非债务人，因此以实质合并的方式将非债务人纳入破产程序，直接违反了破产

---

[1] 在 Munford 公司破产案中，法院支持了关于非债务人公司与债务人公司之间的实质合并动议。债务人 Munford 公司，是 Majik Market 系列便利连锁店(约 500 家)的许可方及所有权人。非债务人 TOC 零售店，拥有 Munford 公司授予 343 家 Majik Market 系列便利连锁店的代理权。在考虑两家公司是否合并的因素中，两家公司注册地为同一个地址，用同一个住所办公，保险及资金混合使用。在 Munford 案件中，债务人提出实质合并的请求。法院根据 Augie/Restivo 测试标准发现，债权人信赖两家公司实为一个共同的实体，同时合并的利益远远大于其弊端。See Predko, Christopher J, *Substantive Consolidation Involving Non - debtors: Conceptual and Jurisdictional Difficulties in Bankruptcy*, Wayne Law Review, Vol. 41, p. 1757(1994).

[2] 在 Julien 案中，法院否决了一项将公司债务人的财产与非债务人财产合并的动议，因为受托人在试图将债务人与非债务人合并时使用了不当的程序方法。在此案件中，Julien 公司，田纳西州的一家棉花贸易公司，依据破产法第七章的规定被列为债务人。受托人试图以债务人的资产合并非债务人 Julien Hohenberg 的资产。受托人声称 Julien 公司和 Julien Hohenberg 公司互换法人人格。根据最初的破产请求，受托人支持了实质合并的动议，但是法院认为判定实质合并是不合理的，除非已有对抗诉讼提起。虽然本案件纯粹是以程序上的理由否决，the Julien 的主管法院认为，仍有可能有权利将实质性合并扩大到非债务人的问题。See Predko, Christopher J, *Substantive Consolidation Involving Non - debtors: Conceptual and Jurisdictional Difficulties in Bankruptcy*, Wayne Law Review, Vol. 41, p. 1761(1994).

[3] 根据《美国法典》第 11 编“美国破产法”第 105 条“法院的权限”的规定:(a)法院有权发出任何对于执行本法规定有必要或者适当的命令、程序或者裁定。任何允许一方当事人对本法提出质疑的规定都不能用来解释为什么主动将法庭排除在采取必要行动、作出必要或者正确的决定、执行法庭的裁定或者规定，或防止程序的滥用等手段之外。参见李飞主编:《当代外国破产法》，中国法制出版社 2006 年版，第 465 页。

的正常程序。[1] 最后,就公平角度而言,实质合并将迫使仍然具有偿付能力的债务人破产,因此涉及两个破产实体债权人与非破产实体债权人之间的公平问题。如果直接纳入合并破产清算,这样不仅否定了非债务人破产重组的权利,也违反了一般破产复苏的理论。

在我国,直接将尚未破产的债务人纳入破产程序也是缺少合法性依据。根据《企业破产法》的规定,我国破产程序的启动采取破产申请主义,即非经债务人或者债权人向有管辖权的法院提出申请,不得开始破产程序。[2] 可见,破产申请是法院启动破产程序的绝对前提。在此背景下,法院直接将尚未破产的关联企业纳入实质合并破产程序之中的做法显然与立法相悖,容易损害非破产债务人及其债权人的利益。此外,如果允许法院可以依职权直接将未破产的债务人纳入,那么法院裁量的标准是什么?如果缺少界限,法院的权力可能被滥用,并且可能成为规避破产申请程序的工具。正如美国法官对涉及非债务人的实质合并描述道:"一种可能变成怪物的新动物。"[3]

综上所述,实质合并破产以债务人共同破产为基本条件,对于纳入尚未破产的债务人则较为谨慎,只有在立法特别规定的情况下才能适用,否则与现行立法中的破产申请主义相悖。正如联合国国际贸易法委员会制定的《破产企业集团对待办法》所建议:"实质性合并通常涉及已进入破产程序的集团成员,但在某些情形下,而且某些破产法也允许时,可以把合并的范围延伸至表面上并未破产的成员。发生这种情况的实情是:如果进一步调查表明,由于资产混合或该法律实体为虚假实体或涉嫌欺诈图谋,该成员实际已经破产,则把其列入合并将有所助益,不将其包括在合并中不现实。"[4]

---

〔1〕 根据《美国法典》第 11 编"美国破产法"第 303 条"强制破产的案件"的规定:(a)强制破产的案件只能根据本法第 7 章或第 11 章的规定才能启动,并且只适用于在相应章节的自然人,不包括农民、家庭农场主和非金融、商业或贸易性的公司。参见李飞主编:《当代外国破产法》,中国法制出版社 2006 年版,第 476 页。

〔2〕 参见《企业破产法》第 7 条:"债务人有本法第二条规定的情形,可以向人民法院提出重整、和解或者破产清算申请。债务人不能清偿到期债务,债权人可以向人民法院提出对债务人进行重整或者破产清算的申请。企业法人已解散但未清算或者未清算完毕,资产不足以清偿债务的,依法负有清算责任的人应当向人民法院申请破产清算。"

〔3〕 See Predko, Christopher J, *Substantive Consolidation Involving Non-debtors: Conceptual and Jurisdictional Difficulties in Bankruptcy*, Wayne Law Review, Vol. 41, p. 1771 (1994).

〔4〕 联合国国际贸易法委员会:《贸易法委员会破产法立法指南——第三部分:破产企业集团对待办法》,第 61 - 62 页。

（二）以独立法人人格缺失为适用的逻辑前提

在传统的公司法体系下，公司被视为具有独立法人人格的实体，因此，即使进入破产阶段，依然维系其独立人格，债权人就公司的独立财产进行清偿。根据公司法的基本原理，法律人格是商业公司五个结构性特征之一，而“独立财产”是公司的法律人格的核心要素。这种财产独立的核心功能被称为“实体保护”，它强调将主体（公司）资产隔离于该实体的所有者的债权人。就“实体保护”而言，涉及两项相对独特的法律规则：一是优先权规则，即当公司债权人与公司的所有者的个人债权人均就公司资产设定担保权时，该规则赋予公司债权人以优先权，以这种方式来为公司的合同承诺作出保证；二是“清算保护”规则，公司的所有者（股东）不得随意从公司撤回其资产份额从而导致公司部分或者全部清算，公司所有者的个人债权人也不得撤回该所有者在公司中的财产份额，从而保护公司的营运价值免受股东或其债权人侵害。[1] “独立财产”是公司对外承担责任的基础，上述规则旨在通过维护公司财产的独立性来保障公司人格的独立性，从而实现股东与债权人之间的利益平衡。

然而，在关联企业中，无论是在欺诈转移资产还是人格高度混同的情形下，本质上都违背了“独立财产”的要求，使公司独立法人人格的基础缺失。当关联企业的实际控制人以转移资产为目的欺诈设立公司或者将部分公司的资产以某种方式转移至其他关联企业时，保护债权人利益的“独立财产”实际上已经不存在。而在关联企业公司人格混同的情形下，公司之间财产已经“混合”，难以区分不同法人的“独立财产”，此时公司债权人受偿的基础应为混合后的财产。破产是一种概括的债务清偿程序，借助于公权力的介入暂时剥夺不能清偿债务的债务人对其全部财产的管理处分权，赋予全体债权人以公平受偿的机会。[2] 就破产财产的角度而言，清偿的对象应该包括债务人的全部财产，对于非法转移的，则应该受到破产法的规制。当多个公司的财产实为一个公司的财产或者破产财产已经高度混同之时，则不能继续以法律形式上的独立人格为破产的依据，否则无法保护外部债权人的利益，并且这也与法人人格制度的初衷不符。

对于实质合并破产的适用，无论是理论观点还是司法实践，均秉持了严格

---

〔1〕 参见［美］莱纳·克拉克曼、亨利·汉斯曼等：《公司法剖析：比较与功能的视角》，刘俊海、徐海燕等译，北京大学出版社 2007 年版，第 7 页。

〔2〕 参见邹海林：《破产法——程序理念与制度结构解析》，中国社会科学出版社 2016 年版，第 5 页。

适用的基本态度。从适用的司法实践看,“另一个自我标准”“资产区分困难标准”“欺诈转移标准”等都指向关联企业并未严格遵循“独立财产”的要求,致使债权人清偿的财产基础发生改变。因此,以合并财产、共同清偿的方式实现公平目标,有助于保护外部债权人利益并维护外部债权人之间的平衡,实现破产法的价值。至于债权人全体同意合并破产,则属于当事人意思自治的结果,法院无理由反对,但这并不属于本书所探讨的实质合并破产裁定的问题范畴。综上所述,实质合并破产的本质是将多个法人实体视为“一个债务人”,需要以关联企业的独立法人人格缺失为逻辑前提。

(三)以债权债务合并处理为适用的法律后果

实质合并破产将关联企业“视作”一个破产整体,消灭内部债权债务关系,合并处理外部债权债务关系,其本质上是全面否认了关联企业的独立人格。因实质合并而被评估的因素表面上与“刺破公司面纱”的分析有相似之处。和“刺破公司面纱”一样,实质合并忽视了拟制结构(artificial structure)而否定合并的实体法人人格。然而,由于并未考虑关于有限责任的公司法学说,则最终导致了这一错位。相反地,实质合并与公司法中的有限责任概念更加相似,这是因为实质合并并不打算要股东为他们合并实体的行为承担责任。实质合并与从属破产规则更加相似,因为债权人之间针对合并资产的竞争是独立的。因此,实质合并忽视了拟制的法定结构,而仅指望于合并实体的总资产以满足集体的索赔。实质合并破产一定程度上否认了企业的独立法人人格,易对商事交易秩序产生冲击。从司法实践来看,实质合并破产脱胎于法人人格否认法理,但是二者又有区别。法人人格否认是在个案中否定法人人格,追索股东的连带责任,而实质合并是在破产阶段,否定关联企业的独立法人人格,将其债权债务合并处理。这种破产阶段的法人人格否认将改变债权人的清偿基础,影响最终的清偿结果,这对于法人人格制度及其有限责任制度构筑的稳定预期产生冲击。为了保护商业秩序的稳定,应对这种法人人格否认进行严格的限制,只有在法人人格的基础不存在时方能适用,否则,仍然应该在独立法人人格的基础上进行破产。实质合并制度和公司法中的人格否认理论不能等同。实质合并这项破产法规则产生于关联企业日益发展壮大的现实背景之中,通过多个案件处理的效果可以证明其正当性,但是,从理论角度上看,传统公司法中的人格否认理论不能成为实质合并之理论根本。通过美国判例法发展过程,可以看出实质合并事实上乃独立于人格否认理论以外的一种全新的破产法理论,适用实质合并与否,也不仅仅限制于人格混同这种情况,还应考量管理人利益标准、成本效益标准等。并且,人格否认理论滥觞于对股东连带责任之追索,即使接受反向人格否认的理论背景,也只是局限于母子公司相互之间的追索,但实质合并规则除外,并且主要出现在关联企业合并的情形之中。是故,实质合并和法人人格否认有类似的地方,但是差别亦非常显著。实际上,美国的判例规则发展过程亦阐释了两者之间的关系以及差异,可以说,实质合并更像是披着人格否认外衣之独立性规则。[1]

四、关联企业实质合并破产与相关概念的区别

由于实质合并将关联企业的破产财产和债务合并处理,本质上否定了关联企业的独立法人人格,因此有学者将实质合并规则认为是法人人格否认法理的一部分。[2] 此外,两个或两个以上破产案件的"合并审理"(程序合并),与实质合并破产也有着本质的区别。对于这两个容易混淆的概念,下文将重点辨析,以进一步明确实质合并破产的特殊性。

(一)实质合并破产与法人人格否认

对于实质合并破产与法人人格否认的区别,学界多有讨论。例如有学者指出:两制度虽存在相似的构造,但具有不同的侧重点。其中,实质合并制度旨在提升司法的效率和债权人的公平性,只要达到一定条件,实质合并制度即可在所有案件中发挥作用。而揭开公司面纱制度只是一个个别的独立事件,其旨在处理单独的债权债务的责任主体问题,故并不能将揭开公司面纱与实质合并完全等同。[3] 也有学者针对揭开公司面纱理论和实质合并指出了两点不同。一是实质合并与公司法奉行的股东有限责任原则并无相关性。因为实质合并没有追索股东对公司设立的实质责任,只是适用于破产中对资产的竞争关系。因此,实质合并实质上是忽略了拟制的法律结构,只是对合并的共同资产有所涉及,从而满足所有债权人的请求。二是实质合并主要是将关联企业之间的财产进行合并,以保护所有债权人的合法权益,而揭开公司面纱旨在通过有限合并,责令股东对公司债务承担连带责任的方式来保护特定而非所有债权人的利益。

---

[1] 参见徐阳光:《论关联企业实质合并破产》,载《中外法学》2017 年第 3 期。

[2] 朱慈蕴:《公司法人格否认法理研究》,法律出版社 1998 年版,第 277 页。

[3] 贺丹:《上市公司重整中的公司集团破产问题》,载《政治与法律》2012 年第 2 期。

可见,实质合并和揭开公司面纱的出发点是不相同的。[1] 美国学者也有相关讨论,例如有学者认为:实质合并忽视公司的法律界限而将关联企业的股东的资产和负债打包处理。实质合并源于早期的“公司法人人格否认”法理,其包括实质合并的救济、揭开公司面纱和衡平居次原则,并逐渐演变成独特的原则。但是,实质合并原则与揭开公司面纱以及其他否认公司人格的规则在本质上是截然不同的。[2]

本书认为,公司法中的法人人格否认理论为实质合并破产的形成提供了理论借鉴,但二者并不能画等号。一方面,从规制的方式看,法人人格否认通过直接追索公司股东的责任规制滥用法人人格的行为,而实质合并是在实体权利层面统一处理关联企业的破产财产和债务清偿,并不要求股东对其所设立的公司的行为后果承担责任。[3] 对于法人人格否认的适用,例如有学者认为,公司法仍然将股东有限责任和公司独立人格奉为圭臬,而揭开公司面纱仅仅是为了矫正公司法的独立人格所带来的某些不公正之现象,而不是旨在彻底推倒该项制度,因而决不能对揭开公司面纱进行随意滥用。因此,揭开公司面纱只能在个案中有限适用,在司法实践中严禁扩张无限适用这项制度而破坏公司法的基石。[4] “揭开公司面纱(法人人格否认),只是在独立案件的审理中对法人人格的一般性否认,对于股东滥用法人独立地位侵害公司和债权人利益的行为予以一般性、个案性的否认,旨在矫正绝对遵从股东有限责任所引发的不公平现象。因而揭开公司面纱理论只能在个案中适用而不能对所有的关联企业适用。”[5] 另一方面,从实际应用场合看,揭开公司面纱仅仅限于母子公司之间的追索,但实质合并的应用场景更多,并不局限于母子公司之间,只要是关联企业皆可适用。是故,揭开公司面纱制度和实质合并制度尽管在形式要件上有很多相似之处,但亦不乏诸多差异。诚如学者所言,“实质合并更像披着人格否认外衣之独立性规则。”[6]综上,实质合并与法人人格否认存在明显区别,是一项旨在解决

[1] 参见彭插三:《论美国破产法中的实质合并规则》,载《财经理论与实践》2010 年第 2 期。

[2] Mary Elisabeth Kors, *Altered Egos: Deciphering Substantive Consolidation*, University of Pittsburgh Law Review, Vol. 59, Issue 2, p. 386 (1998).

[3] 参见[美]大卫·G. 爱泼斯坦、史蒂夫·H. 尼克勒斯、詹姆斯·J. 怀特:《美国破产法》,韩长印等译,中国政法大学出版社 2003 年版,第 24 页。

[4] 参见朱慈蕴:《公司法人格否认:从法条跃入实践》,载《清华法学》2007 年第 2 期。

[5] 李永军、李大何:《重整程序开始的条件及司法审查——对“合并重整”的质疑》,载《北京航空航天大学学报(社会科学版)》2013 年第 6 期。

[6] 参见徐阳光:《论关联企业实质合并破产》,载《中外法学》2017 年第 3 期。

关联企业破产程序中债权人公平清偿的全新规则，具有明显的破产法规则属性。

（二）实质合并与程序合并

程序合并，学理上又被称为“合并审理”（Joint Administration），主要是指当两个以上的债务人提起不同的破产申请时，法院将其作为一个案件进行审理的程序。[1] 这种合并可以避免分别破产造成的重复工作，从而降低破产成本，提高破产的工作效率。实质合并不仅在程序上将两个以上破产案件合二为一，而且在实体权利义务上统一清偿，其目的在于破解关联企业之间法人人格高度混同，实现债权人之间公平清偿。二者最大的区别在于：程序合并仍然要求破产财产的独立和分别保管，各债权人只能从各自的债务人财产中获得清偿，因此，并不会影响债权人和利害关系人的实体权利，无须触动破产当事人的实体权利即可达到提高破产程序效率的目的。[2] 而实质合并则不同，其适用意味着将债务人的资产进行统一计算，形成贯穿于整个破产程序的独立资产。原有企业债权人无法再从原有企业的财产获得清偿，而是必须向合并后的资产主张权利。在《美国联邦破产程序规则》第1015条（B）款中，程序合并（Procedural Consolidation）已有体现，如果支持或者反对重组的诉讼请求或多个同类请求向同一个法院提出申请，以下情况法院可以对案件合并审理，包括：（1）夫妻双方分别提出的诉讼；（2）合伙企业和合伙人之间的案件；（3）两个以上普通合伙人之间的案件；（4）债务人与其附属机构的案件。对于上述案件，法院往往会采取程序合并的方法，以便提高审理效率。

第二节　关联企业实质合并破产的思想溯源

一、实质合并破产的实践逻辑：从“独立破产”到“合并破产”

随着社会经济的不断发展，当代大型企业多选择通过集团化运作的方式来降低内部交易成本、优化资源配置、提高经济效率，关联企业因而也已成为经济

〔1〕 参见［美］大卫·G. 爱泼斯坦、史蒂夫·H. 尼克勒斯、詹姆斯·J. 怀特：《美国破产法》，韩长印等译，中国政法大学出版社2003年版，第24页。

〔2〕 Gilbert, J. Stephen, *Substantive Consolidation in Bankruptcy: A Primer*, Vanderbit Law Review, Vol. 43, p. 212 (1990).

生活中广泛存在的现象,在经济发展中起到不可或缺的作用。关联企业最显著的特点在于,其法律层面上的独立地位与经济层面上的密切联系存在冲突,这种冲突导致的问题在企业日常经营管理中体现得并不明显,但当企业出现破产情形时,这种冲突的影响就会被放大,甚至导致破产法的公平价值、程序价值以及重整制度价值受到严重破坏。[1] 对此,法人人格否认、破产撤销权制度、破产无效行为制度,可以为规制关联企业之间的破产违法行为提供选择,然而这些规制手段都存在一定的局限性。具体而言,上述手段主要是针对某些可以区分的行为而进行的针对性规制,本质上仍然是以法人人格独立为基础的。公司具有独立人格和股东承担有限责任是以严格贯彻公司财产和股东财产的分离原则为前提的。[2] 但是,关联企业的经营行为经常逾越法人人格独立的要求,因此,关联企业的独立人格常常受到质疑。而衡平居次原则虽然缓和了关联企业内部债权人与外部债权人之间的利益冲突,有助于规制关联企业滥用控制地位的行为,但是,其规制的范围和作用仍然有限。

在此种情况下,美国在判例法实践中逐渐形成了实质合并规则。从生成逻辑上讲,实质合并规则就是在人格否认制度、衡平居次(深石原则)和从属求偿原则之上发展起来的一项全新的制度。[3] 实质合并是法官根据衡平法权力创设的破产规则,反映了关联企业破产的规则诉求。根据关联企业法人人格滥用程度的不同,实质合并破产可以对法人人格基础完全丧失的关联企业进行规制,从而有效地弥补了关联企业破产制度体系的空缺。

(一)关联企业的法人人格异化

1. 利用关联关系转移资产

关联关系的存在有利于企业集团化运营,然而,这也成为关联企业转移资产、损害债权人利益的工具。根据法人人格制度的原理,关联企业之间是独立的法人主体,作为子公司股东的母公司承担有限责任。但由于关联企业以集团企业的结构从事经营活动,故要比单一的企业更容易损害债权人的利益。一般而言,从属企业为了企业集团或者控制企业的利益而设立、经营,并非单纯地为了自身的利益,此时,从属企业的债权人之利益面临较大风险。例如,从属企业

---

〔1〕 参见王欣新、周薇:《论中国关联企业合并破产重整制度之确立》,载《北京航空航天大学学报(社会科学版)》2012 年第 2 期。

〔2〕 参见朱慈蕴:《公司法人格否认法理研究》,法律出版社 1998 年版,第 67 页。

〔3〕 参见徐阳光:《论关联企业实质合并破产》,载《中外法学》2017 年第 3 期。

的财务、人员形式上独立,但却时常为了控制企业的经营目标而作出并不符合利益最大化的市场决策。独立的法人以其财产对外承担责任,债权人以法人的独立财产为获取清偿的基础。控制企业通过控制地位干预从属企业的经营,使其行为发生扭曲,但却依然享受有限责任的庇护,显然违背了法人人格制度的初衷。在关联企业破产的语境下,控制与从属关系往往成为转移资产、逃避债务的工具,这不仅造成债权人清偿利益的减损,同时也使得对应不同关联企业的债权之间清偿不公。

无论是控制公司还是从属公司,在法律上都是具有法人人格的主体,因此,它们之间完全可以开展正常的市场交易,发生债权债务关系。但是,在商业实践中,关联企业之间的控制和从属关系却容易成为逃避债务、损害债权人利益的工具。由于关联关系对企业法人人格独立性的影响,关联企业之间的债权往往具有不同于一般性债权的特质。相较于外部债权人,关联企业之间存在信息上的优势。由于经营上的统一控制,使关联企业之间了解彼此的真实经营情况,可以相机做出有利于关联企业整体利益的决策,并且通过看似合法的方式转移财产,例如在企业有可能进入破产程序时,就开始进行一系列有目的的资产低价转让、抵押、转移或者投资、采购等财产转移行为,或者将债务受让给将要破产的企业,借此实现"金蝉脱壳"。[1]

2. 关联企业法人人格混同

随着市场经济的发展,关联企业日益成为常见的组织形态。这种"整体控制"已经成为诸多大型企业的经营方式,但也带来了关联企业的破产困境。不同于单体企业,关联企业债权债务关系复杂,不仅涉及的债权人众多、当事人分布地域广、债权债务数额大等一般性问题,而且,关联企业长期经营过程中形成的"法人人格混同"使外部债权人的权益保护面临极大难题。一般而言,公司人格混同,又称"人格形骸化",主要指公司作为法人的人格要素与股东完全混同,使公司人格丧失必要的独立性,形成股东就是公司、公司就是股东的情况。[2]但是,由于关联企业之间的关系并不仅仅是股权关系,除此之外,还包括协议控制等经营上的控制关系,因此,本书所指的关联企业"人格混同"是指破产状态下两个以上关联企业在经济事实层面上的混同,与公司法人人格否认法理中的公司人格混同既有联系又有区别。在破产语境下,关联企业的人格混同具有特

〔1〕 孙向齐:《关联企业破产法律问题研究》,中国人民大学2008年博士学位论文,第33页。
〔2〕 参见姜婉莹:《公司法人格否认之人格混同情形司法适用研究》,载《商事法论集》2009年第1期。

定的意义，主要是指影响债权人清偿公平的混同。综合现有理论和实践，法人人格混同主要从财产、业务以及人员三方面进行界定，从中也可以看出其给关联企业破产带来的挑战。

第一，财产混同。根据法人人格的基本原理，企业法人拥有与其股东相分离的独立财产，而这些财产是其对外从事民事活动并独立承担责任的基础。如果关联企业之间出现财产混同，容易导致企业之间转移、隐匿资产，从而改变企业对外承担责任的基础，损害债权人的清偿利益。因此，财产混同是判断"法人人格混同"的关键要素。对于"财产混同"的界定，一般从客观状态和行为表现两方面展开：前者是指企业之间的财务混同状态，例如公司财务账簿不分、营业场所相同、办公设施相同等；后者指企业之间的财产混同行为，例如企业间财产随意调用、缺少合理对价的交易等。相较而言，后者比前者更加容易判断识别。在关联企业破产的案件中，"财产混同"主要指关联企业之间的剩余资产混同，导致破产财产难以确认。

第二，业务混同。业务混同是指一个公司完全为另一个公司的利益需要而开展交易活动、实施交易行为、选择交易方式、设定交易价格等，使交易的另一方无法分清究竟是公司还是股东的交易行为，从而剥夺了原本属于公司的利益机会。〔1〕一般来说，业务混同包括两方面表现：一是不同公司之间从事相同的业务活动，公司所从事的具体交易行为受同一控制股东的指挥、支配或者组织；二是关联企业内部实施大量的交易活动，其交易行为、交易方式、交易价格等都以母公司或公司集体的整体利益需要为准，没有独立的、自由的竞争，资金在公司之间随意流动。〔2〕业务混同导致关联企业之间容易发生不合理的利益转移，直接影响不同企业的债权人之间的公平清偿。

第三，人员混同。公司是拟制的法律主体，其意思需要通过公司特定的机构和人员才能形成，因此，独立的意思机关是公司法人人格的独立基本要素之一。人员混同又称为机构混同，在实践中表现为公司集团中公司之间董事会成员的相互兼任，总经理及公司的高级管理人员的统一调配、聘任或任命；公司与股东或两个不同实体的董事、经理完全一致，甚或雇员都完全一致。〔3〕人员混

〔1〕参见朱慈蕴：《论公司法人格否认法理的价值取向》，载王保树主编：《商事法论集》，法律出版社1997年版，第200页。

〔2〕参见谭玲：《试论公司人格混同》，载《杭州商学院学报》2002年第5期。

〔3〕参见朱慈蕴：《公司法人格否认法理研究》，法律出版社1998年版，第151－152页。

同使得部分公司沦为“傀儡”，成为股东转移资产或者欺诈债权人的工具。在实质合并破产案件中，虽然关联企业同时陷入破产，但人员混同导致企业之间资产转移和经营的一体化，将使债权人利益实现的基础发生变化，从而影响公平受偿。

（二）传统的破产法律制度及其局限

从整体来看，破产法延续了公司法人人格独立原则，公司法人人格否认、破产撤销权制度、破产无效行为制度等相关制度也多以独立的公司为规则对象。这些制度在大部分情形下可以承担维护债权人的合法利益，推动关联企业顺利破产的功能。但是，当关联企业通过欺诈设立公司或者关联企业的财产、业务、人员达到难以区分、人格具有实质统一性的时候，以独立法人人格为基础的破产规制措施则难以发挥作用。

1. 破产无效行为制度与破产撤销权制度

通常情况下，在濒临破产困境之时，债务人出于自利动机，往往会在破产程序启动之前的一段时间采取虚设债权、低价转让或偏袒性清偿等手段转移资产、逃避债务，而获得相关信息的债权人也会采取各种手段争夺债务人的剩余财产，以避免债权利益的减损。这些行为无疑会损害全体债权人或尚未获得清偿的债权人的清偿利益，使破产的公平清偿目标难以实现。为此，破产法设置了破产无效行为制度和破产撤销权制度，力图纠正债务人接近破产这一期间的不当处分财产行为，以保全、恢复债务人的剩余财产，实现全体债权人的公平清偿。

破产无效行为，又称“涉及债务人财产的无效行为”，是指涉及债务人财产而不具备民事法律生效要件的特定民事行为，包括隐匿财产、为逃避债务而转移财产、虚构债务、承认不真实的债务和侵占债务人财产。上述行为之所以无效，并非破产程序的缘故，无论是否启动破产程序，“涉及债务人财产的无效行为”均是自始无效和当然无效的。[1] 破产无效行为制度源于民事无效行为制度，是对严重损害债权人利益的处置债务人财产的行为宣告。但由于宣告无效的后果较为严重，世界各国对其适用的要件进行了较为严格的规定。例如法国的立法规定：在停止支付后，债务人无偿转让不动产和动产、为先前设定的债务提供抵押或质押、清偿尚未到期债务、自身义务明显超过另一方当事人义务的

---

〔1〕 参见邹海林：《破产法——程序理念与制度结构解析》，中国社会科学出版社 2016 年版，第 295 页。

行为等均无效。[1] 在我国,《企业破产法》第 33 条规定了两类无效行为[2]:其一,隐匿、转移财产的行为。其中隐匿是指不予披露债务人财产信息的消极行为或者将财产藏匿使之无法纳入破产程序,例如财务报表的不真实记载或者直接不记载。而转移是指债务人将财产转移至其他权利主体的名下,其中私分财产就是一种典型形式,即在无正当理由情况下将债务人财产在企业股东中进行分配,导致破产财产的减少。其二,虚构债务或承认不真实债务的行为。其中虚构债务是指债务人申报未发生的债务,以转移或侵吞破产财产的行为,而承认不真实债务是指债务人故意承认债权人虚构之债务,使个别债权人获得更多清偿利益的行为。虚构债务或承认不真实债务都是以增加负债的形式,不正当地占有破产财产,损害其他债权人利益的行为。[3] 而上述无效行为具有以下法律特征:其一,无效行为的主观恶意较大,对债权人造成较大损害;其二,无效行为发生的时间没有限制,包括破产受理前和破产程序中;其三,无效行为与债务人是否发生破产危机没有必然联系;其四,无效行为在法律上自始无效,不因当事人承认、无效原因消灭等而变为有效。破产无效行为制度的上述特点,使其成为规制债务人欺诈行为的有力工具。

破产撤销权是指破产管理人拥有的对债务人临近破产程序开始的一定期间内实施的有害于债权人利益的行为,在破产程序开始后予以撤销并将撤销利益复归破产财团的权利。[4] 在各国破产立法中,撤销权之称谓略有不同,例如我国台湾地区"破产法"称为"撤销权";日本破产法称为"否认权";英美法系的一些国家称为"可撤销交易制度"。破产撤销权的设立是为了防止债务人在丧失清偿能力的情况下,通过无偿转让、以明显不合理的价格交易或者偏袒性清偿债务等方法损害全体或多数债权人的利益,破坏破产法的公平清偿原则。[5] 在我国,《企业破产法》采用了破产法撤销权制度和无效行为制度的二元立法模式,将可撤销行为从无效行为中剥离出来。[6] 在第 31 条和第 32 条中规定了六种可撤销的行为,其中第 31 条针对的五种行为的发生时间为"人民法院受理破

〔1〕 参见李飞主编:《当代外国破产法》,中国法制出版社 2006 年版,第 393 页。

〔2〕《企业破产法》第 33 条规定:"涉及债务人财产的下列行为无效:(一)为逃避债务而隐匿、转移财产的;(二)虚构债务或者承认不真实的债务的。"

〔3〕 参见李曙光:《破产无效行为》,载《法制日报》2007 年 8 月 12 日,第 11 版。

〔4〕 参见韩长印主编:《破产法学》,中国政法大学出版社 2007 年版,第 120 - 121 页。

〔5〕 参见王欣新:《破产撤销权研究》,载《中国法学》2007 年第 5 期。

〔6〕 参见张颖:《破产法撤销权制度和无效行为制度的二元立法模式》,载《政治与法律》2008 年第 12 期。

产申请前一年内”[1];第32条则规定了个别清偿行为的发生时间为“人民法院受理破产申请前六个月内”[2]。上述可以类型化为欺诈性转让行为和偏颇性清偿行为两大类。[3] 从上述分析可知,破产撤销权的行使具有以下特征:其一,破产法根据行为的危害程度规定了长短不一的除斥期间。破产撤销权是形成权,故管理人需要在除斥期间行使,我国《企业破产法》设定的期限为破产申请前1年或半年。其二,破产撤销权的行使主体仅限于管理人。管理人在破产程序中对债务人财产进行管理,通过行使破产撤销权履行管理职责,债权人和债务人均无权行使。其三,破产撤销权的行使方法为管理人以原告身份提起撤销之诉。管理人撤销之诉的标的为债务人的欺诈性转让行为和偏颇性清偿行为,并根据行为涉及的主体确定被告,其中既可以是债务人,也可以是行为的相对人、受益人。

在关联企业破产中,根据破产无效行为制度与撤销权制度,当关联企业之间通过关联关系,实施隐匿、转移财产或者虚构债务等恶意破产行为时,可以申请法院判决无效,从而取回破产财产,维护债权人合法权益。由于关联企业的成员之间具有独立的法人人格,因此,上述这些行为的规制逻辑与单体企业的破产无异。关联企业成员的债权人或者管理人只要发现关联企业之间存在破产违法行为,就可以通过破产无效行为制度或撤销权制度取回破产财产,确保破产财产分配的正义,从而维护债权人与债务人、债权人与债权人之间的实质公平。然而,无论是破产无效行为制度还是破产撤销权制度,都是针对单体企业设计,其对于规制关联企业之间的控制和从属关系存在一些局限。具体而言,包括以下几个方面:

第一,从规制对象分析,其难以规制关联企业之间复杂的利益转移行为。破产无效行为制度和撤销权制度将债务人可能实施的损害债权人利益的行为进行了类型化梳理,较好地涵盖了大部分可能发生的行为样态。然而,关联企业之间的利益转移行为远比单个企业实施的破产违法行为复杂。由于信息优

---

[1] 《企业破产法》第31条规定:“人民法院受理破产申请前一年内,涉及债务人财产的下列行为,管理人有权请求人民法院予以撤销:(一)无偿转让财产的;(二)以明显不合理的价格进行交易的;(三)对没有财产担保的债务提供财产担保的;(四)对未到期的债务提前清偿的;(五)放弃债权的。”

[2] 《企业破产法》第32条规定:“人民法院受理破产申请前六个月内,债务人有本法第二条第一款规定的情形,仍对个别债权人进行清偿的,管理人有权请求人民法院予以撤销。但是,个别清偿使债务人财产受益的除外。”

[3] 参见孙向齐:《关联企业破产法律问题研究》,中国人民大学2008年博士学位论文,第18页。

势的存在,关联企业可以通过看似合法的方式设定债权债务关系,取得优于其他债权人顺位的债权,从而达到转移资产的目的。

第二,从行使方法分析,其难以逐一区分关联企业之间的破产违法行为。破产无效行为制度和破产撤销权制度是针对企业某个具体的破产违法行为所设计的规制措施,然而,关联企业在长期经营过程中,彼此的财产混同、业务混同以及人员混同已经使得关联企业之间的违法行为难以一一区分,并进行具体的举证。事实上,将关联企业自始发生的破产违法行为进行清理难以实现,即使可以实现,也需要付出巨大的经济成本和时间成本,显然不符合破产法的效率原则。

第三,从行使期间分析,其对关联企业长期形成的规避行为之规制作用有限。从前文分析可知,针对不同行为,撤销权的除斥期间长短不一;即使对同一种行为,各国立法的规定也并不一样。例如,《美国破产法》规定,与普通主体进行的一些可撤销行为,可追溯撤销期间为申请破产前 90 天内;如果该行为是与债务人的内部人或者亲属等进行的,则可追溯撤销的期间为自申请破产之日起 1 年。而在我国,《企业破产法》根据可撤销行为的社会危害性,规定了自人民法院受理破产申请之日时起 1 年或 6 个月不同的可撤销期间。但是,面对关联企业之间长期统一经营所形成的利益转移,上述撤销权的行使区间仍然有限。与单体企业的经营不同,关联企业之间利用控制和从属关系进行的隐匿财产行为、为逃避债务而转移财产行为、虚构债务行为、承认不真实的债务行为、侵占债务人财产行为等可能发生在一个较长的时间区间内,因此设定时效的撤销权作用有限,而无效行为制度规制的对象有限。即使有的国家专门对关联企业实施的可撤销行为的期间进行了特殊规定,也仍然难以掩盖这种不足。如英国 1986 年《破产法》第 238 条规定:如果在破产程序开始前 2 年的时间内,该公司从事了一个低于价值的交易,且此时公司已无支付能力或该交易导致其无支付能力,清算人可要求法院命令恢复交易之前应有的状态,但是该时间限制使撤销权仍然存在局限。[1]

2. 法人人格否认

公司法人人格否认,理论和实务界又称为"揭开公司面纱"(lifting the veil of the corporation)或"刺破公司面纱"(piercing the corporation's veil),是指"股

---

〔1〕 参见[英]费奥娜·托米:《英国公司和个人破产法》(第 2 版),汤维建、刘静译,北京大学出版社 2010 年版,第 367 页。

东为了逃避法律义务而滥用股东有限责任时，可以否认公司和股东各自独立的人格，让股东对公司的债权人或者公共利益直接负责，对公司的债务承担连带责任"。[1] 一般认为，英美法系国家称为"揭开公司面纱"或"刺破公司面纱"，而大陆法系国家称为"公司法人人格否认"。我国 2005 年《公司法》第 20 条第 3 款被认为是首次以正式立法的形式引入了法人人格否认制度，这项制度对于规制公司人格独立和股东有限责任的滥用，保护公司债权人利益有着十分重要的意义。[2] 过度控制被认为是关联企业法人人格被否认的重要要素。[3]

一般而言，在关联企业破产之时，面对高度的人格混同，以法人人格独立为基础的法人人格否认制度的规制作用存在一定的局限：首先，从规制的客体来看，法人人格否认并不能涵盖关联企业之间的联系。从前文可知，关联企业之间的联系包括股权控制和合同控制两大类，而法人人格否认制度规制的仅仅是公司股东滥用法人人格的行为。根据我国《公司法》第 20 条的规定，法人人格否认制度主要适用股东滥用公司独立人格和股东有限责任损害债权人利益的情形，其法律后果是股东与公司承担连带责任。对于通过合同关系形成的关联企业，法人人格否认制度则无法适用。但是，在关联企业破产之时，利用法人人格转移资产的并不仅仅是具有股东身份的关联企业，因此法人人格否认制度无法完全解决关联企业之间的破产欺诈问题，只能在有限的情形下发挥规制功能。其次，从规制的方式来看，法人人格否认无法规制复杂的关联企业法人人格混同。法人人格否认是对滥用法人人格的行为进行规制，是一种个案的否认，针对的是具体的某个交易。然而，关联企业破产之时，彼此间长期形成复杂联系，故而欲清理其具体的行为，再逐个予以法人人格否认，显然无法实现。最后，从适用的效果来看，法人人格否认的适用存在较大的不确定性。法人人格否认制度规制滥用法人人格的行为，其本质上是维护法人人格制度。由于法人人格否认的滥用将对法人人格制度构建的价值体系产生冲击，因而，各国对该原则都要求严格适用条件。在我国，在破产阶段，通过适用法人人格否认制度维护债权人利益的案件少之又少。即使在美国这样一个处理此类案件较多的国家，其各州法院在适用这一原则时也缺乏统一、明确的标准而往往适用一些

---

〔1〕 王新新：《论我国公司法人人格否认制度》，载《东南学术》2009 年第 3 期。

〔2〕 《公司法》第 20 条第 3 款规定："公司股东滥用公司法人独立地位和股东有限责任，逃避债务，严重损害公司债权人利益的，应当对公司债务承担连带责任。"

〔3〕 参见朱慈蕴：《公司法人格否认法理研究》，法律出版社 1998 年版，第 277 页。

模棱两可的隐语,结果导致在实践中自行其是的判决结果往往是大相径庭〔1〕。

3. 衡平居次原则

衡平居次原则,又称“深石原则”,起源于美国的 Taylor v. Standard Gas & Electric Co. 案(1938 年),其核心要义是如何处理母公司在子公司破产程序中的债权受偿顺位问题,一般是指当子公司破产清算或重整时,如果发现子公司的资本不足,并且同时存在为母公司的利益而不按常规经营的事实,则母公司对子公司的债务清偿地位应劣后于公司的优先股东权益。〔2〕 自该案起,通过各州的相关破产判例实践,美国逐步确立了衡平居次原则以保护子公司普通债权人的优先受偿权,并且这一原则在关联企业的破产清算和重整程序中均发挥了重要作用〔3〕。一般而言,适用衡平居次原则的情况大致有以下三类:其一,资本不实。在企业集团中,控制企业经常通过设立从属企业达到特定的经营目的。但是,在设立从属企业之时,控制企业利用自身地位,并未足额缴足出资或事后抽逃出资。并且,控制企业通过股权或债权形式,占据从属企业债权人清偿顺位的优势,从而将风险转嫁给处于信息不对称的外部债权人。由于此种优势地位可能造成内部债权人和外部债权人之间清偿的不公平,因此衡平居次原则实际上通过调整内部债权人(关联企业)和外部债权人(普通债权人)的债权受偿顺序,对关联企业滥用优势地位损害外部债权人的行为起限制的作用。其二,控制权滥用。衡平居次原则的本质也是对法人人格的否认,与揭开公司面纱制度一起,对于关联企业内部滥用控制权具有规制功能。其中,法人人格否认是在个案中直接追索作为股东的控制企业的连带责任,而衡平居次的惩罚性相对较弱,其主要是在企业破产中,对关联企业的内部债务清偿顺位进行调整,以保护外部债权人的利益。这种降低关联企业债权顺位的做法是基于清偿公平的考量,但本质上并未否定企业的独立法人人格,仅仅是对关联企业之间控制从属关系的有限规制。其三,资产转移。在关联企业内部,企业为了规避风险,通过关联交易进行资产的不正当转移,损害了外部债权人的利益。由于关联企业之间控制与从属关系的存在,能够利用各种不正当手段将优质资产转移

〔1〕 参见于志峰、陈斌:《揭开公司面纱理论在破产法中的产生、运用、发展趋势》,载《理论观察》2002 年第 6 期。

〔2〕 参见[美]大卫 · G. 爱泼斯坦、史蒂夫 · H. 尼克勒斯、詹姆斯 · J. 怀特:《美国破产法》,韩长印等译,中国政法大学出版社 2003 年版,第 501 页。

〔3〕 参见高建清:《关联企业破产中实质合并规则的适用研究》,西南政法大学 2013 年硕士学位论文,第 10 页。

至其他关联企业,造成被转移的企业陷入困境,从而损害部分外部债权人的利益。综合上述分析,衡平居次原则对于规制控制企业不合理转移从属企业的资产,保护外部债权人的清偿利益具有重要的价值。"从属求偿"的目的不在于拒绝母公司的求偿,仅仅是对求偿顺位作出特殊安排,因此也避开了在个案中否定子公司法人人格的问题,防止控制企业将风险过分地外化给债权人,是比"揭开公司面纱"更为温和的衡平救济方法。[1]

然而,衡平居次原则在高度人格混同的关联企业破产之时,规制作用却存在局限。首先,从规制对象看,衡平居次原则适用于控制企业对从属企业的债权,范围有限。在关联企业破产过程中,除了母子公司,还包括姊妹公司之间的人格混同。其次,从规制范围看,衡平居次原则针对的是控制企业在从属企业破产之时的债权,如果控制企业与从属企业同时破产,通过衡平居次原则各自求偿,然后再进行破产清算,在程序上将难以实现。最后,从规制时间看,衡平居次的适用时间是在破产程序启动之后。关联企业之间存在信息优势,在从属企业发生经营危机之时,关联企业可利用控制关系及时受偿,防止陷入被动。如果关联企业内部的债权债务关系已在破产之前一段时间清偿完毕,则衡平居次原则的作用无从发挥。

(三)新兴的破产法律制度:实质合并

相比破产无效行为制度、破产撤销权制度等传统的破产规制措施,实质合并破产无疑最晚产生。从现有资料考证,实质合并破产起源于 1941 年著名的 Sampsell v. Imperial Paper& Color Corp. 案,是美国法官在没有立法授权的情况下通过衡平法权力创设的破产法规则。[2] 在该案中,针对破产主体虚设公司法人进行欺诈性转移资产的行为,法官最终裁定将两个主体合并破产,并得到美国联邦最高法院的认可。[3] 此后实质合并破产在 Stone v. Eacho 案、Soviero v. Franklin National Bank 案等一系列案件中得到不断的发展和完善。虽然对于法院实行实质合并的权力以及合理性一直存在争议,但因司法实践的需求,实质合并破产在美国的破产案件中得到广泛的适用,呈现蓬勃发展的态势。根据实践的需求,英国、新西兰、澳大利亚等国家先后引入实质合并规则,例如英国在

---

〔1〕 参见沈乐平:《母子公司法律问题研究》,经济科学出版社 2007 年版,第 231 页。

〔2〕 Gilbert, J. Stephen, *Substantive Consolidation in Bankruptcy: A Primer*, Vanderbit Law Review, Vol. 43, p. 210(1990).

〔3〕 在美国,虽然实质合并规则针对的是资产混同的破产个体,其中包括自然人破产,但在实践中适用最多的无疑是关联企业破产的场合。

1986年《破产法》的第165条和第167条规定：对跨国公司进行清算时，在法院的许可下，清算人有权力进行合并。[1] 在我国，虽然破产法的立法当中并无实质合并破产，但法院在破产法的理念和价值指引下，也探索出了合并重整、合并清算等合并破产模式，例如上海特毅系公司合并重整案、闽发证券与四家关联企业合并清算案等。

在实质合并破产之前，无论是破产无效行为制度、破产撤销权制度，还是法人人格否认、衡平居次原则，都是建立在独立法人基础之上。针对法人具体的滥用公司人格行为的规制措施，本质上维护了公司法人人格制度的价值。然而，当关联企业无视公司独立人格，人员、财务等不作区分，并在各公司间随意移转、处置财产及债权债务关系，造成关联企业人格高度混同之时，关联企业之间已然丧失法人财产独立性和法人意志独立性[2]。此时，如果仍然坚持独立破产，并不能实现债权人之间的清偿公平。一方面，人格高度混同的事实已经使得关联企业之间缺少作为独立法人的正当性基础。法人人格独立以独立财产对外承担责任，但法人人格混同或者欺诈转移资产的行为已经使关联企业成员独立的财产基础不复存在。另一方面，对具体的破产违法行为进行规制的措施无法有效发挥作用。破产无效行为制度、破产撤销权制度等措施发挥作用是建立在对破产违法行为有效区分的基础上，需要举证证明具体的违法行为，然而，面对关联企业长期经营过程中形成的人格混同事实，如果对具体的违法行为逐一区分，要么无法实现，要么成本极大，不符合破产法的效率原则。因此，以独立破产为中心，辅之于某些具体行为规制措施的破产模式显然难以在法人人格高度混同的情形下保障债权人的公平清偿。实质合并源于判例法实践，内生于破产司法实践的需求。无论是在作为判例法国家的美国，还是在作为成文法国家的中国，其实质合并破产的产生都体现了"法官造法"产生和发展轨迹，体现了对传统破产规制措施难以有效应对关联企业破产需要的反思和改变。

从独立破产到合并破产，实质合并破产有效弥补了关联企业破产规制体系的不足。自19世纪中期以来，法人人格独立和有限责任成为公司法律的主要原则，深刻根植于我们的经济和法律体系当中。然而，随着公司集团化的发展，公司之间的控制和从属关系不仅成为实现规模经营的有效手段，同时也成为公

---

〔1〕 参见石静霞：《跨国破产的法律问题研究》，武汉大学1998年博士学位论文，第242页。
〔2〕 参见裴莹硕、李晓云：《关联企业人格混同的法人人格否认》，载《人民司法》2009年第1期。

司转移财产、损害债权人的工具。一般而言,破产无效行为制度、法人人格否认等方式可以在不触动法人人格"大厦"的基础上规制此类破产违法行为。在这种情形下,法人之间的独立基础仍然存在,只需针对具体的行为进行规范,平衡债权人与债务人之间的利益即可。然而,当关联企业完全忽视法人人格制度基础,使得关联企业成为实质上的"整体"时,在破产过程中将其视为一个"法人"显然更符合全体债权人的利益,这与法人人格的原理是不相悖的。与独立破产不同,被纳入实质合并的关联企业之间将不以法人人格独立的原则进行区分。但是,需要注意的是,实质合并并非彻底否定关联企业的法人人格,而是对关联企业之间的人格独立性予以否认,作为一个"整体"对外经营的事实仍然受到法律认可,作为一个"法人"对外实施的行为仍然有效。综上所述,前述传统的破产规制措施是在关联企业独立人格基础仍然存在的基础上的债权人救济措施,而实质合并破产实际上是在关联企业之间独立法人人格的基础丧失的时候才有适用的合理性和正当性,因此,可以说,合并破产模式是在反思独立破产模式不足的基础上产生,两者共同构成了关联企业破产规制的完整体系。

二、实质合并破产的理论逻辑:从"实体法"到"企业法"

随着企业集团化发展,集团公司破产后的债权债务承担成为重要的法律问题。对此,学界存在两种解决集团公司破产的方法论:[1]一是实体理论(entity theory),又称"实体法"(entity law)理论或分离实体论,是指将经济上相互关联的公司在法律上仍然看作相互独立的实体,处理关联企业的破产不考虑其紧密的经济联系,而只从法律形式上来分析,只要各公司在法律上是独立的,在破产时就按照独立的企业来处理债权债务。在"实体法"理论的规制逻辑下,严格依照传统的公司法原理,根据公司法人主体进行单独破产,辅之以破产撤销权、揭开公司面纱等措施,实现对公司关联关系的规制。二是企业理论(enterprise theory),又称"企业法"(enterprise law)理论或整体责任论,源于美国哥伦比亚大学 Adolf A. Berle 教授在 1947 年提出的"企业整体说"(Enterprise Entity Doctrine)[2],后来 Phillip I. Blumberg 教授进一步将其完善和发展成为"企业法"(enterprise law)理论,主要是指在法律形式上独立的公司,只要它们在经济联系

[1] 参见石静遐:《母公司对破产子公司的债务责任——关于"揭开公司面纱"理论的探讨》,载《法学评论》1998 年第 3 期。

[2] Adolf A. Berle, *The Theory of Enterprise Entity*, Colombia Law Review, Vol. 47, No. 3, p. 344(1947).

上足够密切,就可以将其当作一个整体企业来看待。在“企业法”理论的规制逻辑下,当企业集团内部的母子公司、姊妹公司陷入破产困境之时,法院基于关联企业的密切联系而将其视作单一企业,以期实现整个企业集团的重整效率和债权人清偿公平。上述两种方法论相互对立,反映了不同的法律价值取向,对于关联企业的破产处理可能会产生完全不同的效果。两者在特定的经济和法律背景下先后产生,反映了集团公司破产规制的发展轨迹。破产无效行为制度、破产撤销权制度等规制措施遵循了传统的“实体法”理论逻辑,而实质合并破产被认为:“真正抓住了关联企业之间法律地位和经济事实不对称的本质,准确把握关联企业经济一体化的趋势,实现了从实体法理论向企业法理论的跨越。”[1]

(一)“实体法”理论的演进

在19世纪初期,市场经济尚不发达,公司制度也处于初步发展阶段,彼时,公司的独立人格和有限责任被奉为圭臬。根据“实体法”理论,其主要优势为,组成公司的个别股东与企业债务负债的绝缘,[2]当然如今很多学者认为其还有第二个较为明显的优势,即管理者对企业的责任分担。事实上,在大型企业中,很少有人可以对企业承担全部的管理责任,因而更不会承担全部的财务责任。随着滥用公司法人人格,逃避债务的行为出现,“揭开公司面纱”作为一种建立在法人人格制度基础上的特殊矫正措施而被例外适用。正如有学者形象地比喻:“通过揭开公司面纱的适用,也仅仅是修复公司法人独立人格和股东有限责任之墙上的破损之洞,并不是要将这座坚固的大厦摧毁。”[3]“揭开公司面纱”作为法人人格制度及其有限责任规则的补充,逐渐被世界范围内大部分国家所采用。

随着公司集团的出现,母子公司的法律问题凸显,而揭开公司面纱则是作为规制母子公司内部过度控制、滥用法人人格行为的重要手段。无疑,揭开公司面纱原则旨在坚持在“实体法”观点的前提下,以例外的形式借鉴企业法的观点来处理关联企业破产的复杂问题。甚至有学者认为,揭开公司面纱理论是“介于实体法观点和企业法观点之间的一种折中理论”。从破产法角度观之,揭

[1] 王欣新、蔡文斌:《关联企业破产之规制》,载王欣新、尹正友主编:《破产法论坛》第2辑,法律出版社2009年版,第275页。

[2] Douglas and Shanks, *Insulation from Liability through Subsidiary Corporations*, Yale Law Journal, Vol. 39, Issue 2, p. 193 – 218(1929).

[3] 朱慈蕴:《公司法人格否认:从法条跃入实践》,载《清华法学》2007年第2期。

开公司面纱理论的核心要义为对总公司独立人格的否认,从而使母公司在破产过程中对子公司的债务亦承担一定的责任。事实上,刚开始保护母公司和其他股东免受公司债权人索偿的"公司面纱"是公司法与破产法的主流发展方向。"公司面纱"理论在19世纪被提出,当时美国相关法律十分强调股东和母公司对破产债务的有限责任。即使是现在,各国也普遍承认有限责任在公司法中的重要地位。但是,法院也逐渐发现在某些特殊场合下,揭开公司面纱而否认公司法人人格似乎更具公平性。通说认为,美国首例适用揭开公司面纱的案件为1905年的美国诉密尔沃基冰柜运输公司一案(U. S. v. Milwaukee Refrigerator Transit Co.)。关于揭开公司面纱,1912年美国Maurice Wormser教授在其一篇著作中创设了"穿透公司面纱"的词汇。[1] 并且,Maurice Wormser教授提出了以下废止有限责任的粗略概括:当公司被用于欺诈债权人、逃避义务、规避法规、实现垄断以及掩盖犯罪行为时,法院可以将公司视为一个股东积极联合的一个主体,从而撤销公司的主体资格,只对真实存在的主体作出判决。[2]

世界各国之所以普遍倾向于"实体法"理论,主要缘于下列原因:一是长期以来,与实体法理论紧密相关的有限责任原则一直发挥十分重要的作用。尽管各国集团企业迅猛发展,股东和债权人、债务人的关系亦发生了诸多变化与发展,但各国对集团企业的法律规制仍然坚持以有限责任原则为核心。各国的公司法、破产法等相关法律依然强调有限责任原则的重要作用,若使各国在短期内舍弃此种长期形成的观念是不切实际的。各国法院在面对母子公司破产债务问题时,也往往倾向于适用实体法理论。例如在英国,典型案例为1987年的Salomon v. A. Salomon & Co. 案。虽然在英国相关立法中,其也针对母公司对子公司分担破产债务的情形作了相应规定,而且英国法院亦出现了相关裁判。但是,在英国,母公司仅承担有限责任依然是常态,前述所说的现象仅是例外情况。即使诸如法国这样的国家在实践操作中对有限责任很少考量,但学界仍有很多人认为,法国在这一方面的发展仍处于初级阶段。[3] 二是通过采取个别否认的方式可以弥补法人人格制度的缺陷。集团企业近几年的迅猛发展让各国

---

[1] Maurice Wormser, *Piercing the Veil of Corporate Entity*, Columbia Law Review, Vol. 12:6, p. 496 – 519 (1912).

[2] Mary Elisabeth Kors, *Altered Egos: Deciphering Substantive Consolidation*, University of Pittsburgh Law Review, Vol. 59, Issue 2, Winter 1998, p. 381 – 452.

[3] Torem & Rau, *The Subsidiary in France: Problems of Control under French Law*, Texas International Law Journal, Vol. 8, p. 137 (1973).

越来越意识到，若绝对地适用有限责任原则，过度保护母公司的权益，将会对子公司债权人的利益造成重大损害。因此，越来越多的国家提出革新传统的法律理论和观点，对集团公司破产问题适用特殊方式，其中较常运用的方法即为适用“揭开公司面纱”理论。英国的一位知名学者指出，现在各国面对母子公司破产，越来越考虑到对所有债权人的公平保护，因而揭开公司面纱理论逐渐得到广泛应用。[1] 可见，在实体法无法被完全舍弃的背景下，运用揭开公司面纱理论处理母子公司的破产问题是实现破产法公平目标的重要途径。

（二）“企业法”理论的运用

到19世纪末期，随着公司规模的扩大，公司集团化的过程开始，市场中出现全资子公司、分公司或控股公司合并成一系列组成联合经济企业的公司等等。公司数量和规模不断膨胀，尤其是立法允许公司之间相互持股，催生了大量的集团公司、母子公司、姊妹公司等，使公司之间的关联性不断加强，从而出现了集团公司经济一体化的现象。[2] 这远远不是公司原来的概念。应当清楚，公司人格的法律理论是围绕着对某一特定集团的主权授予权的概念建立起来的。企业理论和基本的经济事实之间的差异引起的各种问题（由法院处理的各种专案）证明“法人人格”理论根本不起作用，有时通过在别人进一步的编造操作中使他人得到一个有利的结果。换言之，面对公司之间的复杂经济联系，“实体法”规制措施和“揭开公司面纱”只能解决股东或相关主体与公司的责任共同承担问题，无法回应经济一体化的集团公司的债权债务关系，因此越来越不能适应处理关联企业破产债权债务的需要。此时，如果公司法和破产法仍然坚持“实体法”理论的规制方式，奉行绝对的法人人格独立和有限责任，将与关联企业之间的经济事实不符，不利于债权债务的公平处理。在此背景下，“企业法”理论应运而生。

“企业法”理论以所谓的经济一体化为基础，试图在法律上表达对集团公司之间控制关系的规制。集团公司以控制关系为纽带，组成相互配合的一体化企业，在关联企业之间，资源优化配置，甚至在必要时牺牲个别成员公司的利益，以保全整个集团的利益。[3] 然而，当集团公司成员或者整体破产之时，外部债

---

〔1〕 Schmittoff, *Banco Ambrosiano and Modern Company Law*, Journal of Business Law, Vol. 3, p. 361 – 363(1982).

〔2〕 参见张艳丽：《破产欺诈法律规制研究》，北京大学出版社2008年版，第226页。

〔3〕 参见张艳丽：《破产欺诈法律规制研究》，北京大学出版社2008年版，第227页。

权人的利益则可能因为集团公司内部的复杂联系而受损,例如,集团公司成员在具有信息优势的情况下,可以通过担保关系占据破产债务清偿的有利地位,变相转移资产。此时,如果严格按照公司独立人格分别进行破产,将集团公司成员内部的债权与外部债权人的债权同等对待,无疑将造成实质上的不公平,违背公平清偿原则。"企业法"理论的核心观点是在特定情况下将具有关联关系的企业集团视作单一企业,为解决关联企业的债权债务关系提供了一个有效方案。美国法院在破产审判实践中形成了实质合并的判例法规则,反映了"企业法"理论在破产法领域的运用。

但是,各国在不同问题上对"实体法"理论和"企业法"理论的态度有所不同。例如,从衡平居次(equitable subordination)来看,世界各国已经普遍认可了企业法理论,但是,面对母子公司的破产债务问题,实体法理论依然是主流,各国对企业法理论很少考虑。[1] 甚至在美国早期的实质合并判例中,亦将"实体法"理论逻辑下的揭开公司面纱作为裁定的理由之一。例如在 1942 年斯通诉艾柯案(Stone v. Eacho)[2]中,法院正是基于揭开公司面纱的理论来证明对母子公司进行实质合并的正当性[3]。在该案裁决时,州法中的揭开公司面纱理论已经相当成熟。其中,法院运用揭开公司面纱理论所基于的基本事实主要包括:母子公司具有共同的管理者和经营者,而子公司没有获取任何财产和保有任何资产,没有执行过任何契约合同,没有支付过任何薪金,母公司记录且保存所有子公司的财务记录,从而使子公司缺乏独立法律人格的特征。上述事实完全是揭开公司面纱理论的翻版。但事实上,实质合并规则亦对揭开公司面纱理论提出了挑战。有限责任理论并非不可撼动,而是存在限度。揭开公司面纱理论乃对有限责任的一种修正与调试,许可在股东滥用法人独立人格地位的境况下揭开公司面纱,与公司一起承担连带责任。但是,该制度仅仅是个案中的例外适用,而不是对公司人格终极性的消灭。换言之,公司法仍以有限责任原则作为公司法的重要内核,而实质合并在后果上却造成公司独立人格的终极消灭和否认,故而实质合并自产生以来就饱受争议。

虽然实质合并破产的适用存在争议,但就价值层面而言,实质合并破产对

---

[1] Phillip. Blumberg, *The Law of Corporate Groups*, by New York: Little Brown & Co Law & Business, p. 703 – 704(1986).

[2] Stone et al. v. Eacho. (In re Tip Top Tailors, Inc.)127 F. 2d 284(4th Cir. 1942).

[3] Mary Elisabeth Kors, *Altered Egos: Deciphering Substantive Consolidation*, University of Pittsburgh Law Review, Vol. 59:2, p. 381(1998).

于关联企业的作用不容忽视,这也是其仍然在各国司法实践中得到适用的根本原因。前述两种截然不同的规制路径,相较而言,“实体法”理论注重维护公司法的传统价值,而“企业法”理论则更加着眼于破产法的特殊价值。在处理集团公司的破产问题时,有破产法学者认为,“实体法”主要侧重于关联企业法律形式的理念,不仅忽视了集团公司经济一体化的现实,也未考虑到破产法的价值目标,这种忽视足以影响外部债权人和公众投资者的利益。如果采用“企业法”的观点处理集团公司的破产问题,虽然可能也会产生各种困难,但总体而言,可以避免前述采用“实体法”观点的缺陷,即将集团公司成员之间的债权债务关系与外部债权人的债权同等对待,这无疑将造成实质上的不公平。综上所言,“企业法”理论立足于破产法的公平目标,从商业现实的角度出发来解决集团公司的破产问题。而实体法的观点,其中包括下文阐述的揭开公司面纱的理论,终究会因自身局限而凸显“企业法”观点的优点,这是不容质疑的发展趋势。〔1〕

第三节　关联企业实质合并破产的价值取向

正确评价和充分理解法律制度的价值,对于完善法律制度,并最终实现其价值具有重要的意义。破产法是一种特殊的商事制度,蕴含公平和效率的双重价值目标。实质合并破产作为特殊的破产法制度,其正当性和合理性源于对破产法价值的贯彻。正如有学者所言:“实质合并需要放到破产法的价值当中理解,而非公司法。”〔2〕与单体企业相比,关联企业的破产面临更为复杂的问题:一是关联企业间通过控制与从属关系进行利益输送和财产转移,导致债权人清偿不公,损害破产法的公平价值;二是关联企业之间资产、业务、人员等高度混同,致使破产清理困难,影响破产法的效率价值。而实质合并破产兼具公平与效率的双重品格,有助于实现破产法的价值目标。

一、实质合并破产的公平价值

在债务人破产的情况下,现有财产往往不能满足债权人的所有清偿要求,

〔1〕 Phillip. Blumberg, *The Law of Corporate Groups*, by New York: Little Brown & Co Law & Business, p. 699 – 701(1986).

〔2〕 王欣新:《关联企业的实质合并破产程序》,载《人民司法(应用)》2016 年第 28 期。

这就要求对全体债权人实现一种公平的概括清偿。“公平是破产法的首要价值,也是衡平原则在破产法中的体现。”[1]在企业陷入破产困境之时,债权人与债务人之间、债权人与债权人之间以及债务人与债务人之间的利益既存在一致,又存在冲突。而破产法就是要平衡上述利益冲突,实现一种公平价值。[2]破产法的公平主要体现在如何公平分配有限的破产财产。但是,对全体债权人公平清偿并非平等清偿,而是根据不同性质的债权确定不同的清偿顺序,相同性质的债权按照比例进行清偿。[3] 实质合并破产可以实现对关联企业的债权人进行平等保护,彰显破产法所奉行的实现债权人之间集体公平受偿之本质。具体而言,体现在以下两个方面。

(一)外部债权人之间的公平

关联企业之间不合理的利益转移实质上改变了外部债权人的清偿基础,分别破产并不利于外部债权人的清偿公平。[4] 公司具有独立的法人人格,而作为法人的公司,其独立人格不仅表现为公司人格与组成公司的成员人格相互独立,而且表现为公司财产与公司成员财产相互独立,具有独立于其成员的权利能力和行为能力。[5] 一般情况下,债权人以公司财产为获取债务清偿的基础,而公司的经营成功可以提升公司的债务清偿能力,就这个角度而言,债权人与公司的利益是一致的。然而,在关联企业的运营模式中,从属公司为了公司集团或者控制公司的利益而存在,往往沦为控制公司的“工具”,在本质上丧失法人人格的独立性。这种法人人格独立性的缺失直接造成关联企业内部的资产缺少独立性,从而使外部债权人的清偿利益难以得到保障。事实上,很多关联企业之间普遍存在资金混同、利益输送、账目不清的情形,特别是很多母公司利用自己的控制地位向子公司转移资产和债务。如此,如果分别破产,将会导致部分债权人获得不公平的债务清偿率,即部分债权人不当获取利益,而部分债权人不当损失利益,对于资产状况较差的企业的债权人较为不利。[6]

实质合并破产将人格混同的关联企业“打捆”处理,有利于实现外部债权人之间的清偿公平。虽然通过法人人格否认、破产无效行为制度、破产撤销权制

---

[1] 李永军:《破产法——理论与规范研究》,中国政法大学出版社 2013 年版,第 8 页。

[2] 参见李曙光:《破产法的基本价值》,载《法制日报》2007 年 3 月 25 日,第 11 版。

[3] 参见汪涛编著:《破产法》,武汉大学出版社 2015 年版,第 4 页。

[4] 此处所指“外部债权人”是指对应不同关联企业成员的债权人。

[5] 参见朱慈蕴:《公司法人格否认法理研究》,法律出版社 1998 年版,第 38 页。

[6] 参见张少丽:《关联企业实质合并破产制度研究》,载《重庆第二师范学院学报》2014 年第 4 期。

度等手段可以对关联企业之间的资产、利益转移行为进行规制，但在企业人格高度混同的情况下，上述以企业独立破产为基础的规制措施存在较大的局限性，难以有效地区分关联企业之间的财产关系，从而实现不同企业之间债权人的清偿公平。对于关联企业长期形成的经营一体化的事实，具体区分其行为并进行逐一清理显然难以实现，然而，又无法忽视其内部利益转移导致的外部债权人清偿基础的改变。实质合并破产将关联企业的破产财产合并，对外部债权人统一清偿，无疑回应了关联企业实质一体性的经济事实。但是，这种合并又并非简单地整体合并，而是在适用实质合并规则的时候充分衡量整体债权人的利益诉求，同时保护部分债权人的正当利益。例如对债权人信赖利益的保护，从实质合并破产的司法裁判中可以看出，法院对"债权人与关联企业成员交易时，将其视为整体还是独立的法人"的情况进行区别对待，对于合理信赖交易对方为独立法人的债权人排除在实质合并之外或者进行单独的利益补充，维护债权人信赖利益。在债务清偿顺位和比例方面，实质合并破产要求统一申报债权而不论出自哪个企业，并且根据债权的性质和破产法规定的清偿顺序统一分配。虽然有学者将实质合并称为"粗糙的公平"，但从实践考量的因素看，不可不谓"粗中有细"。综上所述，实质合并破产为关联企业外部债权人的清偿公平提供了可行方案，有助于实现破产法的公平价值。

(二)外部债权人与内部债权人之间的公平

在关联企业的经营具有实质一体性时，内部债权人与外部债权人之间的债权地位并不公平。[1] 从法律形式上看，关联企业的成员具有独立的法人人格，可以对外从事生产经营活动，因而，在关联企业的成员之间可以因交易而产生债权债务关系。然而，这种形式上合法的交易却可能成为关联企业内部利益转移，损害外部债权人利益的工具。相对于外部的债权人，关联企业内部更加了解彼此的经营状况，其内部成员之间的交易行为往往在信息透明的情况下进行。借助控制与从属的关联关系，关联企业可以通过建立形式上合法的债权债务关系，进行利益的转移，例如，关联企业内部可以通过设置抵押权等方式，获得具有优先的清偿地位；企业陷入危机时，率先履行合同或者行使抵消权。在此情形下，如果仍然坚持分别破产，外部债权人与内部债权人之间无疑处于不公平的位置。

---

〔1〕 此处所指"内部债权人"是指互设债权所形成的债权债务关系的关联企业的成员。

实质合并的出现旨在消灭各关联企业之间的债权债务，排除关联企业之间的自益性交易以及欺诈性资产转移，从而使所有债权公平受偿。〔1〕控制与从属关系的存在使关联企业之间的债权成为利益转移的工具，分别破产将带来利益转移的效果。对于母子公司债权问题，缘于美国司法实践的"衡平居次原则"有助于解决内部债权与外部债权之间的公平问题，其方式是降低母公司在子公司破产程序中的债权受偿顺位，从而解决子公司为母公司的利益而不按常规经营的事实。然而，这种规制措施的采用不仅有着严格的适用标准，存在举证困难问题，而且并没有否认关联企业成员之间的债权，对于关联企业的转移资产行为规制作用有限。对于关联企业之间的人格混同，实质合并将否认其独立人格，排除关联企业之间的债权债务关系，直接统一计算破产财产。这种处理方式在法律层面确认了关联企业实为一个企业的事实，解决了关联企业之间自益性交易难以区分的问题，有利于维护债权人之间的公平。

二、实质合并破产的效率价值

破产法是市场经济法律体系的核心制度，并被称为市场经济的"宪法"。〔2〕市场经济的主要功能在于社会资源的优化配置，其基本法则是公平竞争、优胜劣汰，由此赋予了破产法维护市场效率的功能，即快速了断债权债务关系，将债务人从破产的困境中解放出来，从而促进社会资源的高效流动。效率成为破产法的基本价值取向，并且蕴含在破产法规则的制定与执行当中。从破产清算到破产重整，无不体现破产法如何降低破产成本、节约社会资源的原则。实质合并破产源于关联企业破产实践的需求，不仅可以降低成本，也可以更有力地保障挽救企业获得成功，从而在处理关联企业破产时实现公平与效率的双赢。〔3〕具体而言，实质合并破产的效率价值主要体现在以下两方面。

（一）降低破产成本

破产法的属性决定了破产程序的设计必须以效率价值为导向。"破产法从前到后，从破产的申请、受理、破产财产的接管到破产财产的管理、经营、估价、变价、出售、分配，从破产程序的发动到它的管辖及其程序终结，都体现了如何

〔1〕参见王红梅、周玮：《关联企业破产适用实体合并规则的制度探究》，载《产业与科技论坛》2015年第14期，第38页。

〔2〕参见王欣新：《破产法前沿问题思辨》（上册），法律出版社2017年版，第1页。

〔3〕参见王欣新、蔡文斌：《论关联企业破产之规制》，载《政治与法律》2008年第9期。

节约交易费用、节约社会成本的效率原则。”[1]关联企业包含法律形式上独立但经济事实上关联的多个破产主体，分别破产则意味着需要区分其混同的财产，维护外部债权人之间的清偿公平。然而，很多关联企业之间存在资产、经营、账目混同的情形，将在很大程度上加大清理难度，从而增加时间成本。并且，各个关联企业之间有很多工作存在重复现象，这将极大增加管理人的清理费用，降低清理效率。关联企业之间的法人人格混同现状是长期形成的，而且涉及交易数额和次数一般均较为庞大，对其单笔交易进行逐一识别将难以完成，例如美国的 Auto - Train 案，在一个月的时间内，其旗下公司之间发生的交易达到 60 余万次，交易额达 1 万亿美元。[2] 因此，按照传统的思维和方法对企业之间的关联关系进行区分，可能面临以下效率困境：一是关联企业之间的资产区分费用较高。为了公平清偿，在破产程序中将不得不聘用庞大的破产管理人团队，并且投入巨大的人力、物力、财力对每笔关联交易进行区分和处理，甚至可能因争议而引发其他程序，这无疑是一笔巨大的破产费用。二是关联企业之间的资产区分久拖不决。企业破产程序的周期原本就不短，而清理关联企业之间复杂的关联交易将耗费更多的时间。此外，也存在人格高度混同以致无法区分的情形。如果破产财产、破产债权长期处于不确定状态，则不仅可能增加破产费用，甚至减损破产财产的价值。三是关联企业之间的破产程序交叉重复。关联企业的注册地、主营地等并不一定在同一管辖地，而关联企业破产程序可能涉及交叉重复的内容。如果分开破产，不仅降低了法院的审判效率，而且增加了债权人的维权成本，甚至影响债权人的权利实现。破产法的制度目标是实现债权人在剩余财产基础上清偿利益最大化，上述情况的出现虽然可能符合公平清偿的理念，但区分关联交易的成本可能不利于大部分债权人甚至所有债权人的利益实现，这显然严重偏离破产法的效率价值。

实质合并破产将多个人格高度混同或者欺诈设立的关联企业纳入统一的破产程序，有助于降低破产成本和实现债权人整体利益最大化。“从各国破产法来看，效率价值体现最明显的是关于程序的时限与债权的确定上，特别是在对不确定的债权和或然债权的确定，为保证破产程序不致被其拖延，美国破产

---

〔1〕 李曙光：《破产法的基本价值》，载《法制日报》2007 年 3 月 25 日，第 11 版。

〔2〕 Widen W H, *Report to the American Bankruptcy Institute*: *Prevalence of Substantive Consolidation in Large Public Company Bankruptcies from* 2000 *to* 2005, American Bankruptcy Institute Law Review, Vol. 16, p. 5(2008).

法甚至授予法院自行裁量与估算的权力。”[1]实质合并破产是美国破产法官创设的衡平法规则，鲜明地体现了上述关于破产法的效率价值追求。在程序时限上，实质合并破产将人格混同达到一定程度或者直接证明是欺诈设立的关联企业纳入统一的破产程序，缩短破产周期。在债权确定上，实质合并以一种有利于债权人清偿利益实现的方式消灭关联企业之间的债权债务关系，将关联企业的资产进行统一清理，既减少了债权债务关系久拖不决带来的成本，同时也降低了债权债务分类、清理、结算的费用以及聘用管理人团队的破产费用。

（二）助推重整成功

“重整具有债务清偿与企业重组结合、私权保护与社会利益协调的特点。”[2]相比消极的破产清算，破产重整无疑更能体现破产法的效率追求。破产重整试图对有继续经营可能的企业进行挽救，保住其经济功能和社会功能，减少相关主体和整个社会的损失。而破产清算毕竟是对企业剩余资产的消极变卖，不仅耗时长、费用高，而且可能因拆分而使得企业资产贬值甚至丧失价值。此外，企业清算可能引发“多米诺骨牌”效应，致使经营链条的上下游企业、企业职工等主体陷入困境。因此，重整制度备受关注。相比单体企业，关联企业联系更加紧密，往往是一个资源配置的组合。关联企业的设置可能基于规避义务的目的，但也有很大一部分企业是为了优化资源配置，节约经营成本，例如，产业链上具有配套效果的关联企业。这种联系使关联企业具有一种整体价值，其整合可以发挥规模效应。然而，如果坚持法人人格独立，进行分别重整，容易造成关联企业经营链条的不完整、效率低下等一系列问题，阻碍重整的实现。

合并破产重整有助于保护关联企业的整体价值，提高重整的成功率。在经济事实层面重视关联企业之间的整体性价值，保护关联企业的完整经营体系。通过制定一个统一的重整计划，有效整合关联企业的资产，不仅可以降低谈判成本，而且有助于吸引外部投资。在一些关联企业合并重整案件中，实质合并破产的实践也已经取得了良好的效果。例如中谷糖业集团合并重整案，因中谷糖业集团的各企业在资产、财务、经营等方面存在严重混同，故法院裁定将集团各成员企业纳入合并重整程序。其中中谷糖业集团下属的6家糖厂都属优质资产，对集团成员的合并有利于投资人整体式收购，从而吸引了多家企业参与

---

〔1〕 李曙光：《破产法的基本价值》，载《法制日报》2007年3月25日，第11版。

〔2〕 唐卫华：《供给侧改革视阈下企业破产重整机制的创新》，载《经济论坛》2016年第11期。

投标竞价,最终确定的投资方恒福集团对于重整非常有利。至2010年9月,历经两年的中谷糖业集团合并重整获得最后的成功。[1]

小 结

本部分主要从理论层面论述何为实质合并破产以及为何存在实质合并破产。从概念上看,实质合并破产一方面是一个在特定情形下适用的破产法规则,其本质特征表现为以关联企业共同破产为适用的基本条件、以独立法人人格缺失为适用的逻辑前提、以债权债务合并处理为适用的法律后果;另一方面,该概念与法人人格否认、程序合并也有着明显的区别。从生成逻辑上看,实质合并破产旨在矫正关联企业的人格异化,是在反思传统破产规制措施局限的基础之上发展起来的一项全新规则;从理论逻辑上看,实质合并破产体现了对"实体法"理论不足的反思,是"企业法"理论在破产法中的运用;从价值取向来看,实质合并破产的价值需要放到破产法语境中去理解;从公平价值来看,实质合并破产有助于实现债权人之间的公平清偿;从效率价值来看,实质合并破产既能够降低破产成本,又有助于推动关联企业的重整成功。

[1] 刘冠南等:《"中谷糖业"整体破产重整完成》,载《南方日报》2010年9月16日,第6版。

第二章

关联企业实质合并破产的实践考察

“历史往往是从事任何可理解性研究的起点，并以能够从历史里走出来为条件。”[1]通过从历史视角阐释实质合并破产规则的本源、发展以及最终完型之全过程，不仅有助于彰显该规则之历史实践图景，还将便于通晓该规则形成之涵义更迭。从规则源流看，实质合并破产起源于特定经济背景下的美国，并且主要通过判例的形式得到确立和发展。作为一种具有衡平法属性的破产法规则，实质合并破产在美国破产实践中得到大量的适用，有着丰富的理论研究和司法实践；与此同时，它也被世界其他国家不同程度地借鉴。虽然我国当前并无相关立法，但国内已出现大量实质合并破产的司法实践，呈现“法官造法”的盛况。基于此，本章首先将重点考察实质合并破产在美国的产生与发展，同时简要介绍其他国家的相关情况，然后再从立法和司法两个层面观测我国实质合并破产的实践全貌。

第一节　关联企业实质合并破产的域外考察

实质合并破产滥觞于美国，是美国判例法实践发展的产物，随后逐渐被不少国家接受，并且被联合国国际贸易法委员会的《破产法立法指南》所吸纳。在世界范围内，实质合并破产实践主要集中在判例法国家，而成文法国家相对较

[1] ［瑞士］皮亚杰：《结构主义》，倪连生、王琳译，商务印书馆1984年版，第92页。

少,主要停留在理论探讨阶段。[1] 例如,英国和新西兰在跨国公司的破产实践中适用了实质合并破产,并且在立法中确认了实质合并破产的地位;澳大利亚立法也赋予法院在实施合并计划问题上的自由裁量权,考量因素包括:集团中一个公司及其经理和职员与集团其他公司在经营上的牵涉程度;集团中其他公司及其经理和职员的行为对被合并公司清算条件的成就的影响程度;被合并公司的经营的混合程度等。由于英国和新西兰的财产合并制度(pooling)被认为是最接近美国判例法中的实质合并破产,故而本书主要选取这两个国家的相关制度作为考察对象,以展现除美国之外其他国家的实质合并破产实践概况。

一、联合国国际贸易法委员会的《破产法立法指南》

联合国国际贸易法委员会自 1999 年 12 月起开始着手起草《破产法立法指南》,其目的是为世界各地的破产法改革提供信息和协助,在各国立法机关制定新的法律和条例或审查现行法律和条例是否充分时,为其提供一种参考工具。经过多年的逐步完善,《破产法立法指南》已经包含四个部分,其中第三部分被称为《破产企业集团对待办法》,主要目的是"在国内和跨国界情形中允许在企业集团的范围内处理企业集团一个或多个成员的破产程序,以处理涉及企业集团的破产案件的特别问题,并为整个企业集团及其债权人实现更好、更有效的结果"[2]。在《破产企业集团对待办法》中,将"实质性合并"作为处理企业集团破产问题(国内问题)的救济工具之一予以阐释,并在整个办法中多有涉及。具体而言,主要包括以下几个方面的内容:

第一,对"实质性合并"的界定。"实质性合并"是指将企业集团两个或两个以上成员的资产和负债作为单一破产财产的组成部分对待。[3] 具体而言,

〔1〕 例如日本,虽然日本立法尚未引入实质合并规则,但日本学界对此问题的讨论热烈。如日本学者伊藤真认为,在审理关联企业破产案件时,发现各企业之间的经营、财产、管理等严重混同造成各企业之间具有极强的关联程度,若依然引用法人独立人格原则对企业进行独立破产和清算将与公平正义原则严重悖离,且采用撤销权、取回权等法律方式也很难解决这一问题时,可以考虑将关联企业进行合并破产,各个公司应该按比例受偿债权。无疑,伊藤真对实质合并的态度是谨慎适用,即应穷尽所有法律手段,且时刻以公平正义原则为判断标准。而在德国,虽然尚未确立实质合并破产,但是其企业集团的规制模式无疑与实质合并破产的理论相契合。参见[日]伊藤真:《破产法》,刘荣军、鲍荣振译,中国社会科学出版社 1995 年版,第 114 页。

〔2〕 联合国国际贸易法委员会:《贸易法委员会破产法立法指南——第三部分:破产企业集团对待办法》,第 1-2 页。

〔3〕 联合国国际贸易法委员会:《贸易法委员会破产法立法指南——第三部分:破产企业集团对待办法》,第 2 页。

“在实质性合并的情况下，如果破产程序涉及同一企业集团两个或多个成员，法院在适当情况下可以不考虑企业集团每个成员的独立身份而将其资产和负债合并，视同由单一实体持有的资产和承担的负债。这些资产因而被视作单一财产的组成部分，对合并后集团成员的全部债权人普遍有利”。[1]

第二，有利于实质性合并的情形。在确定是否适用实质性合并时，需要考量的要件包括：“出具集团有合并财务报表；集团所有成员合用一个银行账户；集团成员之间利益和所有权的统一；对个别资产和负债进行分离的难度；集团不同成员分担间接费用以及管理、财务和其他相关费用；存在集团内贷款以及贷款的交叉担保；集团成员为图方便不遵守适当手续而彼此转移资产或调拨资金的程度；资本的充足情况；资产或经营业务的混合；指定共同的董事或高级管理人员和举行董事会联合会议；共同营业地；与债权人的欺诈交易；鼓励债权人将集团视为单一实体的做法，使债权人不清楚同其打交道的究竟是集团的哪些成员，或者使集团成员间的法律界限模糊不清；以及实质性合并究竟是为了便于重整，还是为了债权人的利益。”但是，“问题要害都在于如何权衡考虑各种要件以做出公正和公平的决定；任何一个要件都不一定是结论性的，特定案件中不一定存在所有要件”[2]。实践中，有些法院一般将重点放在有限的几个因素中，特别是集团成员的事务是否高度混合以至只有付出高昂的费用并耗费大量的时间才能分清资产和负债，或集团成员是否从事欺诈或没有合法商业目的的活动。

第三，实质性合并的主要规则。在实质性合并的申请方面，申请人可包括集团成员或集团任何成员的债权人。此外，集团任何成员的破产管理人也可以提出申请。在申请时间方面，既允许在申请启动破产程序之时同时提出申请，也允许此后的任何时间内提出申请。但是启动后申请实质性合并的可能性因为程序管理的状况而受到限制，特别是实施重整计划等情形下。在实质性合并的利益平衡方面，“除了集团不同成员的债权人的相竞利益外，在实质性合并方面必须考虑到其他利益相关人的利益：债权人相对于股东的利益；集团不同成员的股东的利益，特别是仅为集团部分成员而不是其他成员的股东的利益；合

---

〔1〕 联合国国际贸易法委员会：《贸易法委员会破产法立法指南——第三部分：破产企业集团对待办法》，联合国维也纳办事处英文、出版和图书馆科 2012 年版，第 59－60 页。

〔2〕 参见联合国国际贸易法委员会：《贸易法委员会破产法立法指南——第三部分：破产企业集团对待办法》，第 62 页。

并后集团不同成员的有担保债权人和优先债权人的利益”。在通知债权人方面,鉴于实质性合并对债权人的权利可能产生的影响,受影响的债权人应当有权接到启动时下达的合并令通知并有权提出异议。在效力方面,实质性合并的效力可能包括:“将集团被合并成员的资产和负债如同单一破产财产的组成部分对待;消灭集团内债权;对拟合并集团各成员的债权如同对合并后破产财产的债权对待;以及承认对集团个别成员而确定的优先权即为对合并破产财产确定的优先权。集团内债权通常在实质性合并时消失,理由是由于债权和偿付义务属于同一破产财产,或由同一破产财产所欠,债权和偿付义务实际上相互抵消了。”[1]最后,还列举了可以排除在实质性合并令之外的情况。“这些情形可能包括某些特定资产的所有权易于识别,或集团合并成员的部分经营活动因不涉及欺诈图谋而可分离开来;在实质性合并令中包括某些资产可能导致欺诈图谋的后果更为严重;或出现累赘资产,例如涉及环境赔偿责任的资产难以管理或管理费用太高。”[2]

二、美国的实质合并破产实践及其争议

美国是实质合并破产制度的发源地,已经有大量的关联企业实质合并破产的判例,这些判例法规则可以为世界各国的关联企业实质合并破产提供有价值的参考。

(一)美国实质合并破产的产生与发展:以判例法实践为主线

在美国,实质合并破产的实践历程可以归纳为两个阶段:规则“从无到有”的创设阶段和规则“从粗到细”的发展阶段。[3]

从现有资料考证,20 世纪 40 年代到 60 年代是实质合并破产在司法实践中的创设阶段。在 1941 年,美国联邦最高法院在“辛普塞尔诉帝国纸业与颜料公司案”(Sampsell v. Imperial Paper & Color Corp. ,以下简称 Sampsell 案)中首次提出“对所有破产财产进行合并”(consolidating the estates),被喻为“实质合并破产的雏形”。尽管 Sampsell 案是实质合并破产的首个案例,但在案件审理中

---

〔1〕 联合国国际贸易法委员会:《贸易法委员会破产法立法指南——第三部分:破产企业集团对待办法》,第 63 - 68 页。

〔2〕 联合国国际贸易法委员会:《贸易法委员会破产法立法指南——第三部分:破产企业集团对待办法》,第 44 页。

〔3〕 因美国法院需适用先例进行裁判,故对其实质合并破产实践的考察主要围绕标志性案例展开。

法官主要依据欺诈交易等普通法规则判案，而非破产法规则。[1] 在1962年，美国第二巡回法院在 Chemical Bank New York Trust Co. v. Kneel 案（以下简称 Chemical 案）中明确适用了实质合并破产，正式确立了该规则在司法实践中的地位。

从20世纪60年代至今是实质合并破产规则“从粗到细”的发展阶段，其发展的核心是实质合并破产规则适用标准的不断演进。[2] 例如，Vecco 案的“七因素标准”、Auto - Train 案的“三要素标准”、Augie/Restivo 案的“两要素标准”、Owens Corning 案的“新七要素标准”。围绕适用标准的探索和争论，实质合并破产的适用规则不断完善。

（二）美国实质合并破产的主要争议

实质合并破产源于美国的判例法实践，然而破产法（以及之前的破产法案）并没有将实质合并作为救济措施而纳入其中，因此，目前法院对实质合并的权力基础尚不完全清楚。[3]

1. 实质合并破产的法律渊源争议

除判例外，法官和专家学者也试图从《美国破产法》中寻找实质合并规则的适用依据，然而，该法典以及其他法律法规有关实质合并规则的规定都处于空白状态。在《美国破产法》中，仅仅在第302（b）条中有关财产合并的规定与实质合并稍稍相关，但也只是针对夫妻财产的破产事宜。[4] 但是，也有学者指出，实质合并规则的适用可以从《美国破产法》第105（a）条或者第1123（a）（5）（C）条找到相应依据。[5] 其中，第105（a）条赋予了法院“可以对为实施本章条

---

〔1〕 Sears Jr, Samuel P., *Bankruptcy—Affiliated Corporations—Merger of Assets—Weight Given to Creditor's Reliance on Single Corporation: Chemical Bank New York Trust Co. v. Kheel*, Boston College Law Review, Vol. 8:4, p. 963(1967).

〔2〕 Gilbert, J. Stephen, *Substantive Consolidation in Bankruptcy: A Primer*, Vanderbit Law Review, Vol. 43, p. 208 - 220(1990).

〔3〕 Gilbert, J. Stephen, *Substantive Consolidation in Bankruptcy: A Primer*, Vanderbit Law Review, Vol. 43, p. 210(1990).

〔4〕 《美国破产法》第302条关于“共同破产案件”的规定：（a）符合本法某个章节的要求的破产申请人及其配偶，共同向破产法庭提出破产申请，就可以启动相应章节的共同破产程序。在共同破产程序开始的时候，申请人可以获得相应章节的债务免除令。（b）在共同破产案件开始之后，法庭将决定共同破产的范围，即共同债务人的财产应当被合并的程度。参见李飞主编：《当代外国破产法》，中国法制出版社2006年版，第476页。

〔5〕 Timothy E. Graulich, *Substantive Consolidation—A Post - modern Trend*, American Bankruptcy Institute Law Review, Vol. 14, Issue 2, p. 527 - 566(2006).

款所必须、必要且恰当的命令、程序或判决的权利进行发布"[1]，这一"衡平权力"能使破产法院不考虑个别公司实体并且刺破公司面纱，对关联公司进行实质合并。此外，第1123(a)(5)(C)条也指出："为有利于执行，所有的重组计划都应罗列出重组的方法，例如(C)将多个债务人兼并或合并"。[2] 但是，大多数学者并没有接受前述观点，原因是第105条所赋予的"衡平权力"只有在符合《美国破产法》规定的方式下才可能得以运用。正如美国联邦最高法院所指出的，"任何破产法中衡平权力的使用，法院必须而且只能在破产法的范围内行使"。第105条并非授权法院"自由行使衡平权力"，而是只可用于执行《美国破产法》规定的权力，因此第105条对于实质合并破产并没有授权。至于第1123(a)(5)(C)条主要是对重组计划方法的一种罗列，通知债务人在重组过程中可以选择的方法的范围。是故，很难从成文法中寻找到适用实质合并规则的直接依据。

2. 实质合并破产的适用标准争议

自1941年实质合并破产规则创设后，美国法院逐渐广泛适用并发展该规则，其中实质合并破产的裁判标准已经成为实质合并规则发展的主线。在美国，实质合并破产规则在判例法实践中不断发展完善，当前已经形成了种类丰富的适用标准，这不仅展现了法官的智慧与勇气，同时也凸显了关联企业破产的复杂程度。至于如何运用上述微观标准，美国大量判例实践逐渐形成了几种具有代表性的方法，但迄今尚无形成公认的标准。经梳理，按照时间发展轨迹，美国法院的实质合并破产裁判标准可归纳为以下几种代表性模式：[3]

(1) Sampsell案：法人人格混同标准[4]

在Sampsell案中，Downey系自然人，开始他以个体经营的方式销售纸业涂料，并且在经营途中欠下了标准镀膜产品公司超过10万美元的债款。随后，在1936年，Downey又设立了唐尼壁纸与涂料公司。该公司的重要职位，如高管、董事以及股东皆为Downey的家人。Downey将其先前纸业涂料个体经营中的

---

[1] Ashe, George, *The Corporate Entity in Bankruptcy: Subordination—Consolidation—Merger*, by American Bankruptcy Law Journal, 46: 295 (1972).

[2] [美]大卫·G. 爱泼斯坦、史蒂夫·H. 尼克勒斯、詹姆斯·J. 怀特：《美国破产法》，韩长印等译，中国政法大学出版社2003年版，第23页。

[3] Elkin, Judith, *Lifting the Veil and Finding the Pot of Gold: Piercing the Corporate Veil and Substantive Consolidation in the United States*, Dispute Resolution International, Vol. 6: 2, p. 145 – 148 (2012).

[4] Sampsell v. Imperial Paper & Color Corp., 313 U. S. 215 (1941).

全部货物转到新设立的唐尼壁纸与涂料公司,而唐尼壁纸与涂料公司以股份作为贷款对价。值得注意的是,该公司经营的货物品牌和 Downey 原来经营的货物并无差异。在唐尼壁纸与涂料公司的经营过程中,其又对帝国纸张颜料公司负有 5400 美元的债务。其后,在处理 Downey 个人破产案件过程中,该案的破产管理人 Sampsell 提出 Downey 的个人破产财产应当包括唐尼壁纸与涂料公司的资产,从而保证 Downey 的债权人的债权得以全部清偿。对此,1939 年 4 月 7 日,受理该案的破产法院同意了 Sampsell 的观点,将唐尼壁纸与涂料公司的资产全部纳入 Downey 破产财产之中。随后,帝国纸张颜料公司在向 Sampsell 申报债权的过程中,认为它是唐尼壁纸与涂料公司的债权人,因而有权对唐尼壁纸与涂料公司的资产首先受到清偿。对此,破产法院否决了帝国纸张颜料公司的申请,并提出其应和标准镀膜产品公司一样按比例受偿债务。帝国纸张颜料公司因对破产法院的裁判决定不服而提出了上诉,结果上诉法院推翻了破产法院的决定,认为帝国纸张颜料公司具有就唐尼壁纸与涂料公司的资产进行优先受偿的权利。最后,最高法院对该案进行了重申,并推翻了上诉法院的判决。最高法院认为,唐尼壁纸与涂料公司的资产应一并纳入破产财产之中,而帝国纸张颜料公司应与标准镀膜产品公司一样按债权比例对破产财产获得分配。[1] 在该案中,最高法院首次提出了"对所有破产财产进行合并"(consolidating the estates)的说法,所有债权人皆应按比例受偿而不得对某一部分财产进行优先受偿,实际上默认了法院强制实行实质合并的权力。鉴于此,该案被普遍认为是实质合并规则创设的"开山之案"。[2]

(2)Chemical 案:资产区分困难标准[3]

在 Chemical 案中,Manuel Kulukundis 是一个船业大型公司,共拥有 8 家公司。这 8 家公司共同进入破产重整程序但重整失败,最终由一家破产法院接管并进行破产清算。其中,这 8 家公司的主要债权人为政府,而政府认为这 8 家公司的所有资产已模糊不堪,难以区分,遂向法院提出使这 8 家公司共同破产的意见。Chemical 公司作为这 8 家公司中的其中一家公司(Seatrade)的担保债权人,反对政府的意见,理由是 Seatrade 公司在这 8 家公司中具有最高的债务清

---

[1] See 313 U. S. 600,61 S. Ct. 1107,85 L. Ed.

[2] Mary Elisabeth Kors,*Altered Egos:Deciphering Substantive Consolidation*,University of Pittsburgh Law Review,Vol. 59:2,p. 381(1998).

[3] Chemical Bank New York Trust Co. v. Kneel,369 F. 2d 645(2d Cir. 1966).

偿率;若合并清算资产,对 Seatrade 公司债权人的利益将酿成极大的损害。经调查与审理,破产法院发现这 8 家公司存在公司人格混同滥用之现象,故而同意了政府的合并破产的意见。对此,Chemical 公司因持反对意见而上诉至第二巡回法院。经慎重考量,法院指出,如果需要花费很多时间来界分不同公司的界限导致对债权人利益构成威胁时,应该将所有关联公司看做一个实体。该案同先前的 Sampsell 案相比,法院将公司之间区分的难易程度亦纳入案件是否适合合并审理的考量范围,无疑拓宽了实质合并的适用情形,也因此有学者提出该案件的积极作用在于正式确立了实质合并规则为破产法的一项基本规则。[1]

(3) Vecco 案:七要素标准

Vecco 案开创并推动了要素列表式(the checklist of factors)的实质合并破产标准。要素列举标准是指将列出的标准或其中的部分标准作为衡量实质合并的公平和利弊的一种手段。根据这一观点,没有一个标准是决定性的,也不要求所有有利于实质合并的标准都需要出现。在有利于合并的要素大部分都存在的情况下,尽管其他的关键要素缺位或存在冲突,法院仍然可能会认为实质合并是合适的。然而,采取这一方法的法院通常会要求支持合并的一方承担证明实质合并的利大于弊的举证责任。这种列举的方式具有一定的开放性,可根据关联企业的实践,具体判断人格混同的要素。

理论界和实务界普遍认为,采用这种模式的典型案例是 Vecco 建筑公司破产案(1980 年)。[2] 在之前案件的审理中,正是由于法院尚未探索出具体的裁判标准,实质合并制度的发展非常缓慢。而在该案中,法院创造性地总结了七条适用实质合并的裁判标准:一是集团间的财务报表是否具有合并现象;二是合并后的集团的盈利能力;三是区分单独公司财产以及债务的难易程度;四是集团中不同公司所有者结构以及利益的关联程度;五是不同公司间的营业以及资产的混同情况;六是不同公司间是否具有违规的资产转移现象;七是不同公司间是否进行了债务担保。无疑,在这七个裁判标准中,“区分单独公司财产以及债务的难易程度”可谓关键因素。事实上,该标准既不属于刺破公司面纱制度中的人格混同,又区别于欺诈性财产转移。该标准旨在提升破产效率以及保护所有的债权人利益,因而具有不同于公司人格否认以及欺诈性财产转移的特

〔1〕 [美]道格拉斯·G. 贝尔德:《论破产重整的实质合并》,张钦昱译,载李曙光、郑志斌主编:《公司重整法律评论》第 3 卷,法律出版社 2013 年版,第 454 页。

〔2〕 In re Vecco Construction Industries, Inc. ,4 Bankr(Bankr. E. D. Va. 1980).

殊性。诚如法院在该案中所言:"的确,很多实质合并案件与公司人格否认具有紧密关联,但也有其他裁判标准。若集团内部的各个公司之间的资产和债务令人难以区分,并且需要耗费巨大时间成本,进而损害债权人利益时,则无需考量公司人格否认的问题。"该案之后,实质合并的适用标准愈加宽松与自由,在其后的很多案件审理中法院皆适用了这七个标准,但不乏些许争议和反对的声音。反对者认为,若实质合并的适用标准过于宽松,将进一步违背现代公司法的核心制度"法人人格独立"。

(4) Auto - Train 案:三要素标准〔1〕

三要素标准,即通过实质合并的支持者和反对者的双方举证来衡量利弊。实质合并的支持者完成初步举证:一是被合并的实体之间是一个事实上的主体;二是合并是避免某些损害或实现某些利益所必需的。合并的支持者可以通过证明实质合并案件一般因素或者前述中的一个或两个事实来完成初步举证。在完成初步举证后,举证责任转移至反对实质合并一方。反对者必须证明他们是合理地信赖其独立的身份而形成债权债务关系,实质合并将对其不公平。如果一个债权人能够证明其合理地信赖或者不公平,则实质合并只能在利极大地超过弊的情况下才能适用。而如果不能够证明,无论利是否极大地超过弊,都将适用实质合并。如果债权人证明合理的信赖和偏见,合并可能只有其利益的严重的危害大于授予;如果债权人不能证明或者合理信赖或偏见,然而,无论是否合并的严重的危害大于好处,合并可能被授予。这种方法被第十一巡回法院和哥伦比亚地区法院采用。

Auto - Train 案(1987 年)进一步发展了实质合并的裁判标准。该案的侧重点为举证责任方面。原告 Auto - Train 公司在进行破产程序途中,提出其子公司(Railway)应和本公司实行合并破产。一审法院同意了 Auto - Train 公司的申请,但哥伦比亚上诉法院根据其总结的实质合并三大标准,驳回了一审判决。具言之,上诉法院认为适用实质合并应符合如下标准:一是申请人应当证明实行合并的各个公司之间具有实质的关联;二是申请人应当证明实行实质合并可以切实带来益处或避免损失;三是若有债权人对申请合并破产持反对意见,则应证明其在与债务人交易时所信赖的是其交易公司的单个信用而非集团信用,同时该债权人会因实质合并而受到损害。具体到该案中,Railway 公司的其中

---

〔1〕 In re Auto - Train Corp. ,810 F. 2d(D. C. Cir. 1987).

一个债权人举证证明了其与 Railway 公司进行交易完全是依赖其单独信用，而若将该公司与 Auto - Train 公司进行合并破产，Railway 公司的债权人之合法权益将被严重损害。另外，上诉法院还认为区分各个公司之间资产和债务的成本没有达到高昂的地步，因而驳回了实质合并申请。无疑，Auto - Train 案进一步完善了实质合并规则，将债权人是否根据公司集团中成员公司的独立信用而与之进行交易作为适用的标准，使得实质合并破产规则的适用更为谨慎，其对后续判例产生了良好的示范意义。

（5）Augie/Restivo 案：两要素标准[1]

两要素标准法，即主要根据两个关键性标准进行衡量：一是债权人在与债务人交易时，是基于对方的独立法人人格还是将关联企业视为整体；二是关联企业的债务是否严重混同，以至于实质合并破产能够使所有债权人获益。如果实质合并的申请者能够证明上述两个标准中的任何一个，法院就可以裁定实质合并。该方法由美国第二巡回法院在 Augie/Restivo 案（1988 年）的上诉程序中提出，与第一种方法类似但不完全相同，被许多法院所采纳。

Augie/Restivo 案（1988 年）牵涉的关系相对复杂。Restivo 公司和 Augie 公司皆为烘焙公司。两家公司在经营过程中，Restivo 公司将 Augie 公司的 1/2 股份买走，但是没有资产的转移。Augie 公司目前共有 253 万美元的资产，而在这之前，Augie 公司的债权人之一 Union 公司对 Augie 公司持有 240 万美元债权。Restivo 公司购买股权后，Restivo 公司和 Augie 公司的经营开始趋于一致，不久 Restivo 公司将其名改为 Augie/Restivo 公司，并且同时经营 Augie 公司。而在此之前，MHTC 公司对 Restivo 公司享有 279 万元债权，其中包括 Augie 公司的土地抵押权。其后，更名后的 Augie/Restivo 公司申请破产。破产法院推动对 Augie/Restivo 公司和 Augie 公司实施合并重整。但是，Union 公司对此明确反对，认为若对两公司进行合并审理，将损害其对 Augie 公司享有的债权，因此 Union 公司对此案进行了上诉。

总结以往司法经验，上诉法院归纳了适用实质合并的两条标准：一是公司集团内各公司的财产和债务是否严重混同，使全体债权人会因实质合并破产而得到好处；二是债权人在交易时是否明确知晓其交易对象为单独实体还是整个实体，此即著名的债权人期待标准。具体到本案中，上诉法院指出无论是Union

---

〔1〕 In re Augie/Restivo Baking Co. ,860 F. 2d(2d Cir. 1988).

公司抑或 MHTC 公司,其在与对方进行交易时皆把对方视为独立的实体。故而若合并 Augie/Restivo 公司以及 Augie 公司,势必会对债权人的利益造成损害。同时,Augie/Restivo 公司以及 Augie 公司尽管在公司财务、经营、债权债务方面具有混同情况,但尚未达到难以区分的程度。鉴于该案件事实不符合上诉法院提出的两大标准,上诉法院因而驳回了实质合并申请。

(6)Owens Corning 案:新七要素标准[1]

Owens Corning 案(2005 年)在梳理之前标准的基础上,总结了一套更为具体的标准。1997 年,Credit Suisse First Boston 公司贷款 20 亿美元于 Owens Corning 公司及其个别子公司,而其他子公司担保此项债权。在贷款合同签订时,双方约定 Owens Corning 公司应当独立于其各个子公司。2000 年 Owens Corning 公司和其所有子公司宣布破产,其债务人和部分担保债权人申请实质合并。州法院同意了该项申请,其理由为:一是该案中的 Owens Corning 公司与其子公司之间有着实质性的身份关联;二是子公司的高管以及其他董事缺乏独立的商业计划和进行相应的商业谈判;三是子公司都受制于相同的委员会;四是母公司实际控制了所有子公司的资产;五是母公司为了避税等好处才设立了子公司;六是子公司之间在债务上有交叉担保之关系;七是区分不同子公司之间的资产非常困难。正是基于这七项原因,法院同意了合并破产的提议。

银行对上述判决不服,向第三巡回法院提起了上诉。对此,第三巡回法院认为,在考量是否引用实质合并规则时,应当综合多种因素,之前的类似案件中往往适用了不同的标准,每个案件的法官都有自己的考量标准。事实上,之前类似案件中所适用的法人人格混同标准并非合理,同时法官根据很多不是那么关键的因素即武断判断适用实质合并,未免过于草率。由此,第三巡回法院指出,在决定是否适用实质合并标准的过程中,应当注意以下五点:一是由债务人的行为引致的损害才应适用实质合并规则,而由债权人带来的损害则应寻求破产法其他条款的救济;二是法院原则上应当尊重公司人格独立的核心原则,只有在极其紧急的状况下才能谨慎适用实质合并;三是由于实质合并会对部分债权人利益构成损害,故而其适用应当谨慎,且只能作为最后的保障手段而予以采用;四是不能仅仅因为合并破产会带来好处就对其适用;五是适用实质合并仅能用来防止债权人利益受到侵害,而非用来损害其他债权人利益。

---

〔1〕 In re Owens Corning,419 F. 3d(Bankr. Ct. Del. 2005).

鉴于此,该法院归纳了适用实质合并的裁判标准,符合任意一种皆可:一是在破产申请之前,债务人混同经营,导致债权人利益受到严重威胁;二是破产程序启动后,债务人的资产和债务严重混同,将其区分将耗费巨大成本。同时,申请实质合并的主体必须证明:一是债权人在交易时信赖对方债务人乃统一整体;二是债权人有理由相信这种统一状态。[1] 具体到本案中,法院指出,银行在贷款之时并没有将 Owens Corning 公司和其子公司看作统一整体,同时合并破产也不会使所有债权人获取利益。是故,2005 年 8 月,美国联邦法院第三巡回法院将州法院同意实质合并的判决推翻。事实上,自 1978 年破产法实施以来,该案是第三巡回法院首次对实质合并的表态,因而该案已被视为合并破产的典型案件。在该案的审理中,第三巡回法院在归纳与评析先前实质合并案件裁判标准的基础之上进一步总结了具体标准,得到了美国理论界和实务界的高度赞扬。的确,在此案之前,实质合并的适用标准是"从一个混沌不清的过去走向一个更加混沌的现在"[2],鲜有人对实质合并适用标准具有清晰而富有逻辑的认识。过去,特拉华地区法院主要通过三要素标准和两要素标准作出实质合并裁定,但并没有宣布更偏好哪一种标准,同时也没有宣布一种新标准。然而,第三巡回法院在 Owens Corning 案中,明确反对因素列举标准和三要素标准,并且更加赞同 Augie/Restivo 案的两要素标准。第三巡回法院将在以下情形下裁定实质合并:一是如果被申请的主体严重混同,以至于债权人信赖其被打破界限的实质并且将其当作一个法律主体;二是受理后发现它们的资产和负债严重混同混乱,以至于将它们分离开来对所有债权人都是不利的。

通过复杂的实质合并案件以及各专家学者变动不居的观点,难以看出实质合并清晰、明朗的未来发展。[3] 对此,很多专家学者尝试对既有的实质合并标准进行完善以及构建新标准,通过对现有标准弊端的修正,避免法院在审理破

---

〔1〕 值得注意的是,美国法院将实质合并规则中的债权人依赖(Creditor Reliance)标准限定适用在基于合同产生的债权人,而侵权之债和法定之债是排除在外的,因为这些债权人之所以成为债权人不依赖任何其他因素。

〔2〕 Sabin Willett, *The Doctrine of Robin hood—A Note on Substantive Consolidation*, DePaul Business and Commercial Law Journal, Vol. 4:1, p. 87 - 116(2005).

〔3〕 Douglas G. Baird 教授认为存在三种发展方向和可能:第一,美国破产法院可能会继续使用 Auto - Train 案中的判断方法或其变体;第二,法院可能会采纳 Owens Corning 案对 Augie/Restivo 案判断方法的衍生,实质合并规则的适用将受到一定的限制;第三,法院将抛弃实质合并方法。See Douglas G. Baird, *Substantive Consolidation Today*, Boston College Law Review, Vol. 47:1, p. 5 - 22 (2005).

产案件中过于武断以及使用过多的自由裁量,从而确保实质合并规则的确定性以及稳定性,确保权利的平衡。值得注意的是,由 William C. Blasses 确立的改良式混合方法(Improved"Hybrid" Substantive Consolidation Test)认为,可以通过主观与客观两个层面,来判断债权人和关联实体之间的关系。该案和 Owens Corning 案有所区别,此方法强调应当由全部债权人一起承担举证责任,无论这些债权人是否同意适用实质合并规则。[1] 此外,Scott R. Bowlin 认为,实质合并应当满足如下条件之一:一是与实质合并相比,实质分离会造成债权人获得更少的清偿数额;二是若采用实质合并,将有助于债权人实现帕累托效率(Pareto Efficiency)或者卡尔多—希克斯效率(Kaldor - Hicks Efficiency);三是实质分离可能会造成财产之间的不恰当转移。[2] 另外,J. Maxwell Tucker 亦创设出了五种解决途径。[3] 虽然上述学者指出的解决方案有待验证,但是,从这些努力中可以预见实质合并规则未来光明的发展前景。

3. 债务人和非债务人的实质合并破产争议

对于能否将尚未破产的主体纳入实质合并破产的范围,美国的判例实践存在较大争议。正如美国有学者所言,尽管法院有权裁定一个债务人与其他相关债务人实质合并已被接受,但法院何时能将一个债务人与一个非债务人合并,或者法院是否有权力这样做,当前并不明确。[4] 虽然美国破产法院依据《美国破产法》第 105 条获得广泛的衡平法权力,而这种权力可以延伸到将债务人与其他债务人实体进行实质合并,但是,判例法中已经明确法院不得以违反《美国破产法》其他条款的方式行使其衡平法权力。[5] 这使破产法院对债务人与非债务人的实质性合并是否会违反特别规定的非自愿破产程序存在较大争议。

有些法院并不愿意将债务人与非债务人实质合并,例如无担保债权人官方委员会诉圣保罗和明尼阿波利斯大主教管区案。根据该案裁判意见,将债务人与非营利性非债务人实体进行实质合并将违反《美国破产法》第 303(a)条,因

---

〔1〕 William C. Blasses, *Redefining into Reality: Substantive Consolidation of Parent Corporations and Subsidiaries*, Emory Bankruptcy Developments Journal, Vol. 24:2, p. 503 - 509(2008).

〔2〕 Scott R. Bowlin, *Substantive Consolidation and Parties' Incentives in Chapter 11 Proceedings*, New York University Annual Survey of American Law, Vol. 66:2, p. 341 - 370(2010).

〔3〕 J. Maxwell Tucker, *Substantive Consolidation: The Cacophony Continues*, American Bankruptcy Institute Law Review, Vol. 18:1, p. 89 - 190(2010).

〔4〕 Eileen Ornousky, *Substantive Consolidation of Debtor and Non - debtor Entities*, 9 ST. JOHN'S BANKR. RESEARCH LIBR. No. 20(2017), p. 1.

〔5〕 See Law v. Siegel, 134 S. Ct. 1188, 1194(2014).

为被合并的实体通常被豁免于非自愿破产。第303(a)条禁止强迫“非货币性、商业性或商业性公司”进入破产程序。虽然非自愿破产和实质合并被认为是不同的补救措施,但实质合并将有效地迫使非债务人的非营利性实体违背其意愿而破产。[1] 法院对实质性合并是一种独立于非自愿破产的补救措施还是一种不适当地绕过非自愿破产程序的工具存在分歧。将债务人和非债务人实质合并可以被视为规避了非自愿破产的要求。由于有具体的条款规定了非自愿破产的程序,因此任何改变该程序的行为都被认为是对法典的规避。此外,法院也会被质疑是否对非债务人及其资产拥有管辖权。[2]

有些法院在某些情况下可能将债务人与非债务人进行实质合并。[3] 例如,一些法院允许在非债务人被确定为债务人的另一身份时进行实质合并;当非债务人被确定为债务人的另一个自我时,一些法院允许进行实质合并。[4] 在这样的情况下,实质合并是合理的,因为合并不是将非自愿的非债务人拖入破产。相反,合并是承认债务人和非债务人实体并不是真正独立的,从而触及债务人的真实资产,故而合并是必要的。允许债务人与非债务人合并的法院认为,由于实质性合并和非自愿破产是不同的补救措施,因此实质合并不会规避非自愿破产程序。[5] 另外,如果要求寻求实质合并的一方满足非自愿破产的所有必要规定,就会违背实质性合并的目的。[6] 总而言之,实质合并是完全独立于非自愿破产,旨在将非债务人的资产纳入债务人财产的另一种手段。

值得注意的是,虽然债务人和非债务人的实质性合并是可能的,但标准比

---

〔1〕 See Official Committee of Unsecured Creditors v. The Archdiocese of Saint Paul and Minneapolis, 562 B. R. at 762 – 63 (holding that not only did the court lack the authority to substantively consolidate debtor with non – debtor nonprofit, but also that even it did have the authority, it would decline to do so under the circumstances there).

〔2〕 See 213 B. R. at 876 – 77 ("Using § 105 to support an equitable order of substantive consolidation of a non – debtor with a debtor is, in effect, taking jurisdiction over the non – debtor corporation without express statutory authority.").

〔3〕 See In re Logistics Info. Sys., Inc., 432 B. R. at 11 ("The majority of bankruptcy courts have found non – debtor consolidation to be appropriate in some circumstances."); In re Bonham, 229 F. 3d at 765.

〔4〕 In re United Stairs Corp., 176 B. R. 359, 371 (Bankr. D. N. J. 1995) (holding that alter egos are not entitled to the procedural safeguards of section 303).

〔5〕 See Matter of Munford, Inc., 115 B. R. 390, 397 – 98 (Bankr. N. D. Ga. 1990).

〔6〕 See id. ("[T]he insolvency requirement of § 303 would subvert the entire purpose of substantive consolidation in this case, which is to recover assets from a financially sound affiliated entity."); see also In re S & G Fin. Servs. of S. Florida, Inc., 451 B. R. 573, 582 (Bankr. S. D. Fla. 2011) ("Compelling the Trustee to file an involuntary bankruptcy petition under 11 U. S. C. § 303 would defeat the very purpose of substantive consolidation.").

合并债务人更严格。[1] 在决定是否将债务人与非债务人进行实质合并时,美国第九巡回法院采用了 Augie/Restivo 案测试方法。[2] 与一般的债务人实质合并一样,寻求债务人与非债务人实质合并的一方必须证明财务是密不可分的。只有当动议人能够证明债务人和非债务人有不可分割的利益,才可以批准实质合并。[3] 因此,要达到对债务人和非债务人进行实质性合并的标准是困难的:一方面,与相关的债务人实体相比,通常更难证明债务人和非债务人实体是密不可分地交织在一起而有必要进行合并。另一方面,由于所有债权人都必须得到公平对待,要证明非债务人实体的债权人不会受到损害就更难了。因此,即使法院宣称他们有能力对债务人和非债务人实体进行实质性合并,他们也常常拒绝这样做。原因是动议方在证明这些实体充分交织在一起以及没有债权人会受到损害方面面临苛刻的负担。[4]

(三)实质合并破产规则的争议反思

虽然美国的实质合并实践已有几十年时间,但很多专家学者和法官对于是否适用实质合并规则依然存在很多争论。迄今为止,诸多专家学者以及法官对实质合并规则持有怀疑态度。例如有学者指出,实质合并规则难以成为合理有效的衡平救济规则。[5] 原因如下:一是破产法院仅仅可以依据 1789 年司法法案创设的衡平救济规则来进行司法审判,其没有权力创设另一全新的衡平救济规则;二是《美国破产法》没有明确规定破产法院可以适用实质合并规则,相应的授权仅能依循第 105(a)条,而且只能作为联邦法院的一种补充和辅助。Grupo Mexicano Desarrollo, S. A. v. Alliance Bond Fund 案(以下简称 Grupo 案)常常作为此观点之佐证,原因在于,在此案件中,联邦最高法院指出,若没有国会的赋权,地区法院是没有权力基于对债权人的保护而发布禁止令的。[6] 然而,很多专家学者对此持否定意见。一些学者指出,判例(Sampsell 案)赋予了法院

---

[1] See In re Lease - a - Fleet, Inc., 141 B. R. 869, 872 - 73 (Bankr. E. D. Pa. 1992) ("While consolidation of debtor and non - debtor entities is possible, it should be undertaken only in the most unusual circumstances.").

[2] See In re Bonham, 229 F. 3d at 766.

[3] See Matter of Munford, Inc., 115 B. R. at 397 - 99.

[4] Eileen Ornousky, *Substantive Consolidation of Debtor and Non - debtor Entities*, 9 ST. JOHN'S BANKR. RESEARCH LIBR. No. 20 (2017), p. 7.

[5] J. Maxwell Tucker, *Grupo Mexicano and the Death of Substantive Consolidation*, American Bankruptcy Institute Law Review, Vol. 8:2, p. 427 - 452 (2000).

[6] Grupo Mexicano Desarrollo, S. A. v. Alliance Bond Fund, Inc., 527 U. S. 308, 1999.

进行破产财产的合并之权力，但是，仅有国会或者联邦最高法院方能对此衡平救济权力进行撤销。Grupo 案不是破产案件，其与实质合并没有构成冲突；相反，在此案件中，法院赞同破产法院拥有权力处置该案中的争议问题。[1] 亦有专家学者指出，由于实质合并具有衡平性，法院在审理相关案件时判决意见不一，因而难以估测到实质合并的适用标准等。尤其是在 Vecco 建筑公司破产案（1980 年）和其他相关案件中所采用的弹性、自由的判定标准，拥有诸多争议。法院在判决中引用的很多理由不足以证明适用实质合并是正当的，很多理由和依据还存在内部悖论。[2] 例如，有些法官认为担保可以作为适用实质合并的参考因素，其可以表明债务人具有利益的共同性和一致性。但是，担保亦可证明，债权人是因为意识到公司之间的独立性，才认为可以采用担保方式。而且，根据每个不同案件的不同情况来具体评判是否采用实质合并规则，也会造成法院审判过于武断。是故，很多专家学者强调，对于实质合并规则应当采用比较明确的判定标准。[3]

从《美国破产法》相关规定可以看出，其破产债务人包括自然人以及法人，相比于我国，其破产债务人主体范畴较为广阔。然而，美国法院通过实质合并对其管辖权还是做了一定的突破。在部分案件中，法院认为可以直接将尚未破产的非债务人纳入实质合并破产的范围。如此做法，引发了美国学界和实务界的诸多非议。事实上，在最早的美国实质合并破产司法实践中，其适用对象仅局限于破产的债务人，不包括非破产债务人。然而，随着经济的发展，美国各个法院也逐渐打破了这一惯例，视个案不同情况而作相应审判，最终，实质合并破产规则的适用对象扩展到了非债务人。对此，法官完全凭借自由心证和自由裁量，对实质合并破产规则是否适用于非破产债务人，各法官以及债权人皆有争议。原因在于，若实行破产合并规则，债权人将与其他人共同分享破产财产，进而损害其合法权益。将非破产债务人的资产并入共同破产的财产与否，将对其他债权人的受偿财产产生极大影响。

在司法实践中，很多法院不会将非债务人是否破产作为关注焦点，而是将其当做普通债务人，但凡契合相应规则与标准，便可将这些债务人并入破产程

---

〔1〕 In re Owens Corning, 419 F. 3d 195, 2005, p. 209.

〔2〕 Timothy E. Graulich, *Substantive Consolidation—A Post - modern Trend*, American Bankruptcy Institute Law Review, Vol. 14:2, p. 551 (2006).

〔3〕 Timothy E. Graulich, *Substantive Consolidation—A Post - modern Trend*, American Bankruptcy Institute Law Review, Vol. 14:2, p. 552 (2006).

序中,法院也把笔者在上文所述的 Sampsell 一案视为授权法院如此行为的先例。在该案中,公司所有人个人请求了自愿破产,其成立的子公司没有申请破产。但是,该公司所有人的债权人为了实现顺利清偿,申请法院将该子公司的财产一起并入破产程序中。对此,法院认为,该子公司只是总公司的另一个自我,公司成立初衷即为对债权人求偿的防范。所以,法院没有特意强调分公司是否破产,接受了债权人的申请,将分公司一并纳入破产程序。其后,在上诉程序中,相关债权人和债务人亦未表示反对意见。值得注意的是,联邦最高法院也没有对此提出反对意见。美国相应学者推定联邦最高法院对此种情形已经默许支持,之后审判都可以援引此案判决及相关依据。该案后,很多法院也随即适用实质合并破产规则,将非破产债务人并入了破产财产,如 In re Meridian Place,N. W. ,Inc. 案、In re Crabtree 案、In re Tureaud 案、In re Munford,Inc. 案、In re Fairfield Construction Co. 案以及 In re New Center Hospital 案等。[1] 很多案件的法官的判决理由和普通的仅仅与破产债务人有关的案件相同。例如,在 In re Crabtree 案件中,法院认为,该案件的债务人间的账目模糊,财产出现了混同情形,其中的非破产债务人也只是其他债务人的"另一个自我"。而在 In re Meridian Place,N. W. ,Inc. 案中,法院亦认为,债务人母公司与尚未破产的子公司之间,有很多难以说明理由的来往交易与业务,同一个银行账户涉及多个财务交易,但缺乏明晰的财务记录,相互之间无法分清彼此。无疑,法院对于财产混同的情况,没有划分债务人是否破产。但是,也有部分法官提出相反意见,例如 In re Alpha Omega Realty Inc. 案、In re DRW Property Co. 82 案、In re Julien Co. 案、In re Lease – A – Fleet 案以及 In re Ira S. Davis,Inc. 案等,[2] 对于债权人申请将未破产债务人财产一并纳入破产财产之请求,法官予以了驳回。再如,在 In re Alpha Omega Realty Inc. 案中,破产财产管理人认为,由于其中的几个关联公司在财务和业务上出现了混同情形,一个人负责多个公司经营,因而申请合并破产。但是,对此意见法官并未接受,没有将非破产债务人公司一并纳入破产程序。法官表示,对于尚未破产的债务人,其缺乏管辖依据,若实行合

〔1〕 Christopher J. Predko, *Substantive Consolidation Involving Non – debtors: Conceptual and Jurisdictional Difficulties in Bankruptcy*, Wayne Law Review, Vol. 41:4, p. 1754 – 1759(1995).

〔2〕 Christopher J. Predko, *Substantive Consolidation Involving Non – debtors: Conceptual and Jurisdictional Difficulties in Bankruptcy*, Wayne Law Review, Vol. 41:4, p. 1754 – 1759(1995).

并,即是对破产法规定的相应破产正当程序的违反,更会导致概念含义上的争议。[1]

三、其他国家的实质合并破产实践及其分析

(一)英国的实质合并破产实践

在英国,实质合并破产主要体现在跨国公司破产的实践中,并且在1986年的《英国破产法》中明确了法院在审理跨国公司破产清算案件时,法官可根据当事人申请裁定合并清算。对于裁判的标准,则主要由法院根据公司之间的联系以及实质合并后对债权人的影响自由裁量,但总体而言,法官需要考量多重因素,体现了谨慎适用的基本理念。

英国适用实质合并规则的典型案例为1991年著名的国际信贷商业银行(Bank of Credit and Commerce International,BCCI)破产案。[2] 在该案中,BCCI系总部处于卢森堡的大型跨国公司集团,控股公司BCCI设立在卢森堡,而旗下有两个子公司:一个是卢森堡的BCCI SA公司,另一个是设在开曼群岛的BCCI海外公司。BCCI SA公司在13个国家有40多个分支机构,其中有24个在英国;BCCI海外公司在28个国家有60多个分支机构,中心位于开曼群岛;BCCI控股的子公司在28个国家有250多个银行办事处。

在BCCI面临破产时,英国对BCCI SA公司先指定了临时清算人,开曼群岛也对BCCI海外公司指定了临时清算人。之后,卢森堡法院作出清算裁决,并任命了BCCI控股公司和BCCI SA公司的联合清算人,开曼群岛的法院对BCCI SA公司和BCCI海外公司也作出了清算裁决。BCCI的清算人认为:组成公司集团的两个主要实体是紧密联系的。清算人难以认定资产属于哪个BCCI成员公司,并且难以分辨BCCI的债权人和债务人究竟属于哪家公司的债权人和债务人。而BCCI账簿记载模糊,并不能明确回答上述问题,如果要区分这些资产,显然意味着需要长期的诉讼消耗。最后,两个分公司的破产清算人进行协商,约定为了保护各自债权人合法权益,应当将两个子公司的财产和债务进行合并清算;并且两个子公司的债权人对财产没有优先受偿权,只能按比例公平受偿。其后英国法院、开曼群岛法院和卢森堡法院皆对此协议作出了承认和许

---

[1] Christopher J. Predko, *Substantive Consolidation Involving Non - debtors: Conceptual and Jurisdictional Difficulties in Bankruptcy*, Wayne Law Review, Vol. 41:4, p. 1741 - 1772(1995).

[2] 参见石静霞:《跨国破产的法律问题研究》,武汉大学1998年博士学位论文,第241 - 244页。

可。协议的主要内容有：(1)各清算人在 BCCI SA 和 BCCI 海外的分支机构中追回的收益应当被合并成一个统一的财产；(2)BCCI SA 公司和 BCCI 海外公司及其分支机构的债权人参与该破产分配的，就其被承认的债权额而言，都将从该财产中得到统一标准的分配；(3)通过将 BCCI SA 公司和 BCCI 海外公司外国分支机构的清算作为辅助卢森堡和开曼群岛进行的主要程序的复杂程序，对有关债权人的债权进行有序的处理和公平分配。[1] 在该案中，不仅避免了 BCCI SA 公司和 BCCI 海外公司之间区分财产的成本，同时避免了由 BCCI SA 公司和 BCCI 海外公司的分支机构进行的多重清算程序所产生的成本。英国与卢森堡、开曼群岛的法院授权清算人签订的财产合并协议的做法是一种非常大胆的探索，也表明了英国法院对于实质合并破产规则的认可。

在英国的立法中，并无"实质合并"一词，与之最相近的是财产合并(pooling)制度。根据 1986 年《英国破产法》第 165 条及第 167 条之规定，当法院审理跨国公司破产清算案件时，清算人申请并经法官同意后，即可对案件进行合并清算。[2] 该规定表明英国立法已经承认了实质合并，只是应该由清算人先进行申请，待法院同意后方能实施。具体来说，英国法院在决定是否采用实质合并规则时，会考量如下情况：一是分析各个公司在破产之前的关系，以确定将这些独立的公司作为一个实体是否公平；二是审查债权人与被合并的公司和独立的公司之间的关系；三是确定实质合并是否会对某些债权人造成不适当的困难和损害。[3] 之后，法院将会平衡债权人之间的利益冲突，如果发现继续承认实体独立带来的经济损失超过实质合并带来的经济损失，则会作出实质合并的裁定。而在具体案件中判断实质合并是否为公平措施时，法院所适用的具体平衡标准是不同的。[4] 可以看出，英国对实质合并的规定比较抽象且笼统，公司之间的关系达到何种程度才能实质合并？如何判断实质合并会损害债权人利益？如何判断债权人与被合并公司以及独立公司之间的关系？这些问题皆须做进一步解释，主要依靠法官在具体案件中进行具体的平衡。综合来看，英国决定是否将案件合并清算的主要因素涉及债权人的信赖利益和关联企业独立性等问题，同时，还涉及关联企业的实质合并对债权人权益保护所产生的影响。

---

〔1〕 参见樊燕河：《论实体合并在跨界破产中的适用》，中国政法大学 2011 年硕士学位论文，第 26 页。

〔2〕 See Insolvency Act 1986, 165, 167.

〔3〕 Stevens, Richard, *The Consolidation of Assets and Liabilities within Company Groups*, DQ(2014), p. 121.

〔4〕 参见石静霞：《跨国破产的法律问题研究》，武汉大学 1998 年博士学位论文，第 242 页。

(二)加拿大的实质合并破产实践

由不列颠哥伦比亚省最高法院裁决的 Re Northland Properties 案(1988 年)是加拿大第一个实质合并破产案件,至今仍然是实质合并破产的权威案例。该案的基本情况如下:[1]在当时,由于《公司债权人安排法案》(CCAA)和《破产和无力偿债法》(BIA)都没有关于实质合并破产的条款,法院依靠其衡平法管辖权来发展该理论。该公司集团被作为"单一实体 "管理,其财务被描述为"不可分割地交织在一起"。基于这些事实,该公司申请进行实质性合并。鉴于加拿大当时缺乏关于实质性合并的判例,法院借鉴了美国的一系列判例。首先,法院引用了 Re Baker & Getty Financial Services Inc. 案的"利益平衡"测试,要求有证据表明"债权人在没有合并的情况下遭受的损害将大于债务人(和任何反对的债权人)因实施合并而遭受的损害"。为了确保适当的利益平衡,法院注意到 Re Vecco Construction Industries Inc. 案中划定的七个"合并的要素",即难以分离资产、合并财务报表的存在、单一地点合并的盈利能力、资产和业务职能的混合、所有权利益的统一、公司间贷款担保的存在、不遵守公司形式的资产转移。此外,法院采纳了 Re Snider Brothers 案的观点,即申请人必须证明合并的要素存在,而且继续保持公司独立造成的损害超过了合并造成的损害。因此,根据 Re Northland Properties 案的裁判要求,实质合并破产不仅需要公司的相互关联性,还需要有证据表明保持公司独立会损害当事人。

在 Re Northland Properties 案之后的 20 年里,实质性合并很少受到司法关注。虽然该原则得到了经常性的应用,但裁决很少阐明有必要进行合并的因素。[2] 然而,在 2008 年的 Re Atlantic Yarns Inc. 案中,新不伦瑞克王座法庭更详细地分析了实质合并破产。尽管法院接受了 Northland 框架,但它可以说为实质性合并增加了一个前提条件:其整体效果必须是"公平合理的"。[3] 虽然该案并不构成对实质合并破产规则的重大改变,但它代表了自 1988 年以来对支持实质合并的因素的首次广泛讨论。

鉴于司法观点较少,使很难将加拿大的判例归纳为实质性合并的明确检验

---

〔1〕 Re Nortlhand Properties Ltd. (1988), 69 C. B. R. (N. S.)266(B. C. S. C.), at paras. 8 - 59.

〔2〕 Barrett, Michael A., *Substantive Consolidation after Nortel: The Treatment of Corporate Groups in Canadian Insolvency Law*, Canadian Business Law Journal, Vol. 59:3, p. 381(2017).

〔3〕 Re Atlantic Yarns Inc., 2008 NBQB 144(N. B. Q. B.), at para. 31.

标准。但是也有学者将加拿大的实质合并破产提炼为三个基本原则:[1]首先,合并要求公司集团的财务事务、业务运作和控制职能明显交织在一起。其次,法院将评估债权人因合并而遭受的损害的数量、程度和类型。最后,合并必须公平合理。但是值得注意的是,虽然 Northland 案和 Atlantic Yarns 案提供了一套关于实质合并破产的总体性原则,但由于对一些问题缺乏理论分析,例如目前还不清楚债权人的偏见达到什么程度可以排除实质合并;对于申请实质性合并的适当时间存在分歧;债权人通知问题没有得到足够细致的处理。这些未解决的问题使得许多评论人士质疑法院针对具体案件的做法未能在这一法律领域提供有意义的指导。

Re Nortel Networks 案(2009 年)是另一个具有标志性意义的判例。Nortel Networks 集团是一家高度整合的跨国企业,其经营存在“不区分法律实体”的事实。对此,该案采用了按比例分配的方法:[2]一是集团内每个公司都有权根据针对该公司的债权占集团总债权额的百分比变现资产,独立管理自己的债务清偿。二是所有集团内的公司间的债权不解决。三是每个公司手头的任何现金,并将其用于实体的债权人。四是有担保的债权人有权对担保价值提出索赔。最终,所有债权人获得了同比例的清偿。表面上看,按比例分配类似于实质性合并,尤其是在公司集团的成员之间分配资产,而不考虑资产的产生地。但是,法院并没有创设新的财产权利,每个公司仍然有自己的债权人、资产和各自公司间债权。当然,该方法仍然运用了实质合并破产中的利益平衡测试方法。

按比例分配被认为是一种与实质合并相区别的方法,体现了法院运用其广泛的自由裁量权来修正实质合并破产。

综上所述,为了应对企业集团破产的问题,加拿大的法院引入了实质合并破产。然而,法院并没有为这一规则的适用确立明确和一致的框架,而是在个案基础上对企业集团破产问题作出回应。因此,在加拿大的法律中,实质合并破产仍然不发达。[3]

(三)新西兰的实质合并破产实践

新西兰在立法中明确赋予了法官裁定实质合并破产的权力。1993 年的《新

---

〔1〕 Barrett, Michael A., *Substantive Consolidation after Nortel: The Treatment of Corporate Groups in Canadian Insolvency Law*, Canadian Business Law Journal, Vol. 59:3, p. 381 - 382(2017).

〔2〕 Re Nortel Networks Inc., 532 B. R. 494(U. S. Bankr. D. Del., 2015), p. 209 - 224.

〔3〕 Barrett, Michael A., *Substantive Consolidation after Nortel: The Treatment of Corporate Groups in Canadian Insolvency Law*, Canadian Business Law Journal, Vol. 59:3, p. 376 - 390(2017).

西兰公司法》(New Zealand companies Act)第271条和第272条是处理关联企业清算的主要条款,其中包含摊付令(contribution)规则和合并清算(pooling)规则。前者主要是指法院可以裁定与清算中的公司有关联或曾经有关联的公司必须向清算人支付清算中提出的全部或部分索赔[1]。后者是指"如果两个以上关联公司正在进行清算,则在法院命令的范围内,每个公司的清算必须像一家公司一样一起进行,并遵守法院规定的条款和条件"。总体而言,新西兰关于关联企业破产的规定具有以下特点:其一,适用单一企业原则。按照《新西兰公司法》的相关规定,允许母公司的所有或部分子公司为其母公司的利益进行相关交易,可以适用简化集团的合并程序;同时还规定允许摊付令、实质合并令或集中令的发出[2]。其二,赋予法院较大的自由裁量权。根据《新西兰公司法》确立的合并清算(pooling)规则,法院可以裁定将多家关联公司视为一家公司进行清算,但考虑到此类裁定对各方利害关系人的实体权利将带来影响,必须确定适用合并清算令时是否"公正和公平"[3]。尽管立法提供了一些因素供法院考虑,但是否公正和公平仍然存在争议。

虽然新西兰的立法授予法院裁定实质合并清算的权力,但相关案例并不多,其中,Dalhoff and King控股有限公司案是典型案例之一。Dalhoff and King控股有限公司是新西兰证券交易所的一家上市公司。其有Dalhoff and King有限公司和Dalhoff and King Truck Distributors有限公司两家子公司。这三家公司被迫进行清算,其中两家子公司的清算人依据《新西兰公司法》的条款申请将母公司与两家子公司合并清算。[4] 主审法官根据《新西兰公司法》第271(1)

---

〔1〕《新西兰公司法》第271(1)(a)条赋予法院极其广泛的自由裁量权,可以要求公司为正在清算的关联公司摊付。申请人必须首先证明摊付的公司与清算中的公司有关联,并且举证证明下达摊付令是公正和公平的。其中,考量公平和公正的因素包括:(1)关联公司参与清算中公司管理的程度;(2)关联公司对清算中公司债权人的行为;(3)导致公司清算的情况在多大程度上可归因于关联公司的行为;(4)法院认为合适的其他事项。上述因素的存在与否并不是决定性的。See Stevens, Richard, *The Consolidation of Assets and Liabilities within Company Groups*, DQ (2014), p. 34 - 36.

〔2〕参见贺丹:《上市公司重整中的公司集团破产问题》,载《政治与法律》2012年第2期。

〔3〕在决定作出合并清算是否公正和公平时,法院必须考虑《新西兰公司法》第271(1)(b)条下的相关考量因素:(1)公司参与管理其他公司的程度;(2)任何一家公司对任何其他公司债权人的行为;(3)导致公司清算的情况在多大程度上可归因于其他公司的行为;(4)公司业务混同的程度;(5)法院认为其他适当的事项。See John. Farar, *Piercing the Corporate Veil in Favour of Creditors and Pooling of Groups—A Comparative Study'*(2013), Bond Law Review 25, p. 39.

〔4〕See Stevens, Richard, *The Consolidation of Assets and Liabilities within Company Groups*, DQ (2014), p. 123.

(b)条列举的因素分析了是否适用实质合并清算[1]:其一,统一管理。有证据表明,管理层将关联公司作为一个实体进行运营,使用其中任何一个便于业务运营的法人。三家公司召开统一的董事会会议和使用一个银行账户,这些做法一直持续到公司被接管和清算。对于主审法官而言,这一事实是至关重要的但不是决定性的。它有助于证明债权人在与公司的交易时是信赖整个集团公司,而没有将这些关联公司区分开来。其二,公司对债权人的行为。法官主要从公司债权人对他们与哪家公司交易的困惑程度来阐述这一因素。例如债权人无法确定雇员属于哪家公司,而这种混乱在一定程度上是公司的行为造成的。虽然股东们辩称,与这三家公司清算时的债务总额相比,混乱的金额很小,而且是可以确定的。然而,法官考虑的是混乱的人数,而不是混乱所涉及的数量。最终,主审法官认为,由于管理层使得债权人将公司视为一个单一实体,公司的法律边界变得模糊,故债权人有权依赖集团资产。其三,一方的行为导致另一方的清算。法官认定这三家公司是密切联系的,其中一家的流动性影响了其他公司,一方将另一方拖入清算。其四,业务混同。不仅债权人不知道这些公司各自的独立性,而且有证据表明这些公司的股东主观上也将其混同。其五,其他因素。法官还考虑了集团公司内部之间债务的存在及其程度。为了解决公司间债务,有必要启动法律程序,但这可能不合理地消耗破产财产。主审法官最终裁定适用合并清算。但他又进一步指出,在适用合并清算时,也要考虑不会对一些股东利益造成不公平的损害。可见,法院在适用上述规定时,竭力寻找到平衡股东与债权人利益的最佳平衡点。[2]

事实上,实质合并破产会给一些债权人带来损害。债务人的不当行为或欺诈交易造成的损害,将会因为实质合并而被撤销,或者可以防止资产和负债的任意分配,由此对债权人的利益造成一定的损害。换言之,并不是每一个债权人都能从实质合并中受益,而综观各国法律和判例,这个问题尚未被很好的解决。对此,新西兰已有学者和法官注意到了实质合并的危害。实质合并制度的设立旨在回应债务人资产和负债的混沌,因而债权人权益是否受损一开始并不在制度设计的考虑范围内。但是,随着实质合并制度的日益发展,越来越多的

---

[1] John. Farar, *Piercing the Corporate Veil in Favour of Creditors and Pooling of Groups—A Comparative Study'*(2013), Bond Law Review 25, p. 40 - 42.

[2] 参见黄洪流:《论股东有限责任例外适用》,载搜狐博客 2017 年 3 月 23 日,http://cdls. blog. sohu. com/38959586. html。

学者注意到了这个问题,认为应明晰实质性合并制度的优势和劣势,从而使法官处理的结果是公平公正的。对此,新西兰的相关法律规定,法官拥有自由裁量权,使其在审理实质合并破产案件时可以充分考量所有因素。此外,在决定是否适用实质合并破产制度的过程中,新西兰法院将关联企业之间的经济关系是否混同作为一个重要的判断因素。

第二节　关联企业实质合并破产的中国实践

在我国的司法实践中,已经出现大量的关联企业实质合并破产案例。这些丰富的破产实践探索取得了良好效果,但也存在不少现实问题,亟待破产立法的统一规范。当前,实质合并破产尚未被直接纳入破产法规,而是频繁出现在法院的司法文件之中,整个制度的产生和发展呈现“法官造法”的轨迹。

一、关联企业实质合并破产的法律文本分析

当前,我国尚未在立法上直接确认实质合并破产规则,也尚未出台相关的司法解释。在现有的关联企业实质合并破产案件中,法院一方面从现有的《企业破产法》《公司法》等立法中寻找依据,另一方面则主要是依循最高人民法院和各地法院出台的司法文件来规范案件审理。

(一)关联企业实质合并破产的相关立法

现行《企业破产法》以规制企业法人单独破产为主,并未直接设置关联企业合并破产的相关规则。因此,只能从法教义学的角度解释现有相关法规,寻找间接的支撑依据。

第一,从公司法角度寻找实质合并破产的支撑。破产程序是对公司经营过程中形成的债权债务关系的处理,故破产法需尊重并与公司法的规定相衔接。实质合并破产是将关联企业实体权利义务关系合并处理,本质上否认了关联企业成员独立的法人人格,故实质合并破产与公司法上的法人人格制度直接相关。针对公司法人人格问题,公司法的规定包括两个方面的内容:一方面是确认公司独立法人人格的基本内涵。例如《公司法》第 3 条规定:“公司是企业法人,有独立的法人财产,享有法人财产权。公司以其全部财产对公司的债务承担责任。”该条明确了公司独立法人人格包括股东以出资承担有限责任和公司

以全部财产对外承担责任两个基本要义。另一方面,针对滥用法人人格问题设置了规制措施。根据《公司法》第 20 条的规定:“公司股东应当遵守法律、行政法规和公司章程,依法行使股东权利,不得滥用股东权利损害公司或者其他股东的利益;公司股东滥用股东权利给公司或者其他股东造成损失的,应当依法承担赔偿责任。”《公司法》第 21 条规定:“公司的控股股东、实际控制人、董事、监事、高级管理人员不得利用其关联关系损害公司利益;违反前款规定,给公司造成损失的,应当承担赔偿责任。”与实质合并规则关联最大的立法是我国《公司法》第 20 条第 3 款,即“公司股东滥用公司法人独立地位和股东有限责任,逃避债务,严重损害公司债权人利益的,应当对公司债务承担连带责任”。该条亦被学术界和实务界称为我国“公司人格否认(揭开公司面纱)”的立法条款。[1] 诚如学者所言:“寥寥几十字,就将英美判例法上发展了几十年的一项判例制度以成文法的方式引入,可谓是一个创举。”[2] 但是,本书认为,实质合并规则和公司法中的人格否认不能等同。实质合并这项破产法规则产生于关联企业日益发展壮大的现实背景之中,通过多个案件处理的效果可以证明其正当性,但是,从理论角度上看,传统公司法中的人格否认理论不能成为实质合并之依据。通过美国判例法发展过程可以看出,实质合并规则事实上乃是独立于“揭开公司面纱”以外的一种全新的破产法规则,而适用实质合并与否也不仅局限于人格混同这种情况,还应考量管理人利益标准、成本效益标准等因素。此外,人格否认理论滥觞于对股东连带责任之追索,即使通过反向人格否认理论来证成,也只是局限于母子公司相互之间的追索,而实质合并规则可适用于关联企业合并的情形之中。是故,实质合并和人格否认有类似的地方,但是差别非常显著。实际上,美国的判例规则发展过程亦阐释了两者之间关系以及差异,可以说,实质合并更像是披着人格否认外衣之独立性规则。[3] 此外,有法官认为:债务人对外向全体债权人共同承担责任或者承担连带责任的公司之间,也被认为可以适用实质合并破产规则。[4] 例如《公司法》第 63 条规定:“一人有限责任公司的股东不能证明公司财产独立于股东自己的财产的,应当对公司债务承担连带责任。”《最高人民法院关于审理与企业改制相关的民事纠纷案件若干问题的规

---

[1] 王保树、崔勤之:《中国公司法原理》(最新修订第 3 版),社会科学文献出版社 2006 年版,第 48 页。

[2] 朱慈蕴:《公司法人格否认:从法条跃入实践》,载《清华法学》2007 年第 2 期。

[3] 参见徐阳光:《论关联企业实质合并破产》,载《中外法学》2017 年第 3 期。

[4] 参见沈阳市中级人民法院课题组:《关联企业破产实体合并法律适用问题研究》,载王欣新、尹正友主编:《破产法论坛》第 5 辑,法律出版社 2010 年版,第 97 页。

定》第 12 条规定："债权人向分立后的企业主张债权，企业分立时对原企业的债务承担有约定，并经债权人认可的，按照当事人的约定处理；企业分立时对原企业债务承担没有约定或者约定不明，或者虽然有约定但债权人不予认可的，分立后的企业应当承担连带责任。"上述规定都可以成为实质合并破产的法律依据，从不同角度支撑适用实质合并破产的合理性。

第二，从破产法中寻找实质合并破产的适用依据。大部分法院在裁判实质合并破产案件之时，大多引用《企业破产法》第 1 条之规定，以"公平清理债权债务，保护债权人和债务人的合法权益，维护社会主义市场经济秩序"为破产审判之宗旨。该条乃《企业破产法》之总则条款，旨在阐明立法的价值。当关联公司之间的资产和账务出现严重混同时，单独的破产清算难以使债权人如数受偿，只有实质合并才可能确保对债权人合法权益之维护。基于此，实质合并规则契合《企业破产法》的公平价值，符合《企业破产法》第 1 条的规定，故具有合法性基础。除此之外，《企业破产法》第 2 条、第 3 条、第 4 条、第 7 条等关于破产程序的一般性规定，也均可为实质合并破产提供依据。从程序法的角度看，《企业破产法》第 4 条规定："破产案件审理程序，本法没有规定的，适用民事诉讼法的有关规定。"而《民事诉讼法》第 135 条规定："必须共同进行诉讼的当事人没有参加诉讼的，人民法院应当通知其参加诉讼"，因此，实质合并破产在程序上并无障碍。

（二）关联企业实质合并破产的司法文件

近些年，为了规范各地的关联企业实质合并破产实践，各级法院在司法实践中先后出台了大量直接相关的司法文件（参见表 1）。值得注意的是，法院最初并非接受实质合并破产，而是在司法实践中逐步探索和接受，历经了从"不置可否"到"审慎适用"的立场转变。

表 1　部分涉及关联企业实质合并破产的代表性司法文件

序号	发布部门	文本名称	发布日期
1	北京市第一中级人民法院	《北京市第一中级人民法院关联企业实质合并重整工作办法（试行）》	2022 - 02 - 28
2	重庆市第五中级人民法院	《重庆市第五中级人民法院重整案件审理指引（试行）》	2021 - 12 - 28
3	山东省青岛市中级人民法院	《山东省青岛市中级人民法院关联企业实质合并破产工作操作指引（试行）》	2021 - 10 - 29

续表

序号	发布部门	文本名称	发布日期
4	山东省威海市中级人民法院	《威海市中级人民法院办公室关于审理关联企业实质合并破产案件的工作指引》	2021 - 09 - 30
5	四川省资阳市中级人民法院	《资阳市中级人民法院关于适用合并破产相关规定审理关联企业破产案件的实施意见(试行)》	2021 - 08 - 31
6	山西省晋中市中级人民法院	《山西省晋中市中级人民法院关于关联企业实质合并破产工作指引(试行)》	2021 - 07 - 28
7	陕西省高级人民法院	《陕西省高级人民法院破产案件审理规程(试行)》	2020 - 12 - 31
8	河南省郑州市中级人民法院	《郑州市中级人民法院关于关联企业实质合并破产操作指引》	2019 - 12 - 27
9	广东省高级人民法院	《广东省高级人民法院关于审理企业破产案件若干问题的指引》	2019 - 11 - 29
10	山东省高级人民法院	《山东省高级人民法院企业破产案件审理规范指引(试行)》	2019 - 09 - 26
11	云南省高级人民法院	《云南省高级人民法院破产案件审判指引(试行)》	2019 - 05 - 27
12	四川省高级人民法院	《四川省高级人民法院关于审理破产案件若干问题的解答》	2019 - 03 - 20
13	广东省深圳市中级人民法院	《深圳市中级人民法院关于为优化营商环境提供司法保障的意见》	2018 - 06 - 21
14	最高人民法院	《全国法院破产审判工作会议纪要》	2018 - 03 - 04
15	江苏省高级人民法院	《江苏省高级人民法院关于充分发挥破产审判职能作用服务保障供给侧结构性改革去产能的意见》	2016 - 08 - 10
16	北京市高级人民法院	《北京市高级人民法院企业破产案件审理规程》	2013 - 07 - 22
17	广东省高级人民法院	《全省部分法院破产审判业务座谈会纪要》	2012 - 12 - 10
18	广东省高级人民法院	《广东省高级人民法院关于审理破产案件若干问题的指导意见》	2003 - 09 - 25

续表

序号	发布部门	文本名称	发布日期
19	青海省高级人民法院	《青海省高级人民法院关于规范审理企业破产案件的实施意见》	2003-08-21
20	最高人民法院	《最高人民法院关于哈尔滨百货采购供应站申请破产一案的复函》	1995-05-04

1. 法院的最初态度:不置可否

在全国层面,最高人民法院最初的态度较为模糊。无论是1986年《企业破产法(试行)》,还是2007年新《企业破产法》,我国的企业破产立法主要遵循"一企一案"的基本原则,并未设置任何关联企业破产的规范。"立法者或许认为,破产法上的撤销权、无效行为制度以及公司法上的揭开公司面纱理论足以解决企业集团破产问题。"[1] 基于此,最高人民法院最初奉行了法人独立破产的理念,对实质合并破产不置可否。例如最高人民法院在2002年发布的《关于审理企业破产案件若干问题的规定》(法释〔2002〕23号)第79条规定:"债务人开办的全资企业,以及由其参股、控股的企业不能清偿到期债务,需要进行破产还债的,应当另行提出破产申请。"此规定意味着坚持《企业破产法》的"一企一案"原则,各成员应该独立进行破产重整或破产清算。但是,在一些个案处理上,最高人民法院却选择了支持实质合并破产。例如,1995年最高人民法院在回复黑龙江省高级人民法院《关于哈尔滨百货采购供应站申请破产一案的汇报》时提道:"哈尔滨百货采购供应站(下称百货供应站)在负债累累的情况下,抽出其绝大部分注册资金开办哈尔滨康安批发市场,尔后,申请破产。其做法严重侵害了债权人的利益",在常规性的处理方式均不可行时,"则可将康安批发市场的现有全部财产及其债务纳入百货供应站破产清偿范围之内"。[2]

在地方层面,最初大多数地方法院的破产审判规范并未涉及能否实质合并的问题,但也有部分地方法院的态度较为明确。例如《青海省高级人民法院关于规范审理企业破产案件的实施意见》(青高法〔2003〕181号)第5条明确规定:"申请企业破产时,严禁以任何理由将具有独立法人资格的关联企业或下属企业及其财产列入破产范围连带破产。破产案件必须是'一企一案',不允许搞'多企一案'。"《广东省高级人民法院关于审理破产案件若干问题的指导意见》

---

〔1〕 解正山:《企业集团"合并破产"实证研究》,载《现代经济探讨》2020年第2期。
〔2〕《最高人民法院关于哈尔滨百货采购供应站申请破产一案的复函》(法函〔1995〕48号)。

(粤高法〔2003〕200号)第7条明确规定:财产混同的多个关联企业同时向法院申请破产的,法院应责令其先予界定各自财产,然后再向法院申请破产。债权人同时申请财产混同的多个关联企业破产的,法院受理后应由清算组依法界定各个关联企业的财产,不应以财产混同为由并清算。

综上所述,从相关文本和实践案例可以看出,无论是最高人民法院还是地方法院,在这段时期对实质合并采取了一个不置可否的立场。虽然大部分法院仍然坚持了单独破产的基本原则,典型案例如2005年的德隆集团破产案,企业集团成员众多,彼此间存在复杂的财产关系,独立的破产程序耗时多年。但是,法院也并非完全禁止适用。由于在这一历史阶段关联企业破产的案件相对较少,故而能否适用实质合并破产的问题并不突出。

2. 法院的态度转变:审慎适用

随着市场经济的发展,尤其是供给侧结构性改革的推进,关联企业破产案件增多,“一企一案”破产模式的问题逐渐显露,法院对实质合并破产的态度也在悄然发生改变。2012年10月,最高人民法院民二庭召开了企业破产法相关司法解释讨论会,对《关于适用实质合并规则审理关联企业破产清算案件的若干规定》(征求意见稿)等文件草案展开了内部商议与讨论,而透过此次讨论可以看出最高人民法院对实质合并的态度发生了明显变化。该文件草稿拟规定:“关联企业不当利用企业控股股东、实际控制人、董事、监事、高级管理人员及其直接或者间接控制的企业之间的关系,以及可能导致企业利益转移的其他关系,造成关联企业成员之间法人人格高度混同,损害债权人利益的,人民法院可以适用关联企业实质合并破产规则审理案件。”〔1〕尽管该文件至今未能审议通过,但仍可看出最高人民法院对实质合并破产的态度转变。2013年,最高人民法院又起草《关于适用〈中华人民共和国企业破产法〉若干问题的规定(六)》(征求意见第五稿),就实质合并破产规则征求意见。值得注意的是,虽然征求意见稿承认实质合并的益处并规定了适用情形,但范围狭窄,仅规定实质合并只能适用于破产清算中,未规定重整企业以及清算企业同时并存于关联企业中的情况可以适用实质合并规则〔2〕。2018年3月4日,最高人民法院印发的《全

---

〔1〕 徐阳光:《论关联企业实质合并破产》,载《中外法学》2017年第3期;解正山:《企业集团“合并破产”实证研究》,载《现代经济探讨》2020年第2期。

〔2〕 参见朱黎:《论实质合并破产规则的统一适用——兼对最高人民法院司法解释征求意见稿的思考》,载《政治与法律》2014年第3期。

国法院破产审判工作会议纪要》(法〔2018〕53 号)对关联企业实质合并破产第一次进行了较为全面的阐释,明确提出"既要通过实质合并审理方式处理法人人格高度混同的关联关系,确保全体债权人公平清偿,也要避免不当采用实质合并审理方式损害相关利益主体的合法权益",坚持"审慎适用"的基本理念,并对实质合并申请的审查、裁定实质合并时利害关系人的权利救济、实质合并审理的管辖原则与冲突解决、实质合并审理的法律后果、实质合并审理后的企业成员存续等问题的处理作了规范。此外,最高人民法院还以典型案例的方式规范关联企业实质合并破产案件的审理,例如《关于依法平等保护非公有制经济,促进非公有制经济健康发展民事商事典型案例》(2016 年 4 月 8 日)、《人民法院关于依法审理破产案件 推进供给侧结构性改革典型案例》(2016 年 6 月 16 日)、《最高人民法院第 29 批指导性案例》(2021 年 9 月 18 日)。

在地方层面,法院的态度也发生了较大的变化。如 2012 年广东省高级人民法院在其颁布的《全省部分法院破产审判业务座谈会纪要》中专门谈及"关联企业破产问题",其第 7 条明确提出:" 各级法院应当积极探索关联企业合并破产问题,在充分尊重法人人格独立和股东有限责任的基础上,对于关联企业成员存在法人人格、财产高度混同、利用关联关系损害债权人利益等情形的,可依据管理人或债权人的申请采取关联企业合并破产方式。本条所称关联企业包括相互之间存在控制与从属关系或者其他重大影响关系的企业。"又如,2013 年 7 月 22 日北京市高级人民法院在其颁布的《企业破产案件审理规程》第 7 条中提出:"债务人投资的全资公司、控股的公司等具有独立法人资格的关联企业不能清偿到期债务,需要进行破产还债的,原则上应当分别提出破产申请。关联企业不当利用关联关系,导致关联企业成员之间法人人格高度混同,损害债权人公平受偿利益的,关联企业成员、关联企业成员的债权人、关联企业成员的清算义务人、已经进入破产程序的关联企业成员的管理人,可以向人民法院提出对关联企业进行合并破产的申请。"之后,各地法院先后出台了大量涉及关联企业实质合并破产的规范性文件,例如 2019 年 5 月 27 日云南省高级人民法院发布的《破产案件审判指引(试行)》、2019 年 12 月 27 日郑州市中级人民法院发布的《关于关联企业实质合并破产操作指引》等。

至此,各级法院对实质合并破产的态度实际上已经发生转变,较为明确地支持关联企业适用实质合并破产,并积极探索相关规则,目前已经取得较多审判经验。但是,作为一项重要的破产制度,关联企业实质合并破产将继续在《企业破产法》中被确认，并出台相应的司法解释。

二、关联企业实质合并破产的司法案例分析

《企业破产法》主要依循"一企一案"的基本原则，只对单个企业启动一个破产程序，故我国在前些年对于关联企业破产主要运用分别破产的处理模式，如1999年的广东国投集团破产案。在随后的南方证券公司破产案等案中，虽然运用合并破产模式，但是主要是针对个案请示后的实践，没有统一的针对关联企业破产的相关规则。随着企业集团的日新月异和迅猛发展，各关联企业之间呈现出越来越明显的经营一体化之趋势，特别是不恰当运用关联关系造成关联企业的资产出现混同，或是大规模出现资产转移等欺诈债权人之现象，极大地危害关联企业组织以及财产上的独立性。因此，若对关联企业进行单独破产重整或者清算，无法适应关联企业独立人格弱化之事实，有损债权人之权益，同时损害单个企业破产程序之效果。对此，实践中开始采用实质合并规则来规范关联企业破产。[1]

本书主要以"全国企业破产重整信息网"、"中国裁判文书网"以及"北大法宝·司法案例库"为数据样本来源，通过输入"合并破产""合并重整""合并和解""合并清算"及"关联企业"等检索关键词，对截至2023年10月31日的案例进行逐一甄别，删除裁判文书未完全公开、重复、不合格的案例，最终获取到244个案例样本，包括234个裁定实质合并破产的案件和10个被裁定驳回实质合并破产申请的案例（参见图1）。因全国企业破产重整信息网是在2016年8月正式开通，故数据样本的时间跨度为2016年至2023年。笔者将以这244个案例为研究对象，对我国关联企业实质合并破产的适用现状及现实困境展开分析。

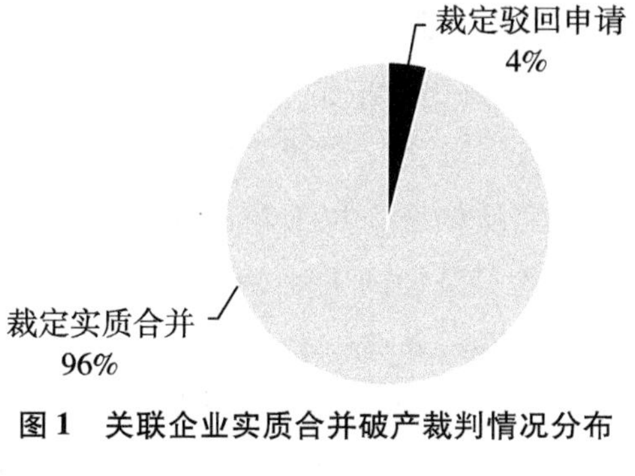

图1 关联企业实质合并破产裁判情况分布

---

〔1〕 参见郁琳：《关联企业破产整体重整的规制》，载《人民司法（应用）》2016年第28期。

(一)关联企业实质合并破产的典型案例

本部分选取了 5 个具有代表性并且社会影响较大的案例作为分析样本(参见表 2),以呈现我国关联企业实质合并破产案例实践的基本现状。

表 2　部分社会影响较大的实质合并破产案例

案件名称	裁判理由	启动方式	管辖法院
河南新飞三公司合并重整案	在财产、人员、经营管理、债权债务等方面普遍存在混同现象,致使彼此之间严重丧失了法人财产独立性和法人意志独立性,法人人格已高度混同	新飞三公司的管理人共同申请	河南省新乡市中级人民法院
齐星集团有限公司等二十七家公司合并重整案	二十七家公司在人员、财务、资金、资产、运营等方面存在高度混同情形,已构成法人人格混同,造成对债权人权益的实质损害	二十七家公司管理人共同申请	山东省邹平县人民法院
金双喜实业发展有限公司等六企业合并和解案	六企业存在人格高度混同的情况	六企业共同申请	江苏省启东市人民法院
浙江有加利连锁超市有限公司等四家公司合并清算案	公司已经构成法人人格混同	四家公司的管理人申请	浙江省义乌市人民法院
闽发证券有限责任公司等五公司合并破产清算案	证券公司出资设立多家公司,并与证券公司在管理和资产上严重混同的情形表明其出资的多家公司并无独立的公司法人人格	闽发证券有限责任公司的清算组申请	福建省福州市中级人民法院

1. 河南新飞三公司合并重整案

在该案中,河南新飞家电有限公司、河南新飞制冷器具有限公司、河南新飞电器有限公司同时向同一法院申请重整,法院分别裁定受理,并指定了管理人。之后,新飞三公司的管理人以新飞三公司人格高度混同,单独审理无法实现公平清理债权债务之目的,实质损害债权人利益为由,申请对新飞三公司合并重整。经法院审查:根据新飞三公司的工商登记材料、审计评估部门出具的人格混同情况报告及管理人的调查,新飞三公司的股权结构一致,股东均为新加坡丰隆电器私人有限公司(持股 90%)和河南新飞电器集团有限公司(持股 10%),公司运营过程中,实际均由新加坡丰隆电器私人有限公司控制。另外,新飞三公司在资产、经营、人员等方面存在混同,难以区分。法院认为:新飞三公司虽然形式上在工商行政管理部门登记为各自独立的企业法人，但实质上存在关联关系，并在财产、人员、经营管理、债权债务等方面普遍存在混同现象，致使彼此之间严重丧失了法人财产独立性和法人意志独立性，法人人格已高度混同，对外均不具有独立承担民事责任的基础和能力。鉴于新飞三公司均已进入重整程序，为依法保护各方当事人的合法权益，公平清理债权债务，同时降低成本，提高重整效率，对新飞三公司管理人的合并重整申请应予准许。据此，法院依照《企业破产法》第 2 条、第 4 条、第 71 条和《民事诉讼法》第 154 条第 1 款第 11 项(2021 年修正后为第 157 条第 1 款第 11 项)之规定，裁定新飞三公司合并重整。从该案的基本案情可知，法院裁定合并重整的标准是“新飞三公司的法人人格高度混同”，判断“人格高度混同”的主要理由是法人财产独立性和法人意志独立性的丧失。而启动方式是三家公司同时、分别进入重整程序，管理人在清理资产和债权债务过程中发现人格高度混同的事实后主动向法院申请合并重整。法院根据“审计评估部门出具的人格混同情况报告及管理人的调查”作出判断，最后依据《企业破产法》关于重整程序的一般法律规定裁定合并重整，并无关于实质合并的间接性条文。[1]

2. 齐星集团有限公司等二十七家公司合并重整案

在该案中，法院根据齐星集团有限公司等二十七家公司的申请，相继受理其重整案，并指定齐星集团有限公司等二十七家公司清算组担任管理人。债权人邹平县供电公司以二十七家公司之间存在高度关联性和法人人格混同情形为由，向二十七家公司管理人建议合并重整。管理人聘请利安达会计师事务所对齐星集团有限公司等二十七家公司涉及财务混同的经济事项进行专项审计并出具《齐星集团有限公司及其关联公司涉及财务混同经济事项的专项审计报告》，认为齐星集团有限公司等二十七家公司存在财务混同的诸多事项。管理人进行相关调查后出具法律论证意见书，并向法院申请将二十七家公司合并重整。本院查明：齐星集团有限公司等二十七家公司存在人员、财务、资金、资产、运营等高度混同情形。法院为此召开由齐星集团有限公司等二十七家公司债权人、股东、职工代表参加的听证会，对齐星集团有限公司等二十七家公司是否合并重整进行公开听证，征询了各利害关系人的意见，参会绝大多数代表同意齐星集团有限公司等二十七家公司合并重整。法院认为：二十七家公司在人

---

〔1〕 参见河南省新乡市中级人民法院民事裁定书，(2017)豫 07 民破 6、7、8 号。

员、财务、资金、资产、运营等方面存在高度混同情形，各相关公司利益相互输送、转移，且公司间存在巨额多重贷款互保关系，丧失了对各自企业的经营决策权和意志控制力，从而导致关联公司的各自财产无法明确区分、债权债务相互交叉且界限模糊，已构成法人人格混同，造成对债权人权益的实质损害。法院依照《企业破产法》第 2 条、第 4 条、第 71 条，《公司法》第 3 条第 1 款、第 20 条第 3 款，《民事诉讼法》第 154 条第 1 款第 11 项之规定，最终裁定二十七家公司合并重整。在此案中，法院裁定合并重整的标准为“人格高度混同”“债权人权益损害”。在启动方式上，由债权人向管理人提议，再由管理人向法院申请；主要通过管理人提交的会计师事务所的审计报告、管理人法律论证意见书等证据进行证明；法院在裁判之前，召开听证会，听取了相关利害关系人的意见。而在裁定的法律依据上，除了破产重整的一般规定，主要引用了《公司法》中关于公司法人人格独立及其法人人格否认的条款。[1]

3. 金双喜实业发展有限公司等六企业合并和解案

在该案中，法院分别裁定受理了金双喜实业发展有限公司等六家企业的破产清算申请，之后债务人提出和解申请并要求对六家企业合并和解。六企业的破产管理人认为：法院依法指定的审计机构出具的《司法鉴定报告》及其他相关证据显示金双喜实业发展有限公司等六企业已经严重丧失法人财产独立性及法人意志独立性，符合法人人格混同且损害债权人利益的情形，若采取单个破产的处理办法，将损害债权人公平受偿利益。启东法院在听取审计、评估等中介机构的意见后认为：该六企业存在人格高度混同的情况，必须进行合并和解。为保障各债权人公平受偿的权利，法院在正式裁定合并和解前向所有债权人下发通知，征求意见，并组织召开由异议债权人、债务人、管理人等中介机构参加的听证会，在查明事实的基础上，裁定六企业进入合并和解程序。并且最后裁定认可：债权人会议表决通过的《合并和解协议》。为了打消债权人担心债务人不履行和解协议的顾虑，启东法院探索运用由债权人委员会派驻财务人员，设立专门账户，负责监管落实和解协议的新模式，并制定相应的债权人委员会议事规则。从该案可知，法院裁定合并和解的标准是法人人格出现严重混同，同时兼顾所有利害关系人的利益。启动的方式是由债务人申请，管理人、评估单位等当事人一起参加听证会，以查明事实。最后再经六企业的债权人共同表决

[1] 参见山东省邹平市人民法院（原山东省邹平县人民法院）民事裁定书，(2017)鲁 1626 破 1 - 5、7 - 11、13、15 - 29 号。

通过《合并和解协议》，并由法院裁定认可。[1]

4. 有加利连锁超市有限公司等四公司合并清算案

在该案中，法院先后、分别受理了有加利连锁超市有限公司等四公司破产清算申请，并指定了一家律师事务所为上述四家公司的管理人。管理人在履行管理职责过程中发现四家公司在人员、财务、业务、资产等多方面高度混同，无法进行区分，已经达到法人人格混同的程度，虽登记为四家公司，但实质上就是一家公司，为此向法院申请四家公司合并破产清算，并提交了其聘用的金华盛业会计师事务所出具的《有加利四家公司财务混同的报告》和《关于有加利四家企业人格混同的报告（法务）》。而后法院召开听证会，听取管理人和四家公司高管及其财务人员的意见。法院认为：根据调查事实，四家公司已经构成法人人格混同，为公平清理四家公司的债权、债务，保护债权人、债务人的合法权益，最终依据《公司法》第20条，《企业破产法》第1条的规定，裁定四家公司合并破产清算。本案是合并清算的典型案例，从启动方式看，仍然是由管理人申请，并提交第三方的审计评估报告作为证据；法院采取的主要裁判标准也是“法人人格高度混同”。但是，本案的特殊性在于裁判的依据，法官依据的法律条文除了《企业破产法》第1条这一总则性条款外，还采用了《公司法》第20条股东滥用权利的责任条款，也被称为我国的“法人人格否认条款”。[2]

5. 闽发证券有限责任公司等五公司合并破产清算案

在该案中，申请人闽发证券有限责任公司清算组向福州市中级人民法院（以下简称福州中院）申请宣告闽发证券破产还债，并申请将上海元盛投资管理有限公司（以下简称上海元盛）、上海全盛投资发展有限公司（以下简称上海全盛）、北京辰达科技投资有限公司（以下简称北京辰达）、深圳市天纪和源实业发展有限公司（以下简称深圳天纪和源）纳入闽发证券破产清算程序，合并清算。福州中院受理后查明：四家关联公司与闽发证券在资产和管理上严重混同，公司治理结构不完善，是闽发证券从事违法违规经营活动的工具。福州中院认为：四家关联公司虽然为形式上的独立法人，但根据以上事实分析，四家关联公司实际上是闽发证券开展违规经营活动的工具，不具备独立的法人人格，不具备分别进行破产清算的法律基础。最终依照《企业破产法》第2条第1款的规

---

〔1〕 参加江苏省启东市人民法院民事裁定书，(2014)启商破字第0001－10号～0005－10号、(2015)启商破字第0001－10号。

〔2〕 参见浙江省义乌市人民法院民事裁定书，(2017)浙0782破6、7、8、9号。

定，裁定闽发证券及四家关联公司合并破产清算。在该案中，法院裁定合并清算的标准是“四家关联公司是开展违规经营活动的工具”，并无独立法人人格。从启动方式看，又是母公司的破产管理人申请，将其他四家关联公司纳入合并破产程序。从裁判依据看，仍然只是《企业破产法》关于破产的一般性条款，并未涉及其他关于实质合并的条文。[1]

（二）关联企业实质合并破产的现实问题

尽管我国司法实践中已经出现运用实质合并规则来解决关联企业破产问题的趋势，且取得了不错的效果，然而，立法却缺乏直接性的规定（参见表3）。立法的缺失极易导致司法实践分歧，出现“同案不同判”的局面。由于我国各地司法资源的配置不平衡，而关联企业的分布范围又极大，因此实质合并破产的实践存在不同做法，使司法适用存在极大的不确定性，损害了司法的公信力。

表3　关联企业实质合并破产案件裁判的主要依据统计

法条依据	援引的案件数量/个
《公司法》第3条	55
《公司法》第20条	63
《公司法》第21条	29
《公司法》第216条	26
《企业破产法》第1条	84
《企业破产法》第3条	81
《企业破产法》第4条	110
《民法总则》第5条	2
《民法总则》第6条	6
《民法总则》第7条	2
《民法典》第6条	3
《全国法院破产审判工作会议纪要》第32条	19
《全国法院破产审判工作会议纪要》第33条	5
《全国法院破产审判工作会议纪要》第34条	5

1. 启动程序的做法混乱

从实质合并破产的案例看，如何启动实质合并破产程序，我国各地法院根

〔1〕 参见闽发证券有限责任公司等五公司合并破产清算案，载《最高人民法院公报》2013年第11期。

据案情采用了不同的做法。何种程序选择更有利于公平和效率的实现,似乎并无统一的答案。但是,程序的混乱使实质合并破产的适用存在较大的不确定性,不仅影响该制度的价值实现,而且也难以保障债权人的程序利益。具言之:

其一,从裁定实质合并的时间看,包括关联企业分别破产后合并、部分企业破产后合并以及所有企业破产前合并三种做法(参见图 2)。例如在特毅系关联企业破产清算案中,先由关联企业所在地区法院分别受理破产申请,在发现实质合并情形后由管理人申请实质合并,法院在审查关联企业的人格混同事实之后再裁定合并清算。而新星源公司等十三家公司合并重整案则是在破产前受理、审查实质合并破产申请,确认符合条件之后,直接裁定实质合并重整,自始至终作为一个主体对待。不同做法既取决于案情实际,也受限于法官的判断,最终产生不同的实践效果。但哪种模式更有利于法院的裁判、债权人利益的保护,似乎还没有确定的答案。

其二,从申请实质合并的主体看,债务人、破产管理人等主体都可能申请实质合并。在实践中,对于哪类主体可以申请实质合并,并没有统一的做法(参见图 3)。从大部分案件来看,普遍由管理人向法院申请实质合并破产,例如在瑜鼎系企业合并重整案中,管理人在接手关联企业成员的破产管理工作后,发现其与其他关联企业成员的人格混同问题,进而提出实质合并破产申请。然而,实践中也不乏债务人主动提出实质合并的申请,例如新星源公司等十三家公司合并重整案。

其三,从实质合并的管辖法院看,先受理的法院和控制企业管辖法院两种做法并存。例如,山西"联盛系"三十二家公司合并重整案,其合并重整程序由母公司山西联盛能源投资有限公司的管辖法院管辖,即山西省吕梁市中级人民法院。

其四,从实质合并的裁定看,各地法院采取不同的方式辅助裁判(参见图 4),包括债权人会议表决、听证会、评估报告等。但这些并非固定的前置程序。例如,浙江玻璃股份有限公司及其关联公司合并破产案在裁定前并未以债权人会议表决为裁定依据。

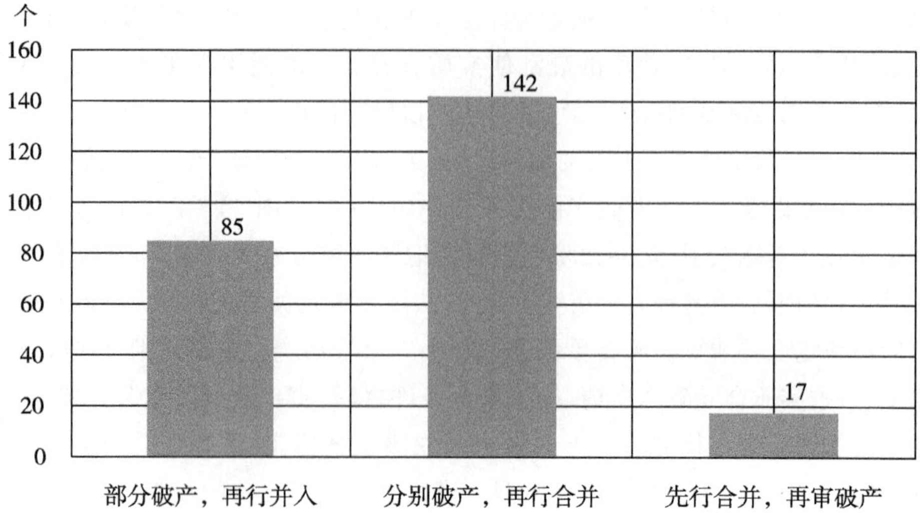

图 2 关联企业实质合并破产的启动模式分布

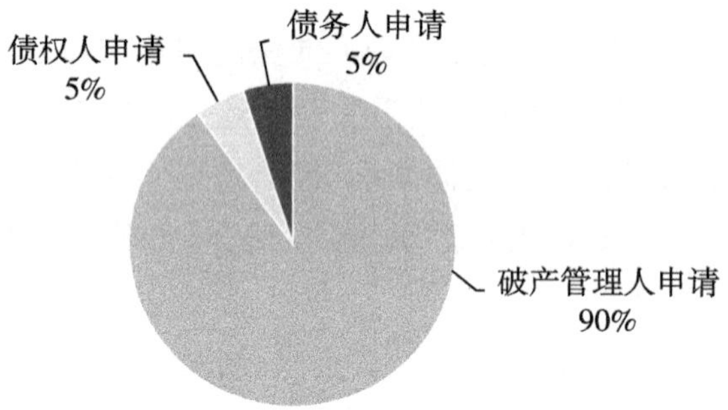

图 3 关联企业实质合并破产程序的启动主体分布

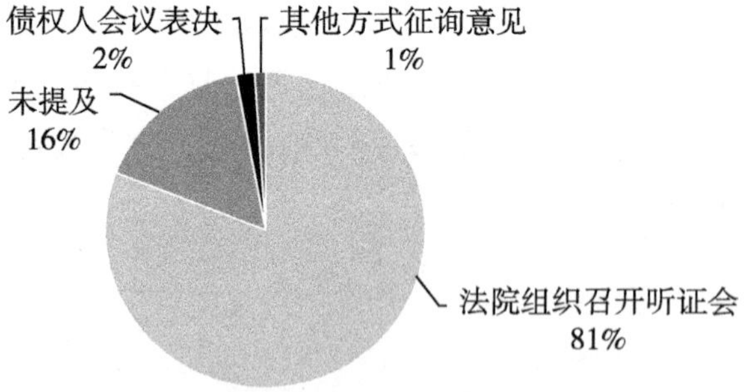

图 4 关联企业实质合并破产裁判前的辅助程序情况

2. 裁判适用的标准不一

在我国，由于《企业破产法》及其相关司法解释尚无关联企业实质合并破产的明确规定，因此，现有实质合并破产案例中所采用的标准主要由法官根据案情自由裁量。从笔者对合并破产案件的裁判文书统计分析，由于缺少统一规定，各地法院对于实质合并破产进行了探索，但这也使全国各地对于实质合并破产的标准适用较为混乱（参见图5）。

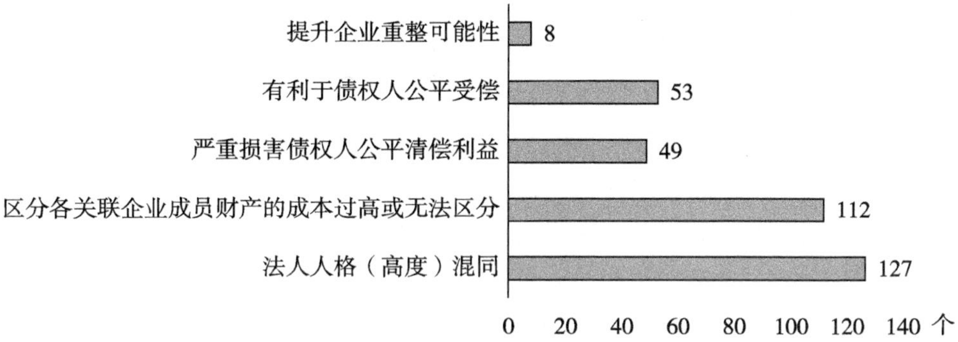

图5　关联企业实质合并破产裁判标准分布

第一，绝大部分都以关联企业"人格混同"作为裁定的唯一依据，例如无锡市奥特钢管有限公司与无锡市沪通焊管有限公司合并破产清算案。在该案中，裁判文书中裁定合并清算的理由为："奥特公司与沪通公司存在实际控制人同一，管理人员混同、经营混同、资产混同、债权债务混同、账目混同等情况，两者法人人格混同，应实施合并清算。"〔1〕虽然也有案例提及其他标准，例如长润运豪公司与长润船厂合并破产清算案，其裁判文书论述"两企业之间存在高度的财产、人员和业务混同，在破产程序中无法强行进行分离，也无法单独对财产进行处置供债权人分配，需要将两债务人的财产和债务进行合并，所有债权人按各自的清偿顺序和清偿比例以合并后的财产统一进行分配"〔2〕，将资产区分困难作为辅助标准。但是，大部分案例的裁判理由仍然主要围绕"人格混同"展开，将其作为裁定实质合并破产的主要标准甚至唯一标准，典型案例为"闽发证券等五公司合并清算案"。在该案中，法院认为，闽发证券的四家关联公司仅仅

〔1〕江苏省无锡市中级人民法院民事裁定书，(2010)锡破字第4号。

〔2〕江苏省仪征市人民法院民事裁定书，(2013)仪商破字第0001－2号；江苏省高级人民法院民事裁定书，(2016)苏1081民破2－2号。

是闽发证券开展违规经营活动的工具,其自身并没有独立的法人人格,因为这四家公司与闽发证券的资产、债务、管理出现严重混同,因而其应当与闽发证券合并破产进行清算。[1] 无疑,法院在该案中裁定实质合并破产的依据即为法人人格混同标准,而判断人格混同的要素主要在于法人财产是否独立。除此之外,纵横集团合并重整案等其他案件也主要是依据法人人格混同标准进行实质合并。

第二,不同法院对于适用哪些标准的做法不一。虽然各地法院对于实质合并破产的裁判理由大部分围绕"人格混同"展开,但除此之外采用了哪些标准则做法不一。例如,浙江三联集团有限公司等十三家公司合并重整案,裁判文书中论述道:"上述情形导致关联公司的各自财产无法明确区分、界限模糊,构成人格混同。现十三家'三联系'企业均已进入重整程序,为依法公平保护各方当事人的合法利益,提高效率,同意管理人提出将以上十三家公司合并破产重整的申请。"[2] 其中除了"人格混同"标准,还涉及"破产效率"的标准。而中江系企业合并重整案,其裁判文书中论述道:"由于浙江中江控股有限公司等30家关联公司在运营、财务、人事等方面出现高度混同,造成财产难以有效界分,形成法人人格混同。若进入单独破产程序,部分债权人的利益极易受到损害,尽管有些债权人可能会获取利益,但也是因法人人格混同这种不当行为所致,因而唯有合并破产,方能使所有债权人公平受偿债权。"[3] 从中可以看出,该案除适用"人格混同"标准之外,还综合考量了"债权人利益保护"这一标准。在其他案例中,不同法院在"人格混同"标准之外,也采用了不同的标准进行裁判。

第三,不同法官对于标准的具体内容界定不一。从裁判文书中论述的理由看,各地法院对于实质合并破产不仅采用的标准存在差异,而且对于具体标准的认识也不同。例如普遍适用的"人格混同"标准,不同法官的界定方式并非相同。以浙江三联集团有限公司等十三家公司合并破产重整案的裁定书为例:[4] "本院认为:公司是企业法人,有独立的法人财产,享有法人财产权,公司以其全部财产对公司的债务承担责任。当关联公司的财产无法区分,丧失独立人格时,就

[1] 参见闽发证券有限责任公司与北京辰达科技投资有限公司、上海元盛投资管理有限公司、上海全盛投资发展有限公司、深圳市天纪和源实业发展有限公司合并破产清算案,载《最高人民法院公报》2013年第11期。

[2] 浙江省金华市婺城区人民法院民事裁定书,(2015)金婺破字第8、9、10、12、14、17、18、19、20、21号;浙江省高级人民法院民事裁定书,(2016)浙0702民破4、5、6号。

[3] 浙江省杭州市中级人民法院民事裁定书,(2012)浙杭商破字第1-3号。

[4] 参见浙江省金华市婺城区人民法院民事裁定书,(2015)金婺破字第8、9、10、12、14、17、18、19、20、21号;浙江省高级人民法院民事裁定书,(2016)浙0702民破4、5、6号。

丧失了独立承担责任的基础。本案现有事实表明浙江三联集团有限公司等十三家'三联系'企业均为马文生实际控制的关联公司,其在人事、财务、资金、资产、运营等方面具有高度混同情形。十三家'三联系'企业虽在工商行政管理部门登记为彼此独立的企业法人,但公司自身的具体经营行为系因马文生实际控制的'三联系'企业整体利益而进行,并且关联公司之间存在多重贷款的互相担保关系。上述情形导致关联公司的各自财产无法明确区分、界限模糊,构成人格混同。现十三家'三联系'企业均已进入重整程序,为依法公平保护各方当事人的合法利益,提高效率,同意管理人提出将以上十三家公司合并破产重整的申请。"

3. 法律后果的不确定

在裁定实质合并破产后,将对多个破产主体及其破产程序上进行合并处理,然而,实践中却缺少明确的实施方式。

首先,从管理人选任看,各地法院缺少清晰明确的做法(参见图6),既可以由原来的管理人继续担任,也可以重新选任管理人。例如,新飞三公司合并重整案,通过公开竞聘方式重新指定了新的管理人。[1] 而在山西联盛能源有限公司等三十二家公司合并重整案中,山西联盛能源有限公司、山西联盛能源投资有限公司等三十二家公司分别破产,并且三十二家公司的管理人向法院申请实质合并破产,最后法院指定山西联盛能源有限公司管理人担任三十二家公司合并重整管理人。[2]

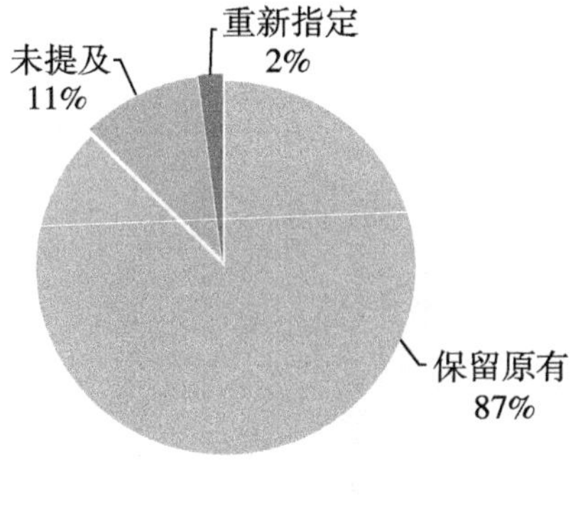

图6　裁定关联企业实质合并破产后管理人变化情况分布

其次,对于实质合并破产的程序而言,实践中常见的有合并重整、合并和解、合并清算三种形态(参见图7),但也出现部分清算部分重整的案例,例如,

---

〔1〕 参见河南省新乡市中级人民法院决定书,(2017)豫07民破6-2、7-2、8-2号。

〔2〕 参见山西省吕梁市中级人民法院决定书,(2015)吕破字第1-23、25-31号。

重庆秦谋科技开发有限公司破产清算案与重庆昂龙冶金材料有限公司破产重整案的合并处理。[1] 法院如何确定适用实质合并破产规则之后的程序,实践中做法不一,存有疑问。

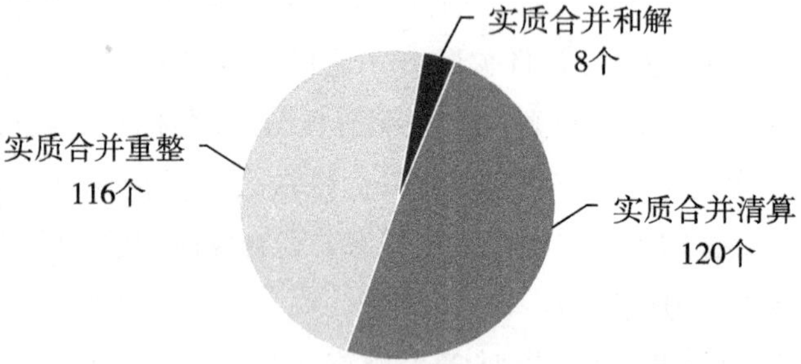

图7 关联企业实质合并破产案件类型分布

最后,实质合并破产是将债务统一清偿,但其中最突出的无疑是债权人保护问题(参见图8)。在现有的实质合并破产裁判文书中,虽然提及"为了保护当事人利益""提高效率",但是对于如何保护债权人利益仍然缺少清晰的界定,尤其是缺少对异议债权人权益的回应。其中,最明显的是并未体现对债权人期待利益的保护,例如在扬州长润运豪船业有限公司合并清算案、山西"联盛系"三十二家公司合并重整案、杭州中润客运有限公司合并重整案等案件中,其裁判文书中均未涉及异议债权人如何处理的问题。正如有学者所担忧的:"司法实务中以'公司法人人格混同'作为实质合并的核心裁判理由,同时又回避了对债权人异议分析的做法将危害到实质合并制度的发展。"[2]

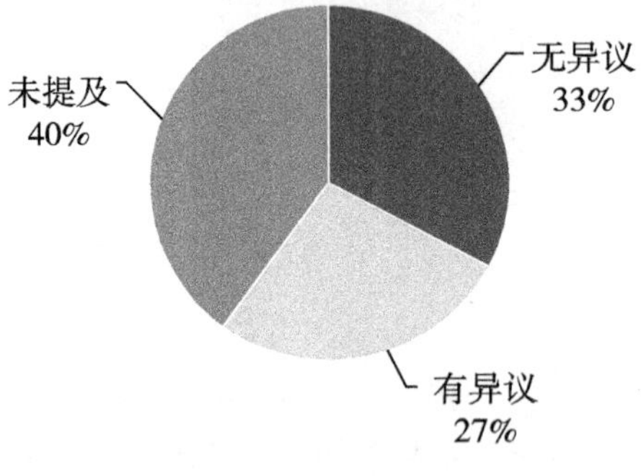

图8 实质合并破产裁判中的异议情况分布

---

〔1〕 参见重庆市江津区人民法院民事裁定书,(2017)渝0116破5号之三。

〔2〕 贺丹:《破产实质合并司法裁判标准反思——一个比较的视角》,载《中国政法大学学报》2017年第3期。

小　结

本部分主要探寻国内外实质合并破产的发展脉络及现实状况。实质合并破产滥觞于美国的判例法实践,并在一系列判例中得到发展和完善。除此之外,英国、新西兰等国也先后在立法和司法中不同程度地确认了实质合并破产规则。在这些判例法国家,实质合并破产的争议主要围绕适用的标准和适用的程序展开,整体上呈现“从严适用”的趋势。在我国,虽目前尚无实质合并破产的立法规定,但司法实践中却已经历了一个从“不置可否”到“审慎适用”的态度转变。地方法院已出现大量关联企业实质合并破产的裁定,然而,由于缺少立法规范,司法实践中存在标准适用的尺度不一、启动程序的做法混乱、具体实施的方式不同等现实问题。

第三章

关联企业实质合并破产的启动规则

从破产程序的基本原理观之,法律形式上具有独立法人人格的企业可以单独申请破产,故多个关联企业法人主体可能先后进入破产程序。实质合并破产是对原本独立推进的破产程序的整合、协调,如何启动便成为首先要面对的程序问题。如何在多个独立破产程序的基础上进行实质合并,这既关系司法效率的问题,更关乎相关利益主体的公平问题。此外,实质合并破产如何与现有破产程序规则相衔接,这也是一个现实问题。正如有学者对实质合并裁定的质疑:"合并重整的实质是对公司法人人格的否认,法院如果要否认公司法人人格,必须经过独立的民事诉讼程序,而不应通过裁定的方式否认公司的独立主体资格。"[1]而造成类似质疑的根源,则是实质合并对于实体权利义务关系的变更,使原有的程序规则无法满足相关利益主体权利保护的需要。基于此,本章将从国内外现有理论和实践出发,系统回应实质合并破产中突出的启动问题。

第一节 关联企业实质合并破产的启动模式

从实质合并破产程序的启动时间分析,关联企业的成员可能在不同阶段进入破产程序。在不同的关联企业破产案件中,启动时间并不一样,而这取决于不同破产案件的特点及其审理的需要。本节将立足国内外关联企业破产实践,

〔1〕 李永军、李大何:《重整程序开始的条件及司法审查——对"合并重整"的质疑》,载《北京航空航天大学学报(社会科学版)》2013 年第 6 期。

对不同时间节点启动实质合并破产的优劣进行综合分析，为相关立法和司法实践提供决策参考。

一、实质合并破产启动模式的类型

根据启动时间节点的不同，实质合并破产可以类型化为三种模式。每种模式各有特点，并在实践中得到不同程度的运用。

（一）分别破产，再行合并

这种模式又称多元集中模式，主要是指关联企业均达到破产条件并且已经申请立案（向同一法院或不同的法院申请），基于彼此间的关联关系，法院为了保障债权人公平，将关联企业的债权债务进行实质合并处理。[1] 其优点是：各个主体已经进入破产程序，而实质合并程序是在原有破产程序的基础上进行，不会将尚未破产的企业纳入其中，这也是“最常见且最稳妥的模式”[2]。此外，由于分别对企业进行了资产核算、债权登记，有利于法院更加准确地判断是否满足实质合并破产的条件。正因如此，多元集中模式虽然可能会导致各个独立的破产程序之间出现重复，但这种先分别处理的模式比较适合判断难度较大的实质合并破产案件。而这种模式的难点在于多个破产程序如何协调，由哪个法院统一管理。

根据笔者统计分析，在我国现有的实质合并破产案件中采用“分别破产，再行合并”模式的案例样本较多。例如特毅系关联企业破产清算案、怡华系企业实质合并破产重整案、无锡市奥特钢管有限公司与无锡市沪通焊管有限公司合并破产清算案、纵横集团公司合并重整案等。这些案例很好地展现了分别受理、实质合并的破产审理方式，为这一模式提供了实践样本。本书以浙江有加利四家公司合并破产清算案为例，分析该模式的具体特点。该案的具体案情如下：[3]

> 2017 年 4 月 7 日，本院裁定受理了浙江有加利连锁超市有限公司（以下简称有加利连锁超市公司）破产清算案，2017 年 6 月 23 日，本院又分别裁定受理了义乌市有加利百货商贸有限公司（以下简称有加利

---

〔1〕 重庆市高级人民法院民二庭课题组：《关联企业破产实体合并中的法律问题及对策》，载《法律适用》2009 年第 12 期。

〔2〕 徐阳光：《论关联企业实质合并破产》，载《中外法学》2017 年第 3 期。

〔3〕 参见浙江省义乌市人民法院民事裁定书，(2017)浙 0782 破 6、7、8、9 号。

百货商贸公司)、义乌市有加利文化传播有限公司(以下简称有加利文化传播公司)、浙江省义乌市有加利食品有限公司(以下简称有加利食品公司)破产清算案。本院受理上述破产清算案后依法指定浙江星耀律师事务所为上述四家公司管理人。2017年6月29日,上述四家公司管理人向本院提出申请,称管理人在履行管理职责过程中发现四家公司在人员、财务、业务、资产等多方面高度混同,无法进行区分,已经达到法人人格混同的程度,虽登记为四家公司,但实质上就是一家公司,为此,请求法院依法裁定有加利四家公司合并破产清算。法院最终在审查有加利四家公司人格混同事实后,裁定对浙江有加利连锁超市有限公司、义乌市有加利百货商贸有限公司、义乌市有加利文化传播有限公司、浙江省义乌市有加利食品有限公司实行合并破产清算。

在该案中,债权人分别申请企业清算,法院分别裁定受理。之后破产管理人在资产清核过程中发现人格混同的事实,并且经全体债权人表决通过,向法院申请实质合并清算,法院最终裁定四公司实质合并破产清算。该案中展现了该模式如下特点:其一,先由各关联企业分别破产,在独立的破产程序审查发现存在人格高度混同的事实之后再启动实质合并破产,有利于查清关联企业的真实运营情况,防止实质合并破产规则的滥用。其二,通过启动破产程序,各关联企业进入破产管理人接管阶段,有助于利用管理人的专业技能,在确定破产财产和债权申报过程中评估是否需要申请实质合并破产,抑或通过撤销权制度、破产无效行为制度等即可实现清偿公平。其三,分别破产的情况下,债权人可以分别进行表决,而决议的结果将作为法院裁定实质合并破产的依据。

(二)先行合并,再审破产

这种模式主要是指法院在受理破产申请后对所有关联企业进行审查,在发现符合实质合并破产条件情况下否定关联企业的独立人格,将其作为一个整体进行破产程序。[1] 其特点是破产程序由法院主导,从始至终将关联企业作为一个整体对待,统一开展破产程序,因此,破产效率相对比较高。但是,这种模式要求法院在审查破产条件的阶段对公司人格混同情况进行审查,因此适合关联企业人格混同较为严重,法院易于判断的情形。更为重要的是,法院要在破产

[1] 参见王欣新、周薇:《论中国关联企业合并破产重整制度之确立》,载《北京航空航天大学学报(社会科学版)》2012年第2期。

程序之前或者裁定破产之时作出否定公司法人人格,实行实质合并的判决,而判决的法律依据、程序规则都存在疑问。[1][2] 根据笔者统计分析,我国现有的实质合并破产案件中采用"先行合并,再审破产"模式仍然较少。其中,汉唐证券及其46家壳公司实质合并破产清算案、闽发证券实质合并破产清算案、纵横集团等6家关联企业合并重整案、陕西咸阳西郊国家粮食储备库等10家关联企业实质合并破产清算案等著名破产案例即采用了这种模式。本书以新星源公司及13家公司合并重整案为例,展现该模式的基本操作并分析其优缺点。该案的具体案情如下:[3]

> 2013年,自贡市新星源食品有限公司因资不抵债向荣县人民法院提出重整申请,并申请将自贡市新星源物流有限公司、四川清淞湖养殖科技有限公司、自贡市聚源农牧有限公司、自贡市佳乐美食品有限公司等13家关联公司纳入自贡市新星源食品有限公司合并重整。荣县法院在论证后,认为其人格存在混同情形,裁定进行合并重整,并依法指定了破产管理人。新星源公司破产重整经资产清理评估、债权申报登记、公开招募重整投资人等程序,制订了重整计划并经债权人会议表决通过后报请荣县法院批准。荣县法院审查后认为,新星源公司重整计划草案经债权人会议表决通过;重整计划草案制定的债务人经营方案具有可行性;出资人的股权权益的调整、债权的分类、债权调整的方案、债权受偿的方案、重整计划的执行期限、重整计划的监督期限以及有利于债务人重整的其他方案等内容,完全符合《企业破产法》的有关规定;重整投资人的招商程序及投资人的确定、重整计划草案的内容、债权人会议对重整计划草案的表决程序及表决结果均合法有效。荣县法院遂于2014年1月依法作出裁定,批准新星源公司重整计划,并终止了新星源公司破产重整程序。

在该案中,新星源公司在申请破产重整之初主动要求将人格混同的关联企业纳入重整范围,其目的在于提高重整成功率。法院在裁定新星源公司破产重

[1] 参见徐阳光:《论关联企业实质合并破产》,载《中外法学》2017年第3期。

[2] 参见王欣新、周薇:《论中国关联企业合并破产重整制度之确立》,载《北京航空航天大学学报(社会科学版)》2012年第2期。

[3] 参见四川省自贡市荣县人民法院民事裁定书,(2013)荣破(预)字第1号、(2013)荣破字第1-11号、(2013)荣破字第1-19号。

整之时审查了这些企业的关联关系,并且作出合并重整的裁定。在这个案件中,破产审查和合并审查同时进行,一并作出。

(三)部分破产,再行并入

这种模式主要是指在部分关联企业已经进入破产程序后,法院或相关主体在破产工作中发现关联企业人格高度混同的事实后,为了保护债权人和债务人的权益,法院经有关主体申请将与之混同的关联企业一并纳入破产程序,进行实质合并破产。其特点是将尚未进入破产程序的关联企业纳入实质合并程序之中,而具体的方式是先由相关主体主动申请破产,然后再启动实质合并程序。这种模式是实践中最为常见的模式,因为大部分人格混同的实际状况都是在一个企业进入破产程序后,破产管理人在实际的资产清核过程中发现的。根据笔者统计分析,我国现有的实质合并破产案件大部分为"部分破产,再行并入"。典型案例包括瑜鼎系企业合并重整案、浙江玻璃股份有限公司及其关联公司合并破产案、山西"联盛系"三十二家公司合并重整案等,其中浙江玻璃股份有限公司及其关联公司合并破产案作为2016年最高人民法院发布的《关于依法审理破产案件十大典型案例》之一,具有较大的示范意义。本书以浙江玻璃股份有限公司及其关联公司合并破产案为例,展现该模式的基本操作并分析其优缺点。该案的具体案情如下:[1]

> 浙江玻璃股份有限公司(以下简称浙江玻璃)成立于1994年5月,在2003年至2005年期间,其先后投资成立浙江工程玻璃有限公司、浙江长兴玻璃有限公司、浙江平湖玻璃有限公司、浙江绍兴陶堰玻璃有限公司4家公司,均从事玻璃生产、加工以及销售。但是,出于不当投资、不善经营等原因,浙江玻璃以及上述4家公司的运营面临极大困境,欠下了许多债务。2010年5月,由于浙江玻璃没有按期发布年度财务报告,故而香港联合交易所决定,浙江玻璃必须停止交易。尽管浙江玻璃满足了破产原因,但是其运营能力较高,且为境外上市的公司,具有较为重大的重整意义,因此,2012年6月,根据债权人的申请,浙江省绍兴市中级人民法院(以下简称绍兴中院)裁定对浙江玻璃进行破产重整,指定了相应的管理人,由此开启了破产重整程序。

[1] 参见最高人民法院:《浙江玻璃股份有限公司及其关联公司合并破产案》,载中国法院网,https://www.chinacourt.org/article/detail/2016/06/id/1909055.shtml。

2012年7月，破产管理人发现，浙江玻璃及其设立的另外4家公司之间具有人格混同情形，其认为，将这几家公司合并重整将有助于实现债权人的公平、充分清偿，因此，向法院提出了对这几家公司进行合并破产的相应申请，并且提交了相应证据。其中的一个证据是审计报告。根据该审计报告，浙江玻璃这几家公司相当于一个整体，尽管这几家公司都是独立的个体，但事实上受控于浙江玻璃，其控制着几家公司的资产和经营，故而这4家公司已经丧失了财务独立性。2012年7月23日，绍兴中院组织召开了合并重整听证会，旨在广泛听取相关主体对于将这几家关联公司合并重整的相关意见。最终，绝大多数债权人、浙江玻璃及其他4家公司都同意进行合并重整。是故，绍兴中院根据《企业破产法》第1条、第2条之规定，裁定将浙江玻璃和其他4家公司进行合并重整。

在该案件中，浙江玻璃已经进入破产程序，其余关联企业也面临经营困境。浙江玻璃的破产管理人在征求债权人会议和关联公司的意见后，主动向法院申请将其余的4家公司纳入合并重整程序，从而有利于提高重整成功率和保护全体债权人的利益。

二、实质合并破产启动模式的选择

上述三种启动模式各有优劣，都存在一些实践案例。在现有的司法文件中，也有些地方明确了“分别破产，再行合并”模式的适用。例如《河北省高级人民法院破产案件审理规程（试行）》第11条规定：“关联企业申请破产时，原则上应当分别提出破产申请。”《广东省高级人民法院关于审理企业破产案件若干问题的指引》第29条规定：“债权人申请多个债务人实质合并破产或者多个债务人提出实质合并破产申请的，人民法院应当针对不同债务人分别编立‘破申’案号。人民法院应当结合单个债务人是否符合破产条件、是否达到实质合并条件等进行审查。符合实质合并条件的，裁定受理实质合并破产申请；不符合实质合并破产条件的，裁定驳回实质合并申请。单个债务人符合破产条件且审查法院有管辖权的，经申请人同意后，也可以就单个债务人破产作出受理裁定。”

选择哪种合并模式，法院需要结合现实需要进行衡量。其中衡量的因素应该包括是否有法律依据、是否具有可操作性、是否可以提高司法效率、是否有利于多数债权人保护、是否有利于维护社会稳定等内容。[1] 从时间来看，实质合并破产不能纳入破产程序已经结束的各关联企业主体，但是，又需要关联企业中的部分或者全部已经启动破产程序，在此基础上才能判断是否适用实质合并破产规则。依据我国的现行立法及关联企业的发展现状，“分别破产，再行合并”模式是一种具有普遍适用性的选择，具体理由如下：

第一，是否最大限度尊重关联企业成员的独立法人人格。根据公司法人人格制度的法理，公司具有独立的法人人格，以其财产对外承担责任。公司进入破产阶段，破产法仍然遵循法人人格独立的原则。如前文所述，关联企业成员具有独立的法人人格，而实质合并破产是在发现人格严重混同的情形下才能适用。因此，“分别破产，再行合并”符合实质合并破产的适用逻辑，即在单独破产无法实现债权人清偿公平的情况下再例外适用实质合并破产规则。

第二，是否有助于提升法院裁判的合理性。关联企业的法人人格混同的事实及其程度，往往需要企业进入破产程序后，通过管理人的接管方能评估。而“先行合并，再审破产”或者“部分破产，再行并入”是在审查部分关联企业的基础上进行裁判，较难全面了解各关联企业的资产和债权债务状况。因此，由各关联企业分别进入破产程序，进行债权债务清理后，再综合考量是否符合实质合并破产的标准，这样更有助于提升法院裁判的合理性。

第三，是否有助于提高破产程序的效率。“先行合并，再审破产”模式是在初步审查关联企业的资产和债权债务情况下启动实质合并破产，而“部分破产，再行并入”是在审查部分关联企业的资产和债权债务情况下启动实质合并破产，两者都不能全面了解关联企业运行的实际情况，在裁定是否适用之时容易招致债权人异议，而法院又缺少裁判依据。而“分别破产，再行合并”模式虽然启动了多个破产程序，但却有助于及时推进破产程序，因而更加具有效率。

第二节　关联企业实质合并破产的启动主体

就一般的破产程序启动而言，绝大多数国家均适用破产申请主义，而职权主义则可以作为申请主义的例外或补充，但是也存在对职权主义沉默或者推行

---

〔1〕 参见重庆市高级人民法院民二庭课题组：《关联企业破产实体合并中的法律问题及对策》，载《法律适用》2009 年第 12 期。

绝对的申请主义的。[1] 我国破产程序的启动坚持"不告不理"的原则,法院不得依据职权开始破产程序,企业破产的申请主体包括债务人、债权人、清算责任人以及申请重整的出资额占债务人注册资本1/10以上的出资人。[2] 实质合并破产是特殊的破产程序,其启动不仅关系到破产程序的效率问题,更涉及关联企业债权人之间的公平分配和债权最大化实现问题,因此,实质合并破产程序的启动主体与一般破产程序的启动主体有联系但又有所区别。

一、关联企业实质合并破产启动主体的争议

一方面,正如一般的破产程序启动一样,实质合并破产的启动也存在申请主义和职权主义的争议,尤其是对于法院能否依职权启动实质合并破产问题。例如有观点认为:"为保护债权人的整体利益,受理破产案件的法院可以依职权启动关联企业实质合并破产程序。"[3]《民事诉讼法》规定法院可依职权决定将案件合并审理,在《企业破产法》无规定之情况下,可以适用《民事诉讼法》的规定,由法院依职权对关联公司适用实质合并破产规则。

另一方面,也存在反对职权主义的观点,例如联合国国际贸易法委员会制定的《破产企业集团对待办法》中建议:由于这类命令将会对利益攸关方产生严重影响,"似宜对实质性合并与程序上合并加以区分,采取的做法为法院不对实质性合并自行行事"。[4] 国内持反对意见者也认为,法院不可以主动启动实质合并。这是因为我国现行《企业破产法》采用破产申请主义,并未赋予法院直接启动破产的权力。只有当事人申请破产,人民法院才可根据具体情况决定是否启动破产程序;而在没有人申请的情况下,人民法院不得自行启动破产程序。因此,当关联公司尚未同时进入破产程序时,法院当然不可依职权启动实质合

---

[1] 参见邹海林:《破产法——程序理念与制度结构解析》,中国社会科学出版社2016年版,第68页。

[2] 《企业破产法》第7条规定:"债务人有本法第二条规定的情形,可以向人民法院提出重整、和解或者破产清算申请。债务人不能清偿到期债务,债权人可以向人民法院提出对债务人进行重整或者破产清算的申请。企业法人已解散但未清算或者未清算完毕,资产不足以清偿债务的,依法负有清算责任的人应当向人民法院申请破产清算。"《企业破产法》第70条规定:"债务人或者债权人可以依照本法规定,直接向人民法院申请对债务人进行重整。债权人申请对债务人进行破产清算的,在人民法院受理破产申请后、宣告债务人破产前,债务人或者出资额占债务人注册资本十分之一以上的出资人,可以向人民法院申请重整。"

[3] 陶蛟龙、史和新:《关联公司合并破产重整若干法律问题研究——以纵横集团"1+5"公司合并重整案件为视角》,载《政治与法律》2012年第2期。

[4] 联合国国际贸易法委员会:《贸易法委员会破产法立法指南——第三部分:破产企业集团对待办法》,第63页。

并而径行将未申请破产之关联公司并入破产程序。

本书认为，债权人、债务人、出资人和破产管理人为启动实质合并程序的当然主体，而法院仅在全部关联公司均申请破产时才有启动实质合并之职权（即“分别破产，再行合并”），且应赋予利害关系人对法院依职权进行实质合并提出异议的权利。作为当事人自治主导型的债务清理程序，原则上应当以当事人申请为必要。在我国，《企业破产法》实际上确立了“申请主义”的破产程序启动原则，法院只能依当事人申请而受理、裁定破产，无职权主动适用；若没有人进行申请，法院禁止自动启动破产程序。[1] 但事实上，与单纯启动单独企业的破产程序不同，法院依据职权适用实质合并破产规则是在破产程序启动之后，为了公平偿债而采取的措施，二者具有本质的区别。例如，在合并重整案中，法院并非依职权启动企业的重整程序，而是对关联企业中已经启动的重整程序进行合并处理，这其实是破产案件的处理方式范畴。换句话说，这并非启动合并重整程序，而应是重整程序适用实质合并规则。因此，在关联企业进入破产程序后，法院可以在符合实质合并破产条件的情况下依职权主动适用实质合并破产规则。此处的职权行为发生在关联企业已经全部进入破产程序之后，属于破产案件的审理范畴，并未侵犯当事人的民事处分权。

当然，由于实质合并破产对关联企业相关债权人的利益影响重大，而适用标准十分复杂，因此法院依职权主动启动实质合并破产程序应当谨慎。对此，联合国国际贸易法委员会制定的《破产企业集团对待办法》亦指出：“虽然在有些国家，法院可以自行下令进行实质性合并，但由于这类命令将会产生严重影响。”[2] 我国也有学者针对启动合并重整程序提出，“由于目前立法对此缺少明确规定，所以在有其他替代方式可以启动合并重整程序时不应采用”。[3] 虽然在上文中同意法院可以依职权启动实质合并破产程序，但考虑到适用实质合并破产规则的复杂性与影响的广泛性，本书认同上述观点，法院只能在极其特殊的情形下才能例外启动该程序。尽管目前在我国的司法实践中，已有法院依职权主动适用实质合并破产规则的成功案例，如浙江纵横集团重整案，但法院应在穷尽所有其他可替代性方案后才能考虑依职权启动实质合并破产程序。通

〔1〕 参见王欣新：《破产法》（第2版），中国人民大学出版社2007年版，第59页。

〔2〕 联合国国际贸易法委员会：《贸易法委员会破产法立法指南——第三部分：破产企业集团对待办法》，第64页。

〔3〕 王欣新、周薇：《关联企业的合并破产重整启动研究》，载《政法论坛》2011年第6期。

常情况下，法院在受理破产案件中发现关联企业之间具有可以适用实质合并破产的情形时，应当积极地履行诉讼指导职能，即为了保障债权人、债务人等当事人对破产程序的知情权和处分权，其应及时、清晰地向相关当事人阐明实质合并的适用条件及法律效果，积极引导当事人根据案情主动申请适用实质合并规则，在充分尊重当事人自由意志的同时达到合并破产的预期效果。〔1〕

在特定情形下，法院可以依职权直接适用实质合并破产规则，换言之，我国应采取“申请主义为主，职权主义为辅”启动方式。原则上，实质合并破产规则的适用应该由破产管理人、债权人等相关主体主动向法院提出申请，但在一些特殊情况下，例如不适用实质合并破产规则将严重不利于债权人的整体利益时，法院可主动启动实质合并破产程序。法院依职权启动实质合并破产程序的合理性如下：

第一，实质合并破产规则与破产程序启动存在本质区别。实质合并是在破产程序已经启动后，法院为了保护相关债权人权益而采取的特殊救济措施，并非启动一个新的破产程序。正如有学者所言：“法院依据职权启动关联企业的合并重整程序与启动破产或重整程序的性质是不同的。它往往不是启动对一个企业的破产或重整程序，而是对已经启动的几个关联企业的破产或重整程序进行实质性合并审理。”〔2〕

第二，只能由当事人申请启动实质合并破产的模式存在较大的局限性。例如对于清偿率较高的破产企业的债权人而言，在现行破产的情况下，这类主体往往并不愿意主动申请与其他资产状况较差的企业进行实质合并破产。如果后者的债权人在前者破产结束或者接近结束的情况下发现人格混同情形，申请实质合并程序，则不仅增加前者的程序成本，甚至可能影响不同企业债权人之间的实质公平。当法院在破产程序中依法查明关联企业确实存在必须适用实质合并破产的情形，否则无法确保部分债权人的公平清偿，但是管理人、债权人等申请主体却因自身利益或者未达成一致而不主动提起申请，此时，法院应该主动适用实质合并规则，保护债权人利益。

第三，法院可以通过破产管理人的工作了解关联企业人格混同的情况，为准确判断提供依据。例如在“分别破产，再行合并”的模式中，破产管理人的资产清核工作可以反映法人人格混同的情形，在破产管理人不主动申请合并的情

〔1〕 参见王欣新、周薇：《关联企业的合并破产重整启动研究》，载《政法论坛》2011 年第 6 期。

〔2〕 王欣新、周薇：《关联企业的合并破产重整启动研究》，载《政法论坛》2011 年第 6 期。

形下,法院应基于维护债权人公平,减少重复诉讼的角度,主动裁定适用实质合并破产规则或者与其他管辖法院进行程序协调。为了债权人的实质公平和重整的社会价值,在发现关联企业高度人格混同的情形下,不仅需要积极向当事人释明,保障其知情权和处分权,同时,在必要的情况下,可以主动将关联企业纳入实质合并程序中。但是,由于实质合并对相关当事人利益影响重大,因此,法院的职权主义启动需要受到严格的限制。正如《破产企业集团对待办法》的建议:虽然在有些国家,法院可以自行下令进行实质性合并,但由于这类命令将会产生严重影响,必须保证程序公正和公平,让利益攸关方有机会发表意见并对这类命令提出异议。[1]

二、关联企业实质合并破产启动主体的选择

根据我国《企业破产法》的规定,申请破产清算的主体是债权人或债务人,而破产重整的申请主体则除债权人和债务人之外,还包含出资额占债务人注册资本1/10以上的出资人,其可在法院受理债权人提出的破产清算申请后,宣告债务人破产之前,申请重整。然而,在关联企业实质合并破产的案件中,上述申请主体都存在不同程度的局限。就债权人而言,通常情况下,关联企业中获得清偿较低的那部分债权人愿意提起实质合并破产的申请,而清偿率较高的很可能并不愿意看到实质合并破产的结果。此外,债权人一般很难深入了解到关联企业内部财务、业务经营等真实情况,因此很难发现实质合并破产的依据。虽然可以通过举证倒置减轻债权人的举证难度,但仍然需要债权人提供初步证据,法院才能受理申请;即使这样,债权人依然很难证明。就债务人而言,他们掌握自身经营情况,容易提供相关事实证据,但是,由于关联企业的法人人格混同是债务人为了特定目的,因此一般不会在不利于自身的情况下主动申请实质合并破产。就出资人而言,一般只能申请启动重整程序,但是,《企业破产法》对于申请的出资人比例有着一定的要求。在关联企业的一小部分股东受人格混同损害之时,合并重整便难以有效启动。

综合上述分析,债权人、债务人、出资人作为启动实质合并破产程序的申请人都存在一定的局限性,难以确保实质合并规则的有效适用。本书认为,除了《企业破产法》规定的申请主体,可以将管理人作为申请主体,赋予其相应的权

---

[1] 参见联合国国际贸易法委员会:《贸易法委员会破产法立法指南——第三部分:破产企业集团对待办法》,第64页。

利和义务。在破产程序开始后，管理人依法接管债务人财产，进行清理、保管运营以及必要的处分，因此，他们一般是除了债务人之外最了解企业生产经营真实状况的主体。与此同时，作为破产程序中具有独立地位的主体，与关联企业财产并无直接的利害关系，因此，完全可以依据管理职责而主动申请实质合并破产。从国内外现有的破产实践看，大部分实质合并破产案件都由管理人申请而启动，例如浙江玻璃等五公司合并重整案，2012 年 6 月 28 日，浙江省绍兴市中级人民法院裁定受理债权人对浙江玻璃的重整申请并指定管理人，启动破产重整程序。2012 年 7 月 4 日，管理人以浙江玻璃与其四家关联公司存在人格混同情形、合并重整有利于公平清偿债权为由，申请浙江玻璃与其四家关联公司合并重整，并提交了相关证据。[1] 其中在联合国国际贸易法委员会制定的《破产企业集团对待办法》中也认可了管理人具有申请权。[2] 综上所述，应该赋予管理人申请实质合并破产的权利和义务，这对于合并破产案件启动有着非常重要的意义。

（一）破产管理人

破产管理人是指破产程序开始后专司债务人财产的管理、债权债务清理的事务性工作机构。[3] 我国的管理人制度是在 2007 年《企业破产法》中确立的，替代了旧《企业破产法》中清算组的概念。由于破产管理人拥有关于破产债务人的最为完备的信息，最有条件对实质合并是否妥当或是否可取作出评价，一般情况下，企业在单独重整时，根据我国《企业破产法》第 70 条之规定，申请重整的主体既包括债权人亦包括债务人；除此之外，在法院受理破产清算申请后和宣告破产之前，出资额占债务人注册资本 1/10 以上的出资人亦可申请重整。而在合并重整程序中，当关联企业中的成员已经申请破产并被法院受理后，依据《企业破产法》规定，管理人在破产程序启动之后，负责执行债务人财产的管理、变价、分配等事务，其中包括调查债务人的资产状况，制作债务人财产状况报告等内容。因此，管理人的工作内容决定其必然是申请合并重整程序的主要申请人。在“分别破产，再行合并”和“部分破产，再行并入”两种合并模式当中，管理人已经接手部分破产企业的破产管理工作，开始履行债权债务的清理

---

〔1〕 参见最高人民法院：《浙江玻璃股份有限公司及其关联公司合并破产案》，载中国法院网 2016 年 6 月 15 日，https://www.chinacourt.org/article/detail/2016/06/id/1909055.shtml。

〔2〕 参见联合国国际贸易法委员会：《贸易法委员会破产法立法指南——第三部分：破产企业集团对待办法》，第 72 页。

〔3〕 邹海林：《破产法——程序理念与制度结构解析》，中国社会科学出版社 2016 年版，第 136 页。

职责。其对于企业是否存在严重的人格混同等问题有着全面和深入的了解,并且具有专业的技能,加之其薪酬取得与破产财产息息相关,可以说,破产管理人具有申请实质合并的能力和动力,从而进行有效举证,为法院裁定实质合并破产提供依据,确保程序顺利进行。因此,破产管理人是申请启动实质合并破产的理想主体。联合国国际贸易法委员会制定的《破产企业集团对待办法》中也建议:管理人具有申请合并破产或重整的权利。实践中也存在较多由管理人申请实质合并,并取得成功的案例。例如,在浙江三联集团有限公司等十三家公司合并重整案中,十三家公司分别进入破产程序后,十三家公司的破产管理人共同以"构成人格混同,应对上述主体进行合并重整"为由向法院申请合并破产重整。[1]

(二)债权人

债权人是指按照合同约定或者法律规定有权要求债务人履行义务的主体。对于实质合并破产而言,提出申请的债权人是指所有企业的债权人,该企业包括已经进入破产程序的企业和尚未进入破产程序的企业。破产程序是债权人能否公平受偿的关键,因而债权人对于破产程序公平性无疑最为关注。根据《企业破产法》第7条的规定,"债务人不能清偿到期债务,债权人可以向人民法院提出对债务人进行重整或者破产清算的申请"。[2] 从保护债权人公平受偿利益的角度出发,必然需要赋予债权人申请合并破产的权利。虽然清偿率较高的企业的债权人往往不愿与资产状况较差的破产企业进行实质合并,分享剩余财产,但是,清偿率相对较低的关联企业债权人则往往具有较强的动力。从理论上讲,并不需要所有关联企业的债权人一起申请实质合并破产,只需部分债权人申请即可启动审查。然而,作为实质合并程序的债权人存在较大局限性,主要表现在债权人与关联企业之间存在信息不对称,难以清楚掌握关联企业之间的财务、人员等关联关系,存在举证能力不够的问题。因此,债权人往往通过债权人会议决议的形式表达申请实质合并破产的要求,然后由破产管理人向法院申请。从司法实践来看,债权人一般不会直接单独向法院申请实质合并破

[1] 参见浙江省金华市婺城区人民法院民事裁定书,(2015)金婺破字第8、9、10、12、14、17、18、19、20、21号;浙江省高级人民法院民事裁定书,(2016)浙0702民破4、5、6号。

[2] 《企业破产法》第7条:"债务人有本法第二条规定的情形,可以向人民法院提出重整、和解或者破产清算申请。债务人不能清偿到期债务,债权人可以向人民法院提出对债务人进行重整或者破产清算的申请。企业法人已解散但未清算或者未清算完毕,资产不足以清偿债务的,依法负有清算责任的人应当向人民法院申请破产清算。"

产,从本书对国内现有案例的统计分析来看,也尚无由个别债权人主动申请实质合并的先例。

(三)出资人

《企业破产法》第70条规定,债权人申请对债务人进行破产清算的,在人民法院受理破产申请后、宣告债务人破产前,出资额占债务人注册资本1/10以上的出资人可以向人民法院申请重整。之所以赋予出资人重整申请权,主要是为了保护受制于其他出资人控制或钳制下的债务人权力机构无法申请重整的那部分出资人的权益。[1] 至于设定出资比例的限制,则是为了防止滥用重整申请权的情况。有学者认为,"在实质合并程序中,出资人不宜享有申请权",因为实质合并破产决定的是企业间债权人的利益关系,而非个别企业与出资人的关系。[2] 而本书并不赞同此观点。在实质合并破产程序中,尤其是涉及实质合并重整时,出资人与实质合并程序并非没有利益关系,重整成功意味着出资人可以保住部分利益,尤其是资产状况较差的关联企业的出资人。在《破产企业集团对待办法》中列举的"在实质性合并方面的相竞利益"涉及出资人利益,其中包括"债权人相对于股东的利益;集团不同成员的股东的利益,特别是仅为集团部分成员而不是其他成员的股东的利益"。[3] 因此,不应否认出资人的实质合并申请权。但是,由于出资人可能参与滥用关联企业法人人格,顾虑法律责任的追究,主动申请启动实质合并的可能性也较小。

(四)债务人

根据《企业破产法》的规定,债务人不能清偿到期债务时,可以主动向法院申请破产。由债务人申请破产的有利之处在于债务人了解自身的经营状况,可以及时向法院提出破产申请。债务人是最为了解自身是否存在人格混同情形的,因此可以方便地向法院申请和举证,顺利推动实质合并破产的实现。债务人申请的主要动力源于自救的需要,而重整是自救的必由之路,因此,债务人主动申请的情形一般出现在实质合并重整的案件中。在实践中,申请实质合并重整往往出现在"先行合并,再行破产"的启动模式之中,例如新星源公司及十三家公司合并重整案。在该案中,新星源食品有限公司因资不抵债向人民法院提

[1] 王欣新:《破产法》(第2版),中国人民大学出版社2007年版,第349页。

[2] 王欣新:《破产法》(第2版),中国人民大学出版社2007年版,第365页。

[3] 参见联合国国际贸易法委员会:《贸易法委员会破产法立法指南——第三部分:破产企业集团对待办法》,第65页。

出重整申请,同时申请将自贡市新星源物流有限公司、四川清淞湖养殖科技有限公司等十三家关联公司纳入自贡市新星源食品有限公司合并重整,法院在论证后裁定合并重整,最终推动了重整自救的进行。[1] 然而,由债务人申请的弊端也较为明显。作为关联企业人格混同的"始作俑者",债务人往往试图通过关联企业的控制与从属关系,以达逃避债务的目的,例如欺诈设立子公司、转移公司资产等,因此,由其主动申请实质合并破产的可能性较低,尤其是面临清算的情况下。

第三节　关联企业实质合并破产的管辖法院

《企业破产法》第 3 条规定:"破产案件由债务人住所地人民法院管辖。"但现实中关联企业的管辖法院可能存在多个,申请人该向哪个法院申请?发生争议时如何解决?这些问题都需要在立法中予以明确。实质合并破产意味着将要选择由一个法院统一管辖,而由哪个法院管辖会直接影响债权人利益和破产程序的效率问题。因此,实质合并破产案件的管辖既要遵循一般的破产管辖原理和规定,同时也需要考虑关联企业实质合并破产的特殊性。

一、关联企业实质合并破产的管辖学说

在国外,德国和欧盟的理论界和实务界对于如何确定集团公司破产的法院管辖问题讨论较多,可以为实质合并破产如何确定管辖法院提供借鉴。在德国,确立企业集团破产的统一管辖的连接点问题的学说观点包括母公司所在地、受理优先原则、选择性管辖、延期管辖、"注册地和移送管辖"等多种。其中"注册地和移送管辖"的理论可以为实质合并破产管辖法院的确定提供很好的借鉴:该理论认为,一般情况下,所有破产程序在注册登记地开展;在代理机构或者(临时)破产管理人一致申请的情况下可以移送到另一个关联企业所在地法院管辖。从德国的立法实践看,在 2014 年 1 月德国出台的企业集团破产的立法修正案中,虽然明确地否定了实质合并规则,但确立合并管辖连接点时采用了"受理优先"原则。该原则增加了管辖的确定性和明确性,不仅具有较强的

---

〔1〕 参见四川省自贡市荣县人民法院民事裁定书,(2013)荣破字第 1 – 11 号。

可操作性,而且有助于保障法律的安定性,因此可以为关联企业实质合并的管辖确定提供一个比较明确具体的思路。在欧盟,主要采纳"主要利益中心所在地"的学说。一般情况下,"主要利益中心所在地"为企业集团大多数资产所在地,同时也是大多数债权人集聚地,故可以使破产风险可预见和可衡量。但是,对于"主要利益中心所在地"的确定,仍然存在较多争议,其中包括"管理中心理论"和"经营活动理论"两种观点。其中,"管理中心理论"又被称为"总部职能理论"。该理论认为,"主要利益中心所在地"是指作出有关集团企业的重大经营策略,如有关人员管理、财务、销售的决定地。[1] 在此理论下,企业内部的相应事宜如母子关联公司的协议、企业内部的会计核算方式等因素与"主要利益中心所在地"的确定密切相关。与之相比,"经营活动理论"则仅仅考量那些由第三人确认的客观因素。根据此理论,决定"主要利益中心所在地"的重要因素为债务人对外表现出的资产分布以及相应的经营活动。[2] 换言之,在确定"主要利益中心所在地"时,尽管企业的所有经营活动以及管理层的重大决策皆在一个地点作出,但若第三人在客观上无法确定该地点,则该地点不能成为"主要利益中心所在地"。至于该理论中所提倡的客观因素如何确定,可以虚拟外部债权人的观点进行判断,如交易正在进行的地点和方式都可以帮助确认"主要利益中心所在地"。[3] 值得注意的是,2015 年 6 月欧盟公布的《欧盟破产规则》细化了"主要利益中心所在地"标准,将其界定为"债务人通常管理利益中心地且该地点对于第三人来说是可以确定的"。也就是说,欧盟综合了"管理中心理论"和"经营活动理论"两种观点。可以说,在关联企业实质合并过程中,由"主要利益中心所在地"的法院管辖有利于清理债权债务关系,降低破产的程序成本。而欧盟破产立法理论和实践中通过兼顾客观事实和主观因素确认"主要利益中心所在地"的思路无疑可以提供很好的参考。

在国内,讨论实质合并破产管辖问题的学者不多,其中有学者提出可以"利益中心说"为确定管辖的一般原则,辅之以"先入为主"和跨区域请示协调机制

---

[1] 参见秦春:《德国和欧盟法视野下企业集团破产时的法院管辖》,南京大学 2016 年硕士学位论文,第 10–19 页。

[2] 参见秦春:《德国和欧盟法视野下企业集团破产时的法院管辖》,南京大学 2016 年硕士学位论文,第 23–29 页。

[3] 秦春:《德国和欧盟法视野下企业集团破产时的法院管辖》,南京大学 2016 年硕士学位论文,第 23–29 页。

来确定管辖法院。[1] 也有学者提出“控制企业所在地审理为原则，以便利法院审理为补充”的规则。[2]

二、关联企业实质合并破产的管辖确定

我国《企业破产法》第 3 条规定：“破产案件由债务人住所地人民法院管辖。”然而，关联企业可能存在两个或者两个以上的住所地，如果它们同时申请破产，那么受理的法院便会不同。如果要适用实质合并破产规则，那么就涉及最终由哪个法院来统一管辖的问题。由于我国目前绝大多数案件乃“部分破产，再行并入”模式和“分别破产，再行合并”模式，故而我国总体上可采取“以优先受理地原则为主，利益中心地原则为辅”的管辖原则。具言之，当关联企业中的部分企业已经进入破产程序，再申请将其他后续破产的企业纳入合并重整程序时，一般应由先行受理破产的法院统一管辖；当关联企业直接申请所有关联企业实质合并破产，以及部分企业申请其他关联企业一起合并破产时，可综合主观（关联企业内部的管理决策因素）和客观（第三人可以确定因素）两大要素确定利益中心地法院。

（一）优先受理地原则

该原则适用于“部分破产，再行并入”的模式，即若关联企业中的部分成员已经启动了破产程序，其后又申请将其他关联企业纳入合并破产程序，那么基于管辖恒定原则以及效率原则，除了特殊情况（如确实不利于合并重整的进行、恶意规避其他法院管辖等），原则上应该由先行受理破产程序的法院对关联企业进行共同管辖。在美国，其破产法也有这方面规定，其中第 1408（2）条规定：“债务人关联公司的案件正在审理，该审理地就是合适的管辖地。”[3] 优先受理地原则有助于管辖的确定，防止法院之间互相推诿，更重要的是有助于程序的延续性和安定性。一方面，由已经受理的法院优先管辖，符合管辖恒定原则；另一方面，先前受理的法院对关联企业已经投入了人力、物力进行了相关调查，清楚关联企业的资产和负债情况。故由先行受理的法院对关联企业实质合并破产进行集中管辖，有助于减少案件移送交接的不便，从而加速推进关联企业破

---

〔1〕 参见王欣新、周薇：《关联企业的合并破产重整启动研究》，载《政法论坛》2011 年第 6 期。

〔2〕 参见徐阳光：《论关联企业实质合并破产》，载《中外法学》2017 年第 3 期。

〔3〕 [美]大卫·G. 爱泼斯坦、史蒂夫·H. 尼克勒斯、詹姆斯·J. 怀特：《美国破产法》，韩长印等译，中国政法大学出版社 2003 年版，第 875－876 页。

产进程,节省破产的时间成本。

(二)利益中心地原则

该原则主要适用于“分别破产,再行合并”和“先行合并,再行破产”两种模式。由于关联企业的主要负债与资产大多集中于关联企业的核心企业,且核心企业具有最高决策控制权,清晰地掌握整个关联企业的经营情况和资产状况,因而由核心企业所在地法院受理实质合并案件,有助于提升案件审理效率,降低审理成本。而该管辖原则既适用于一开始就合并所有关联企业破产程序的情形,亦适用于所有企业皆申请破产其后又进行合并审理程序的情形。至于具体应如何确定利益中心所在地,可以借鉴欧盟的相关学说和规定。在欧盟,“主要利益中心所在地”标准经历了一个从无到有、从模糊到日益完善的过程。在具体确定“主要利益中心所在地”的过程中,欧盟法院一开始坚持“管理中心理论”,即采用注册地管辖标准,判断过程较为主观。而后,欧盟渐渐舍弃了这一判断标准,而偏向于更具客观性的“经营活动理论”标准。应当清楚,“主要利益中心所在地”判断标准由主观转向客观标准具有重大意义,尤其对于外部债权人而言,其基于弱势地位难以获取关联企业的内部决策信息。而在 2015 年 6 月 5 日,欧盟又公布了新的破产程序规则,即 2015/848 号《欧盟破产规则》。该破产规则替代了原有的(EG) Nr. 1346/2000《欧盟破产规则》并于 2017 年 6 月 26 日在所有成员内(除丹麦外)正式生效。其中,新《欧盟破产规则》值得关注的亮点为其对“主要利益中心所在地”标准的判断作出了进一步的细化和完善。依据新《欧盟破产规则》第 3 条第 1 款第 2 句,“主要利益中心所在地”应该为债务人的管理利益中心所在地,并且该地点对于第三人来说是可以确定的。可见,欧盟对于“主要利益中心所在地”的确定兼顾了主观(企业内部的管理决策因素)和客观(第三人可以确定因素)两大要素。自此之后,欧盟在判断“主要利益中心所在地”时尤其应当将债权人的观点以及该地点是否符合债权人的预计考量在内。也就是说,若债务人变更了“主要利益中心所在地”,应及时将变更的详细地点通知所有债权人,否则新的地点因债权人的不知情而无法被确认为“主要利益中心所在地”。至于通知的具体方式可以采取多种途径,如在商业联系簿上印发新的地址信息或在微信群等社交媒体软件上及时通知。此外,推定规则虽然仍然保留在新《欧盟破产规则》中,但是,推翻该规则的标准发生了相应变化。依据新《欧盟破产规则》,当公司的经营管理地位于另外一地点,且所有外部第三人经综合考虑也确实认为该地点方为利益中心所在地,则该规则才有被推翻的可能性。

（三）管辖争议的解决方式

很多关联企业，尤其是跨法院管辖区的大型关联企业在申请合并破产程序时，可能会出现多家人民法院出于地方保护等理由对管辖权进行争执的情况，此外先前已经受理的法院也因为异地取证、调查等工作重重受阻而影响案件审理的效率，故而关联企业合并破产案件的跨地区管辖协调机制尤为关键。对此，联合国国际贸易法委员会制定的《破产企业集团对待办法》第 31 条指出，程序协调还可能造成有关联合申请启动的管辖权问题，即不同的国内法院对须受破产程序管辖的企业集团各个成员享有管辖权。凡存在这些问题的法域，通常都应参照各国国内程序法作出决断。有些国家可能会合并不同法院进行的程序并转交一家法院审理，例如，对涉及集团母公司的破产程序有权实施管理的管辖法院。一国可以选用许多不同的标准来确定本国某个法院的主要管辖权，这些标准包括提出申请的优先权、负债数额或控制权中心所在地。将各种程序统归或转交一家法院审理的关键要素是，在转交之前由相关法院进行沟通。集团不同成员的债权人也可能在不同的地方，这就会造成代表权问题以及债权人委员会将何处作为其开会或组成地点的问题。如果各种程序无法统归或转交一家法院审理，就必须在各管辖法院之间进行协调，以确保达到程序协调的目标。[1] 我国《民事诉讼法》第 38 条第 2 款规定："人民法院之间因管辖权发生争议，由争议双方协商解决；协商解决不了的，报请它们的共同上级人民法院指定管辖。"是故，参考上述法律规定，不同法院对跨地域关联企业实质合并破产的管辖产生分歧的，应当报请共同的上级法院确定。而上级人民法院可以综合考量确定实质合并管辖的不同因素和标准，指定有利于案件处理的下级法院进行管辖。此外，关联企业与一般企业相比较，因其涉及面广，对社会产生的影响会更大，这就出现了关联企业破产时级别管辖的问题，此时，应根据我国《民事诉讼法》第 18 条至第 21 条关于级别管辖的规定，确定关联企业破产时应由哪个级别的法院进行管辖。

[1] 参见联合国国际贸易法委员会：《贸易法委员会破产法立法指南——第三部分：破产企业集团对待办法》，第 16 页。

小 结

本部分主要分析了如何启动关联企业实质合并破产的问题。实质合并破产是在多个独立破产程序的基础上进行的合并处理，如何启动关系到当事人程序权利及破产程序效率。从启动时间来看，可以类型化为“分别破产，再行合并”“先行合并，再行破产”“部分破产，再行并入”三种模式。而综合考量法律依据、可操作性、债权人保护等因素，“分别破产，再行合并”模式应是一种具有普遍适用性的选择。从启动主体来看，存在申请主义与职权主义之争，本文认为，两种模式皆存在一定的合理性，其中管理人和法院应是程序启动的关键主体。从管辖法院来看，理论上存在“优先受理地”和“利益中心地”两种观点，实践中需结合破产启动模式而定，若发生争议可报共同的上级法院指定。

第四章

关联企业实质合并破产的裁判规则

实质合并破产实际上否认了关联企业独立的法人人格,其适用将会对法人人格制度的价值体系产生一定冲击,因此,该规则自产生以来,便饱受质疑。如果要引入实质合并破产规则,首要便是解决其在何种情况下可以适用的问题:从宏观层面看,法院应该秉持何种裁判思路;从微观层面看,法院应该适用何种具体的裁判标准。诚如前述,实质合并破产规则源于判例法实践,其本身具有衡平法属性;即使在实质合并破产实践经验丰富的美国,对于何种情况下可以进行实质合并破产仍然存在争议。而在我国,由于立法的缺失,对于实质合并破产的合法性和合理性存在不同的观点,而现有实质合并破产案例所适用的标准也呈现混乱的状态。基于此,本章将根据国内外现有理论和实践对实质合并破产的判断标准和程序进行系统阐释。

第一节 关联企业实质合并破产的裁判理念

一、关联企业实质合并破产裁判的学说争议

在美国,虽然在司法实践中已经存在大量的实质合并破产案例,但对于能否适用和如何适用实质合并规则仍然存在不同的观点,其中比较具有代表性的无疑是 Landers 教授与 Posner 法官的激烈争论。[1] 具体而言,实质合并破产的适用理念可以概括为"普遍适用说"和"例外适用说"两种主流观点。在我国,

---

〔1〕 王欣新:《破产法理论与实务疑难问题研究》,中国法制出版社 2011 年版,第 450 页。

现有大量的司法实践和理论探讨也仍然没有消除类似的分歧。基于此,本部分将系统梳理和评析这两种主流观点。

(一)普遍适用说

在国外,主张“普遍适用说”的代表是美国的兰德斯教授(Jonathan M. Landers)。他认为:[1]公司集团内部所关心的是集团整体的利益而非个别公司的利益,在此目标下的公司集团运营常常忽视子公司的合法利益,最终对子公司债权人的利益造成潜在的损害,因此主张原则上母子公司都应适用实质合并规则进行破产。至于例外,主要包括两种情况:其一,债权人能够证明其与集团公司中的某一公司进行交易完全是基于对该公司资产信用的信任,此时适用实质合并破产规则将损害债权人的信赖利益。其二,公司集团内部各公司完全独立经营,公司集团同时也并未将内部各公司统一经营。

在我国,也有破产法学者持类似立场。例如有学者认为:我国的企业集团发展处于初级阶段,相关法律制度尚不健全,实践中普遍存在不同程度的资产混同、账目不清等现象,相互间或明或暗进行资产转移和利益输送,留下的巨额债务损害了子公司的利益,同时这种损失风险也必将转嫁到债权人身上。因此,“普遍适用”实质合并破产规则,能够兼顾到大多数案件的公平。[2] 也有观点认为:对实质合并破产规则的适用应持相对开放的态度,建议应该赋予法官充分的自由裁量权,使其真正能够灵活应对关联企业破产案例中的各种情况。实质合并破产的真正目标是针对性地破解关联企业破产带来的各种难题,从而保障破产债权债务的公平清理,既保护债权人的合法权益,同时提高司法效率与经济效率。因此,若只有采用实质合并规则才能达到前述目标,或者采用实质合并与其他方式都可以达到前述目的,但相对而言实质合并破产的效果更好时,应该允许适用实质合并规则。[3] 尽管“普遍适用说”有其合理之处,但在缺少足够和明确限制的情况下,实质合并破产的开放适用将对公司有限责任和法人人格制度造成冲击。因此,“普遍适用说”仅从功能的视角阐释其合理性,无疑存在较大的局限性。

---

〔1〕 Jonathan M. Landers, *A Unified Approach to Parent, Subsidiary, and Affiliate Questions in Bankruptcy*, University of Chicago Law Review, Vol. 42:4, p. 589 – 652(1975).

〔2〕 参见王欣新、蔡文斌:《论关联企业破产之规制》,载《政治与法律》2008 年第 9 期。

〔3〕 参见徐阳光:《论关联企业实质合并破产》,载《中外法学》2017 年第 3 期。

(二)例外适用说

主张“例外适用说”的代表是美国的波斯纳法官(Richard A. Posner),他认为:[1]母公司在追求自身或整个公司集团利益最大化时,并不必然导致内部子公司的行为扭曲,而是只有在一些极特殊情况下才可能出现,因此只有在子公司的债权人与子公司交易是在被公司集团误导的情形下发生时,方能例外地适用实质合并破产规则。换言之,如果子公司的债权人并未被子公司背后存在的公司集团误导,那么即使集团成员间关系十分密切,也无必要适用实质合并破产规则。从美国的司法判例来看,法院普遍将其视作“一个非常的救济措施”(an extreme and unusual remedy),担心该规则的普遍适用将破坏正常的商业秩序。[2] 例如,美国第三巡回法院在裁定是否适用实质合并破产规则时,强调以下五个基本原则:[3]其一,尊重公司的独立性和限制突破有限责任,是公司法、破产法的“最基本的原则”和市场的正常预期,除非在不得已的情形下才需要依靠衡平法的作用适用实质合并规则;其二,因适用实质合并规则而造成损害大多是由于债务人(及其控制的公司)漠视各个公司的独立性所导致的,而由债权人缘故导致的损害完全可以通过破产法的条款[§ §548 和 544(b)(1)]和衡平居次原则[§510(c)]进行救济;其三,如果仅仅是为了案件处理的便利(即法院可以借此简化案件处理或为了使破产启动后的清理核算更为便捷)并不能构成适用实质合并规则的理由;其四,由于实质合并是极端的(extreme)(它将深深影响债权人的权利和受偿)和不确切的(imprecise),这种粗糙的救济方式(rough justice)应该较少适用,只是在考虑和排除了所有其他可用的救济手段(尽可能适用破产法上更为明确的救济方式)之后才能采用;其五,实质合并规则可以作为防御性手段,以此来救济因公司资产混同而具有实质一体性所导致的债权人损害,但它不能成为进攻性手段[4]。

在我国,也有学者持类似观点:“应当引导申请人优先适用其他规制不当关联关系的救济手段,只有在独立清算或重整将使部分企业处于无法清理状态且

[1] Richard A. Posner, *The Rights of Creditors of Affiliated Corporations*, University of Chicago Law Review, Vol. 43:3, p. 499 – 526(1976).

[2] Brasher, Andrew, *Substantive Consolidation: A Critical Examination*, Unpublished Manuscript, Vol. 65, p. 72(2006).

[3] Widen, William H, *Corporate Form and Substantive Consolidation*, George Washington Law Review, Vol. 75:2, p. 237 – 328(2007).

[4] 例如为了损害一部分债权人的利益或改变债权人权利的目的。

显失公平时,实质合并才能作为必要的处理手段加以适用”。[1] “在适用该制度时,应坚持个案适用的谨慎原则、严格限定适用条件、明确适用程序,并应采取措施防止该制度的滥用。”[2]“例外适用说”认识到实质合并破产对于公司法人人格制度的冲击,明确提出应该在严格的条件下方能适用实质合并规则,这种观点也在国内外的实践中日益成为主流。

二、关联企业实质合并破产裁判的价值冲突

(一)实质合并破产对法人人格制度的潜在冲击

从制度原理看,关联企业实质合并破产实质上是对企业法人人格的一种否认,可以从“事后”的角度促使市场主体合理运用关联企业这一组织形式。美国著名的破产法学者 Epstein 等人将“实质合并”描述为:不同实体的财产和债务在破产程序中被作为一个破产案件实施合并,从而当作一个破产债务人对待,这些被合并的财产组成一项单独的破产财产,所有对合并债务人享有的债权将从这笔破产财产中获得分配。[3] 该描述很好地展示了实质合并破产的基本原理,即关联企业的成员不再有独立的法人人格,而是被拟制为一个法人进入破产程序。国内破产法学者则认为:“实质合并规则打破了有限责任的教义,直接否认了关联企业各自的独立人格,是一种整体性的挑战。”[4] 从对法人有限责任的重要影响看,实质合并破产是建立在法人有限责任存在限度的基础上,显然已经突破法人人格之有限责任,从整体上否认了企业法人人格的独立性。但是,实质合并破产的目的是规制滥用关联企业法人人格的行为,具有从“事后”处置债务的角度维护法人人格制度的功能。众所周知,法人人格制度被认为是兼具公平和效率双重价值的制度设计,一方面有助于实现聚集资本、规模经营、科学管理等经济价值;另一方面则建立了出资人与债权人之间的利益平衡体系。而实质合并破产的目的是规制滥用关联企业法人人格的行为,保护债权人的公平清偿的利益。因此,就本质上而言,实质合并破产否定关联企业成员的法人人格,突破有限责任约束,恰恰是维护了法人人格制度的价值。

值得警惕的是,不适当适用可能对法人人格制度的价值体系产生一定冲

---

〔1〕 王欣新、周薇:《关联企业的合并破产重整启动研究》,载《政法论坛》2011 年第 6 期。

〔2〕 张少丽:《关联企业实质合并破产制度研究》,载《重庆第二师范学院学报》2014 年第 4 期。

〔3〕 参见[美]大卫·G. 爱泼斯坦、史蒂夫·H. 尼克勒斯、詹姆斯·J. 怀特:《美国破产法》,韩长印等译,中国政法大学出版社 2003 年版,第 23 页。

〔4〕 徐阳光:《论关联企业实质合并破产》,载《中外法学》2017 年第 3 期。

击。作为一种事后规制措施，实质合并的滥用也会对法人人格制度带来不利影响：就经济价值的维度而言，滥用实质合并破产将在一定程度上影响公司集团化发展。在市场中，通过设置具有独立法人人格的关联企业成员，企业集团可以发挥资源共享、管理优化、优势互补、风险管控等多方面优势。如果肆意扩大实质合并破产的适用范围，关联企业这一组织形式的市场价值无疑将受到削弱。从平衡出资人与债权人之间利益的维度看，一方面，债权清偿基础将被改变，部分债权人的利益可能受损；另一方面，关联企业成员的有限责任被不合理突破，最终将影响出资人的预期。因此，实质合并破产对法人人格制度而言是一把“双刃剑”，不恰当适用将会使法人人格制度构筑的稳定预期受到冲击，并且背离通过实质合并破产保护债权人的制度初衷。

（二）实质合并破产对债权清偿公平的负面影响

实质合并破产将人格实质混同的关联企业成员拟制为一个破产主体，解决了财产无法区分或者区分成本过高的现实问题，但是这也直接改变了债权人受偿的财产基础，将带来新的公平清偿问题。正如联合国国际贸易法委员会制定的《破产企业集团对待办法》所担心的：强迫某一类债权人与集团偿债能力较弱的某一成员的债权人平行分担债务，可能对这一类债权人不公平；给债权人整体带来的益处是否大于对个别债权人造成的间接损害。有些债权人可能依赖集团某一特定成员的单独资产或独立法人身份进行交易，因此不得因为交易伙伴与其不知情的集团另一个成员之间的关系而拒绝向其全额偿付。还有一些债权人本来依赖整个集团的资产，因此限定其只能向集团某一成员的资产追偿是不公平的。[1] 具体而言，实质合并破产带来的债权人清偿困境主要包括以下两方面：

第一，不同关联企业的债权人清偿问题。为了解决关联企业之间的欺诈转移资产以及人格混同所造成的无法区分资产等问题，采取实质合并破产方式将关联企业的资产集中起来分配，将有利于实现不同关联企业的债权人之间的清偿公平。然而，这种方式必然无法保证每个债权人的清偿额都得到提升，而是使得债权人清偿额趋同。对于资产状况相对较好的公司的债权人而言，合并破产导致其清偿率降低，容易招致其持反对意见。对于资产状况相对较差的公司的债权人而言，合并破产对其较为有利，其可能较为热衷申请实质合并破产。

---

〔1〕 参见联合国国际贸易法委员会：《贸易法委员会破产法立法指南——第三部分：破产企业集团对待办法》，第61页。

故在适用实质合并破产之时，需要面临改变债权人受偿基础的合理性和正当性之质疑；在确定适用后，需要面临如何平衡不同关联企业的债权人之间利益的问题。

第二，不同属性类别的债权人清偿问题。实质合并破产否定了关联企业成员原有的独立性，但是却不能完全否定关联企业对外经营的事实。一般情况下其人格混同的事实难以为外部债权人所知，对于信赖关联企业独立法人地位而与之交易的债权人而言，其信赖利益如何在实质合并破产中得到应有的保护，是备受关注的问题。对于具有担保权的债权人而言，其破产优先权理应受到保护，但是合并重整“可能会使实力更强、规模更大的债权人得以利用那些本来就不应提供给他们的资产”，因而会损害担保权益的确定性和可执行性。[1] 此外，合并清偿并非平等清偿，实质合并后的“整体”应该遵循何种清偿顺序，会影响实质合并的正当性。

三、关联企业实质合并破产裁判的理念选择：审慎适用

鉴于实质合并规则的适用影响巨大，即使在法律制度完备的美国，法院对该破产规则的适用也是相当谨慎的。在我国，企业集团化发展迅速，亟待相关立法的规范。而实质合并破产规则有助于关联企业破产清算效率的提高和重整的成功，但是，仍然不能扩大实质合并破产规则的适用范围。因为轻易否定关联企业的独立法人人格，将动摇公司法人人格制度的价值体系，影响商事交易的稳定预期。基于此，最高人民法院通过《全国法院破产审判工作会议纪要》明确表达了“审慎适用”的基本态度：“人民法院在审理企业破产案件时，应当尊重企业法人人格的独立性，以对关联企业成员的破产原因进行单独判断并适用单个破产程序为基本原则。当关联企业成员之间存在法人人格高度混同、区分各关联企业成员财产的成本过高、严重损害债权人公平清偿利益时，可例外适用关联企业实质合并破产方式进行审理。”

本书认为，关联企业实质合并破产应坚持“审慎适用”的基本立场，其法理基础可深入实质合并破产的本质与法人人格制度的原理予以解析。

第一，实质合并破产一定程度上否认了企业的独立法人人格，易对商事交易秩序产生冲击。如前所述，实质合并是一种事后规制措施，其滥用的可能性

---

〔1〕 参见联合国国际贸易法委员会：《贸易法委员会破产法立法指南——第三部分：破产企业集团对待办法》，第61页。

仍然存在，最终可能对法人人格制度产生冲击。从规制逻辑来看，实质合并否定了关联公司之间独立的法人人格，是对法人人格存在价值的一种否定。这种对滥用法人人格行为的“事后矫正”只有在特定的场合下才能真正达到其维护法人制度价值的目标，否则会产生新的不公平。从司法实践来看，实质合并破产脱胎于法人人格否认法理，但是二者又有区别。法人人格否认是在个案中否让法人人格，追索股东的连带责任，而实质合并是在破产阶段，否定关联企业的独立法人人格，将其债权债务合并处理。这种破产处理对于债权人而言，将改变债权的清偿基础，影响最终的清偿结果，尤其对能够获得更高清偿率的债权人产生较大影响，可能导致债权人之间的不公平；对于出资人而言，法人人格制度及其有限责任制度构筑的稳定预期受到冲击，将在一定程度上影响公司集团化发展。为了保护商业秩序的稳定，应对这种否认公司法人人格的规制措施进行严格的限制，只有在法人人格的基础不存在时方能适用，否则，仍然应该在独立法人人格的基础上进行独立破产。

第二，实质合并破产的适用标准具有模糊性和不确定性。从前文对各国的实质合并破产实践考察可知，实质合并破产的适用标准是多元的，并且具有开放性。如何适用这些标准，即使是实质合并破产规则适用最多的美国，也存在多种适用方法，并且仍然存在争议。但是从 Vecco 案的“七要素标准”、Auto－Train 案的“三要素标准”、Augie/Restivo 案的“两要素标准”，再到 Owens Corning 案的“新七要素标准”，我们可以看到美国法院对适用标准不断反思和完善的过程，总体而言，是在探讨如何设定限制条件、防止该规则的滥用。例如 Owens Corning 案，在反思原有标准的基础上提出了新的适用标准，代表了美国法院严格限制适用实质合并规则的趋势，其中审理该案的第三巡回法院在裁判意见中提到：“实质合并会损害部分债权人的利益，其应当在严苛的条件下谨慎适用，且仅当破产法规定的其他救济措施不能很好地保障债权人公平受偿时，实质合并才可以作为债权人救济的最后手段适用”。[1] 然而，不可否认的是，适用标准仍然存在适用的争议，需要寄希望于法官根据具体情况衡平裁判。在我国，实质合并破产尚无立法，即使如法人人格否认一样纳入了立法当中，仍然需要依靠法官在个案中根据具体的情况来自由裁量。但是，实践中法官的素质参差不齐，对于案件的看法也会不一。尤其在我国这样一个成文法国家，缺少衡

〔1〕 徐阳光：《论关联企业实质合并破产》，载《中外法学》2017 年第 3 期。

平法的传统,将实质合并破产完全交由法官自由裁量会使得该规则的适用存在较大的不确定性。从保护关联企业全体债权人的利益出发,应该坚持"审慎适用"理念,对于适用的标准应该严格审查,只有在极特殊的情形下才能裁定适用。

经由上文分析,关联企业实质合并破产"审慎适用"之内涵可作如下解读:首先,在适用位阶上实质合并破产具有例外性,在其他破产法救济手段无法实现公平的极端情况下才能适用,严格控制实质合并破产的适用范围;其次,在适用标准上需要综合考量法人人格混同带来的清偿公平问题、破产程序的成本等因素,方能决定是否适用实质合并破产;再次,在适用范围上需要考量法人人格混同的范围,只适用于资产混同而具有实质一体性的主体;最后,在适用程序上实质合并破产具有衡平性和模糊性,高度依赖法官的自由裁量才能发挥实际的调整作用。

第二节　关联企业实质合并破产的裁判标准

实质合并是一项衡平规则,正如"根据案件事实来适用衡平权力"这句古老的谚语所言,其适用充满不确定性。在决定是否适用实质合并规则的案件中,法院经常采用两个或两个以上判例中的判断标准,但对这些先例缺乏整合;有的法院甚至根本不遵循先例而直接决定是否同意实质合并破产的申请,或者是即使决定适用实质合并规则也没有明确提及采用何种标准。对此,学界也有不同的声音,例如有学者认为:仅设定"法人人格高度混同"这一条件是不够完整的,并未涵盖可以适用实质合并破产规则的所有情形,建议应当将"非法或不当的利益转移或分配"或"法人人格高度混同"存在与否作为实体评判的两大核心要素。[1] 有学者从行为要件和结果要件确定是否适用实质合并规则,要求证明在行为上关联企业出现法人人格高度混同,并且结果上因关联企业的法人人格高度混同而严重损害外部债权人的利益。也有学者提出:关联企业是否适用实质合并规则,应该是综合判断的结果,其中需要考量公司法人人格是否高度混同、混同资产的分离是否需要耗费大量的经济成本与时间成本等因素。[2] 多元

---

〔1〕 参见朱黎:《论实质合并破产规则的统一适用——兼对最高人民法院司法解释征求意见稿的思考》,载《政治与法律》2014 年第 3 期。

〔2〕 参见徐阳光:《论关联企业实质合并破产》,载《中外法学》2017 年第 3 期。

化的适用标准固然能够为审判实践提供方便可行的操作指引，然而，正如美国学者所言，当前美国判例法中适用实质合并破产的标准非常复杂，其复杂程度远远超过了裁判所需，亟待简化。[1] 要改善这种局面，一方面需要对纷繁复杂的判断标准进行类型化的梳理和整合，以使其体系化从而减少适用上的混乱；另一方面则需要从实质合并破产规则本身的破产法属性出发，对各种适用标准做出适当的取舍。基于此，本节力图通过考察国内外相关的理论和实践，对现有实质合并破产案例中代表性标准的内涵及其适用进行类型化解析，同时对我国法院如何适用实质合并规则进行探讨。

一、实质合并破产裁判标准的类型分析

（一）法人人格高度混同

人格混同标准，又称为“另一个自我”（alter ego）标准，是指两个公司之间在所有权和利益方面高度一致，以至于已经停止其相互独立的存在，而子公司被降至作为母公司的“另一个自我”的地位。[2] “另一个自我”是关联企业经营过程中人格混同的极端表现，表明两个企业之间经营达到了实质的一体性。在美国，早期的实质合并源于公司法人人格否认法理，并逐渐演变成独立的破产法规则。与其他否认公司独立法人人格及其有限责任的规则一样，例如揭开公司面纱、衡平居次原则等，实质合并破产规则最初也是通过证明公司之间是“另一个自我”（alter ego）或者“工具”（instrumentality）关系来论证自身的合理性。因此，实质合并破产运用的“另一个自我”标准也分为两个阶段：第一阶段是直接引用刺破公司面纱的先例作为实质合并的判决依据。例如在美国著名的费舍尔诉伊斯特案（Fish v. East）中，法官总结了当中判断母子公司同一性的十个标准。[3] 在第二个阶段，实质合并逐渐发展成为独立的破产法规则，法院根据

---

〔1〕 Mary Elisabeth Kors, *Altered Egos: Deciphering Substantive Consolidation*, University of Pittsburgh Law Review, Vol. 59:2, p. 381 - 452(1998).

〔2〕 李永军：《民法总论》，法律出版社2006年版，第134页。

〔3〕 十个标准包括：一是母公司占有子公司的全部或者大部分股份；二是有共同的高级管理人员或者董事；三是母公司为子公司提供资金；四是子公司被母公司并购或者子公司是由母公司设立的；五是母公司对子公司的出资严重不足；六是母公司支付子公司的职工工资、日常费用或者填补子公司的损失；七是子公司缺少独立的业务；八是母公司将子公司视作一个部门或者是分支机构；九是母公司控制了子公司的董事或者是高级管理人员；十是母公司不遵守子公司作为独立法人的形式要件。See Conti, Joy Flowers, *An Analytical Model for Substantive Consolidation of Bankruptcy Cases*, Business Lawyer(ABA), Vol. 38:3, p. 855 - 866(1983).

破产实践提出了更加具有针对性的适用标准，经常采用清单列举的方式证明关联企业之间的“实质性一体”（substantial identity）的关系，从而裁定是否进行实质合并破产。例如在著名的维科建筑公司破产案（In re Vecco Construction Industries Inc.）中，法官提出了七要素标准。[1] 七要素标准在美国的实质合并破产裁定中得到广泛的应用，即使还有其他法院提出了类似的五要素、六要素、八要素或者十要素的裁量标准，但这些列举的“另一个自我”要素主要都是为了证明关联企业之间存在实质统一的关系。在美国破产判例中，“另一个自我”已经发展成为可以独立判断实质合并的标准。[2] 在联合国国际贸易法委员会制定的《破产企业集团对待办法》中，也列举了大量关于有利于证明关联企业之间的实质一体性的要素。[3] 在我国现有的实质合并破产案件中，绝大部分都以公司人格混同作为裁定的主要依据，并且主要从财产、人员、经营三个方面来判断公司人格是否混同，其中从财产角度来展开论证的最多。以浙江三联集团有限公司等十三家公司合并破产重整案的裁定书为例：“本院认为：公司是企业法人，有独立的法人财产，享有法人财产权，公司以其全部财产对公司的债务承担责任。当关联公司的财产无法区分，丧失独立人格时，就丧失了独立承担责任的基础。”[4]

（二）资产区分极端困难

资产区分极端困难是指关联企业的财务、业务、人员等高度混同，导致无法区分或者区分需要耗费大量的时间和费用，从而不利于债权人清偿利益的实现。虽然分离困难只是支持实质合并的一个因素，但它也被独立适用、有时甚

---

〔1〕 七个要素包括：一是集团间的财务报表是否具有合并现象；二是合并后的集团的盈利能力；三是区分单独公司财产以及债务的难易程度；四是集团中不同公司所有者结构以及利益的关联程度；五是不同公司间的营业以及资产的混同情况；六是不同公司间是否具有违规的资产转移现象；七是不同公司间是否进行了债务担保。See Conti, Joy Flowers, *An Analytical Model for Substantive Consolidation of Bankruptcy Cases*, Business Lawyer（ABA）, Vol. 38:3, p. 858（1983）.

〔2〕 Mary Elisabeth Kors, *Altered Egos: Deciphering Substantive Consolidation*, University of Pittsburgh Law Review, Vol. 59:2, p. 381（1998）.

〔3〕 其中包括：出具集团有合并财务报表；集团所有成员合用一个银行账户；集团成员之间利益和所有权的统一；对个别资产和负债进行分离的难度；存在集团内贷款以及贷款的交叉担保；资产或经营业务的混合；集团成员为图便捷不遵守适当的交易手续而相互转移资产或调拨资金的程度；资本的充足情况；指定共同的董事或高级管理人员和举行董事会联合会议；共同营业地等。参见联合国国际贸易法委员会：《贸易法委员会破产法立法指南——第三部分：破产企业集团对待办法》，第62页。

〔4〕 浙江省金华市婺城区人民法院民事裁定书，（2015）金婺破字第8、9、10、12、14、17、18、19、20、21号；（2016）浙0702民破4、5、6号。

至是唯一的实质合并的衡量标准。[1] 法院在裁判实质合并的过程中,并非分离困难就一定要实质合并,而是要求实质合并的支持者必须证明资产分离无法实现或者成本巨大,以至于独立破产会损害全体债权人的清偿利益。但是,若反对实质合并的债权人能够证明其对应的特定债务人的资产和负债与其他债务人完全分离,法院则可能会拒绝合并该债务人。[2] 并非关联企业之间存在人格混同就必然适用实质合并规则,从维护法人人格制度的角度来说,应该设法将混同的人格恢复为独立的人格从而分别进行破产清偿,这无疑是最理想的状态。若财产的分离和恢复原状是完全可能并且耗资较低的,那么适用实质合并破产规则就未必符合多数债权人的利益。因此,只有在人格混同的分离十分困难或者耗费巨大时,实质合并规则作为一种现实中的最优选择方才有其适用的空间。

在美国的判例实践中,一直将区分关联企业资产的困难程度作为裁定实质合并的关键性要素。该标准确立于美国纽约化学银行诉基尔案(Chemical Bank v. Kheel)(1966 年),法院认为:“当严格区分关联公司界限的难度达到令人绝望的程度,并且为此花费巨大的时间成本和金钱成本到足以损害债权人利益时,将关联企业视作一个破产主体可以最大程度地接近正义。”维科建筑公司破产案(In re Vecco Construction Industries, Inc.)(1980 年)确立了著名的“七要素标准”,其中一个要素便是“确定企业的独立财产和负债的难易程度”,体现了对债权人收益的考量,正如判决中所言:“尽管许多实质合并破产案件的裁判考量可以得出公司法人人格否认的结论,但这并非必然的结果。当公司集团内部彼此间的经济联系达到令人绝望的模糊程度,并且试图将这些经济联系区分开来所花费的必需时间和费用十分巨大,以至于将极大减损到用以清偿所有债权人的净资产之时,则无需考虑任何刺破公司面纱的问题”。[3] 在唐纳德·沃克房地产公司破产案(In re DRW Property Co.)中,82 家企业合并的支持者认为,为债务实体的关系解压的费用将消耗所有可用于清偿债权人的资产。尽管专家证词指出,要将债务人的账簿和记录分开,将需要另外 6 个月的审计工作,费用约 200 万美元,但法院认为,会计困难的问题还不足以引起实质性合并的次序。

---

[1] Mary Elisabeth Kors, *Altered Egos: Deciphering Substantive Consolidation*, University of Pittsburgh Law Review, Vol. 59:2, p. 406 – 407 (1998).

[2] See Flora Mir, 432 F. 2d at 1063.

[3] In re Vecco Construction Industries, Inc., 4. Bankr (Bankr. E. D. Va. 1980).

因此,仅以会计困难为基础的合并理由不足以在债权人的信赖利益受到威胁时援引实质性合并。[1] 综上所述,美国法院的合并裁定通常基于这样一个事实:把实体区分开来需要耗费巨大的成本,甚至是不可能的。

在联合国国际贸易法委员会制定的《破产企业集团对待办法》中也将资产分离难度作为可以下令实质合并的主要情况之一,在其中指出:“法院确信企业集团成员的资产和债务相互混合,以至没有过度的费用或迟延就无法分清资产所有权和债务责任”。[2] 而在我国现有的实质合并破产案件中,资产分离的困难程度也是裁量实质合并破产的关键。例如扬州长润运豪船业有限公司合并破产清算案,法院在民事裁定书中论述道:“本院认为,长润运豪公司与长润船厂属关联企业,两企业之间存在高度的财产、人员和业务混同,在破产程序中无法强行进行分离,也无法单独对财产进行处置供债权人分配,故需要将两个债务人的财产和债务进行合并”[3]。

(三)债权人的收益衡量

对于债权人收益标准,理论界和实务界总结了两种情形:一是实质合并将使所有债权人获益,二是实质合并对大部分债权人有利,即债权人整体收益。相较而言,后者更为常见,但需要法官对实质合并带来的损害进行权衡,再作出公平合理的裁判。[4] 实质合并破产的收益主要来自两方面:一方面是从破产管理的利益角度衡量,合并能够节省区分混同财产的成本,降低破产管理费用,从而给债权人带来收益;另一方面是从资产的配套价值的角度看,合并有助于关联企业整体价值的保留和提升,使债权人获益更多。美国的自动化火车公司破产案(In re Auto - Train Corporation, Inc.)确立了利益平衡(Balancing Test)规则,支持实质合并的债权人除了要证明关联企业之间的实质一体的身份,还需要证明实质合并可以“避免一些损害或实现一些利益”,法院在此基础上进行利益衡量,裁定是否进行实质合并破产。

作为概括清偿程序,破产实际上是对企业剩余利益的分配,而分配的依据是企业经营过程中所形成的债权的性质。不同债权包含一定的市场估值和交

---

〔1〕 Gilbert, J. Stephen, *Substantive Consolidation in Bankruptcy: A Primer*, Vanderbit Law Review, Vol. 43, p. 212(1990).

〔2〕 联合国国际贸易法委员会:《贸易法委员会破产法立法指南——第三部分:破产企业集团对待办法》,第71-72页。

〔3〕 江苏省仪征市中级人民法院民事裁定书,(2016)苏1081民破2-2号。

〔4〕 参见王欣新:《破产法前沿问题思辨》(下册),法律出版社2017年版,第350页。

易预期,代表着不同的利益形态。然而,实质合并破产对关联企业债权人的利益影响是巨大的。债权人对他们债务人的分离独立的信赖是很重要的,因为自愿的债权人会评估借款给特定债务人的风险,并相应地调整借贷协议的条款。合并可能会通过创造一个债权人必须赖以获取款项的新的实体来摧毁这一风险评估的基础。如果一个具有偿付能力的子公司与其不具有偿付能力的母公司进行合并,则该子公司的债权人将面临其请求的投资回报率下降的局面,因为子公司的资产必须被用来同时满足该子公司和其母公司债权人的索赔请求。即使在合并之后更多的威胁是来自于破产程序对优先索偿的承认,相对较贫穷的公司的优先债权人比起相对较富有的公司的一般债权人,将优先得到赔偿。因此,如果贷款给特定实体的债权人被强制与合并实体的债权人共享资产,则该债权人可能不会得到预期的回报。所以,法院尊重并推进公平对待债权人的破产政策,并且如若实质合并不允许这些债权人受益于他们的交易,则法院将不会开展实质合并。

(四)基于重整需要考量

重整需要标准是指为了保障关联企业的挽救成功而适用实质合并破产规则。[1] 关联企业作为一个经营上的体系,内部具有资源优化配置的功能,因而可能存在一种整体价值。将一个经济事实为整体的企业进行拆分,并不利于重整效率的提高。众所周知,关联企业在经营目标、经营管理以及资金调配方面存在协作关系,例如产业链的上下游企业、同一项目的协同企业等。合并重整不仅可以减少资产区分的成本,提高破产工作效率,而且有助于重整计划的制定和实施。通过合并重整,能够整合关联企业的资产,从而有助于吸引投资者,制定更为可行的重整方案,提高重整的成功率。在美国,《美国破产法》第1123条第(a)(5)(c)款规定:法院可以采用必要的手段促进重整计划的实施,包括“将一个或多个债务人进行合并”。具体而言,债务人可以提出实质合并重整计划,由债权人对该计划进行表决,从而批准实质合并。反对实质合并的债权人必须在重整计划确认的听证会期间及时提出异议。由于企业集团的增长和关联公司数量的增加,更多的重整可能会涉及实质合并。在美国的斯威特沃特牲畜公司破产案(In re Ruti - Sweetwater Inc.)中,由于债权人在破产法院没有对

---

〔1〕 参见王欣新:《破产法前沿问题思辨》(下册),法律出版社2017年版,第351页。

实质合并提出反对意见，在上诉中该债权人被排除出提出反对意见的行列。[1]在我国，实质合并破产的案件大部分为实质合并重整类型，其中实质合并的裁判理由中多将重整需要作为主要标准之一。例如浙江三联集团有限公司等十三家公司合并破产重整案的裁定书认为："现十三家'三联系'企业均已进入重整程序，为依法公平保护各方当事人的合法利益，提高效率，同意管理人提出将以上十三家公司合并破产重整的申请。"[2]

（五）债权人的合理信赖

债权人信赖标准（Creditor Reliance）是指在判断是否进行实质合并破产时，破产债权人需举证证明其与破产债务人在建立债权债务关系时，是将关联企业视为法人人格分别独立的主体还是统一的整体；如果是前者，则可排除适用实质合并，后者则可支持适用。信赖是指当事人相信要约或合同而为准备签订合同、签订合同、准备履行合同或履行合同的行为（包括作为和不作为）所导致的财产减少和与他人订约机会的丧失。[3] 为维护正常的交易秩序，法律保护债权人在建立合同关系时的信赖利益。[4] 在实质合并破产的判断过程中，支持或反对适用的一方的举证必须符合两个要求：[5]其一，必须证明是真实地信赖。这一要求排除了侵权和法定索赔人这两类非自愿债权人，因为他们实际上不需要信赖而成为债权人。即使是合同之债的债权人，也不仅仅信赖经济实质的外表，而是必须真实地信赖其主体外观。实践中信赖通常被提及，但常常被质疑。其二，必须证明是合理地信赖。原告本应注意与之交易的主体虽不同但实际有联系，法院将驳回其诉求。自愿的合同债权人有充分的机会调查公司的状况，如果只要合理的调查就可以揭示事实的真实情况，法院也将拒绝救济。因此，债权人必须是真实地、合理地信赖法律上不同的实质是一个合法主体，这样才可作为实质合并破产的依据。通过保护债权人预期，实质合并不仅反映了债权

---

〔1〕 See Gilbert, J. Stephen, *Substantive Consolidation in Bankruptcy: A Primer*, Vanderbit Law Review, Vol. 43, p. 236(1990).

〔2〕 浙江省金华市婺城区人民法院民事裁定书，（2015）金婺破字第8、9、10、12、14、17、18、19、20、21号；（2016）浙0702民破4、5、6号。

〔3〕 参见马新彦：《信赖与信赖利益考》，载《法律科学（西北政法学院学报）》2000年第3期。

〔4〕 美国法院将实质合并规则中的债权人信赖（Creditor Reliance）标准限定适用在基于合同产生的债权人，而侵权之债和法定之债是排除在外的，因为这些债权人之所以成为债权人不信赖任何其他因素。参见徐阳光：《论关联企业实质合并破产》，载《中外法学》2017年第3期。

〔5〕 Mary Elisabeth Kors, *Altered Egos: Deciphering Substantive Consolidation*, University of Pittsburgh Law Review, Vol. 59:2, p. 418 - 419(1998).

人之间的真实交易,同时并没有削弱法律的确定性。在美国的纽约化学银行诉基尔案(Chemical Bank v. Kheel)中,接受上诉的第二巡回法院在裁定中认为:需要严格限制实质合并的适用,因为这会不可避免地损害信赖债务人法人人格独立的个体之利益。在美国的自动化火车公司破产案(In re Auto - Train Corporation, Inc.)(1987 年)中,哥伦比亚上诉法院提出了实质合并的三要素标准,其中一个要素是:如果部分债权人反对实质合并则必须举证证明"他们在交易时,所依据的是单个公司的信用,且他们会因为实质合并而受到不公正的待遇"。在该案中,法院开创性地将债权人当初与债务人交易时是否依据单个公司的信用作为实质合并适用的要件之一,实际上限制了实质合并规则的适用范围,对后续判例产生了深远的影响。在美国的奥吉尔/雷斯蒂沃案(Augiel/Restivo)(1988 年)中第二巡回法院在上诉裁定中总结了两个要素标准,其中一个即为债权人与债务人交易时是将各关联实质视为同一实质,还是基于对方的独立法人地位进行的交易。如果债权人与一个分开的独立实质(或整体)建立信用关系,并根据这个信赖来设定利息和其他条款,那么,实质合并可能会剥夺债权人自主协商的利益,从而损害资本市场的效率。[1] 在美国的特拉华州欧文斯科宁案(In re Owens Corning)(2005 年)中,美国第三巡回法院认为,在判断是否符合实质合并标准时,实质合并的申请者必须证明:其一,债权人在与债务人企业成员交易时相信对方是一个不可分割的整体;其二,债权人事实上合理地相信了这种不可分割的状态。上述标志性案例所创设的标准都不同程度强调了对债权人信赖利益的保护,体现了破产法对信用市场的维护。

二、实质合并破产裁判标准的司法选择

当前,我国实质合并破产规则适用的标准呈现单一和混乱的特点,并且缺少对异议债权人的回应,使这一规则的适用存在较大的不确定性,容易引发社会争议。作为一个成文法国家,我国缺少衡平裁判的司法传统,亟须将实质合并破产规则的适用标准纳入立法当中,以指导破产实践。从前文分析可知,司法实践中的标准呈现多元化,并且各类标准都存在一定的合理性和适用空间,如何整合这些具体标准,确定其司法适用的限度,是我国进行相关立法必须解决的现实问题。学界对实质合并破产的裁判标准已有探讨,例如有学者列举了

---

[1] Mary Elisabeth Kors, *Altered Egos: Deciphering Substantive Consolidation*, University of Pittsburgh Law Review, Vol. 59:2, p. 407 - 408 (1998).

“可以适用实质合并的情形包括五类:法人人格混同;欺诈;债权人收益更大化;重整需要;债权人信赖利益等其他情形不能构成独立的适用标准”。[1] 也有学者提出:“我国将关联企业破产实体合并标准从现有的单一裁定标准扩展为包含资产分离困难标准、破产管理收益标准与债权人期待标准的综合标准,从而更好地发挥实体合并制度在解决公司集团破产问题方面的制度功能。”[2]本文认为,实质合并破产是一个综合衡量的结果,裁定的标准不应局限于单一的人格混同标准,而应以人格混同标准为核心,结合信赖利益标准、债权人收益标准、重整需要标准等内容的标准体系进行裁判。具体可从以下维度进行衡量:

第一,从规则价值维度来看,通过综合性的标准体系确保实质合并破产规则适用符合预期的价值取向。实质合并破产规则的首要价值是实现债权人清偿的公平,次要价值是能够提升破产效率。一般而言,“人格混同标准”导致关联企业债权人清偿不公,是适用实质合并破产的核心标准。然而,单一的“人格混同标准”缺少对部分异议债权人的回应,例如对关联企业独立法人人格具有合理的期待利益的债权人,如果不保护这类主体的利益,简单以人格混同为由实质合并破产,容易引发质疑。此外,债权人收益标准、资产区分困难标准的适用都可以增加实质合并破产适用的合理性,获得更多债权人的支持。另外,实质合并有利于关联企业的重整成功,不仅提高关联企业债权人的清偿率,同时带来经济稳定和社会稳定的效益。虽然关联企业并未完全达到“人格混同标准”的所有要件,但完全可以合并重整有利于全体债权人利益实现为由,裁定实质合并破产。

第二,从利益平衡维度来看,通过综合性的标准体系实现关联企业债权人之间的利益平衡。实质合并破产的目标是平衡债权人利益,但是,在适用过程中却需面对潜在的利益冲突。多元化的标准体系可以从多个角度衡量关联企业破产的利益冲突,达致一种利益的均衡,从而实现实质合并破产的公平和效率价值。首先,关联企业人格混同导致关联企业债权人之间分配不公,而实质合并是实现整体分配公平的手段,故“人格混同标准”是裁定实质合并的核心标准。但是,人格混同并不足以平衡所有债权人利益,资产区分的困难程度、合并破产带来的债权人收益等情况都是法官需要考量的因素,关系到所有债权人的

---

[1] 参见王欣新:《关联企业实质合并破产标准研究》,载《法律适用(司法案例)》2017年第8期。

[2] 参见贺丹:《破产实质合并司法裁判标准反思——一个比较的视角》,载《中国政法大学学报》2017年第3期。

利益。其次,信赖利益是债权人正当利益,考量“债权人期待利益”有助于保护债权人预期,缓解法人人格制度与实质合并破产规则之间的利益冲突。[1] 具体而言,对于能够举证证明合理地信赖关联公司成员法人人格独立而与之交易的,应该排除在实质合并的范围之外。最后,重整需要标准在提高重整成功率方面能够发挥作用,有助于实现债务人挽救,同时提升债务清偿率,实现破产当事人利益和社会利益的平衡。

第三,从司法实践维度来看,通过综合性标准适应复杂的和不断发展的司法实践需要。从适用标准的主要类型看,现有的实质合并破产标准仍然较为原则和抽象,需要法官根据实践的变化具体考量相关因素。例如资产区分困难标准作为人格混同的补充性标准,需根据公司资产的具体情况而定;从实践的发展看,关联公司滥用法人人格的行为样态在不断变化,故实质合并破产的标准也需不断调整。即使在美国,自实质合并规则产生以来,其适用的标准仍然在不断演变。而在我国这样一个成文法国家,在设定原则性标准的基础上,需要赋予法官适当的自由裁量权;在把握“法人人格混同”的基础上,根据具体案情适用其他标准,同时考量新的因素,以提升裁判的合理性和正当性。综上所述,综合性标准更具可操作性,同时能够适当保持开放性。

三、排除适用实质合并破产的部分债权

一般而言,将关联企业全部进行实质合并的激进做法在现实中是较少见的,而出于公平考虑,其他有关各方的合法利益应予以适当考虑。因此,相比全部实质合并,部分实质合并成为现实做法。所谓部分实质合并(Partial Substantive Consolidation),即为把某些资产或债权排除在外的有限度的实质合并令。[2] 其中包括两种具体的做法:一种做法是可以将合并限定于相互混合的资产和负债,而将所有权明晰的资产排除在外;另一种做法是,若债权人会由于实质合并破产而遭受损害,则把一部分财产排除在实质合并之外,故而合并不扩张到合并会带来不公的那些财产和债权人。在美国的判例法实践中,部分实质

---

〔1〕 参见贺丹:《破产实质合并司法裁判标准反思——一个比较的视角》,载《中国政法大学学报》2017年第3期。

〔2〕 Henry Peter, *Insolvency in a Group of Companies, Substantive and Procedural Consolidation: When and How?*, Genf: Schulthess, 2006, p. 200.

合并包括但不限于以下考虑因素：[1]其一，合并有可能仅仅扩大到无担保债权人，而非信赖公司集团成员独立地位的有担保债权人；其二，若合并扩大到集团没有破产的公司，它仅仅能在为了实现这些未破产成员最大程度公平时方能适用，也就是说，实质合并不能威胁还没有破产附属公司的债权人之权利；其三，合并可能会因为资产稀释过度的影响而被“微调”，例如在World Com案中，相较于合并，World Com的附属公司MCI的资产状况更加健康，所以它的债权人不同意实质合并，认为对它的救济应当满足上述实际情况，由此，最后得出了一个解决问题的方案，MCI的债权人获得比其他World Com债权人更多的清偿；其四，母公司可能被要求对其漠视附属公司的行为承担责任，所以实质合并不能扩大到附属公司的资产；其五，若部分财产属于特定的那些公司而没有任何争议，只有另外的一些财产彻底混同，则合并就仅仅只能局限在严重混同的那部分资产；其六，合并可能会有利于小额债权人。具言之，部分合并可以运用如下手段：在有担保债权人已经依赖于单一实质原则的基础上，仅仅对无担保债权人采用合并令；对合并令之范畴予以拓展，仅仅适用于具有还债资质和能力的集团公司的资产净额，以期对还具有还债能力的债权人不构成消极影响；要求母公司仅仅对没有偿债能力集团成员的资产负净额肩负责任，以对上述公司的资产和财产不构成消极影响；将合并的范畴局限于被混合的负债以及资产，而排除那些所有权关系明确的资产。对此，《破产企业集团对待办法》也列举了可以排除在实质性合并令之外的情况。这些情形可能包括：某些特定资产的所有权易于识别，或集团合并成员的部分经营活动因不涉及欺诈图谋而可分离开来；在实质性合并令中包括某些资产可能导致欺诈图谋的后果更为严重；或出现累赘资产，例如涉及环境赔偿责任的资产难以管理或管理费用太高。[2] 综上所述，判断是否适用实质合并破产并非一个“非此即彼”的选择，而是可以通过排除部分无须纳入的情形，从而增强适用实质合并破产的合法性和合理性。

四、严格限制将非破产主体纳入实质合并破产的范围

对于能否将非破产主体纳入实质合并破产的范围，实践中存在较大争议。

---

〔1〕 Bowling, Scott R, *Substantive Consolidation and Parties' Incentives In Chapter* 11 *Proceedings*, New York University Annual Survey of American Law, Vol. 66:2, p. 341 – 370(2010).

〔2〕 参见联合国国际贸易法委员会：《贸易法委员会破产法立法指南——第三部分：破产企业集团对待办法》，第70页。

在美国,由于将债务人与非破产债务人的实质合并可能会违反特别规定的非自愿破产程序,实践中呈现两种不同的做法:有些法官对债务人与非债务人实质合并持反对态度,例如无担保债权人官方委员会诉圣保罗和明尼阿波利斯大主教管区案。[1] 有些法官在特定情况下将债务人与非债务人实质合并,但标准比一般的债务人合并破产更严格,例如 Bonham 公司破产案[2],美国第九巡回法院采用了 Augie/Restivo 案测试方法,要求证明债务人与非债务人在财务上是密不可分的。[3] 因此,将非债务人纳入实质合并并非不可行,而是应当设置严格的条件:一方面,要证明债务人和非债务人实体是无法区分的整体;另一方面,要证明非债务人实体的债权人利益不会受到损害。而实践中较少将非债务人纳入,其原因是申请方在证明这些实体实质混同以及没有债权人会受到损害方面面临苛刻的负担。[4]

对此,我国可借鉴联合国国际贸易法委员会的立法建议,在立法上明确允许将非破产主体纳入实质合并破产的范围,但限于“资产混合或该法律实体为虚假实体或涉嫌欺诈图谋”三种情形。[5] 一方面,在上述三种情况下,虽然部分企业尚不具备直接的破产原因,但未破产的实体本质上属于关联企业破产财产的一部分,从总体上考量,理应将其纳入清偿财产的范围,唯有如此才能实现公平清偿的价值。对此,我国司法实践中已经有多起案例的裁判采纳此种观点,例如在海航集团实质合并重整案中,针对“海航集团等 321 家公司是否存在法定破产原因的问题”,海南高级人民法院认为:“根据本案查明的事实,海航集团等 321 家公司在运营过程中,并没有遵循《中华人民共和国公司法》规定的独立治理制度,股东会、董事会和监事会形同虚设,单个公司目前的资产和负债状况并非股东出资、公司独立运营的客观结果,不能反映每个公司真实的资产及负债情况。在海航集团等 321 家公司的破产原因认定上,应坚持整体认定的原则。根据安永海南分公司出具的《偿债能力分析意见》,截至 2020 年 12 月 31 日,海航集团等 321 家公司总体资产已不足以清偿其总体负债,已明显缺乏清

---

[1] Official Committee of Unsecured Creditors v. The Archdiocese of Saint Paul and Minneapolis, 562 B. R. at 876 – 877.

[2] See In re Bonham, 229 F. 3d at 766.

[3] See In re Lease – a – Fleet, Inc., 141 B. R. 869, 872 – 73 (Bankr. E. D. Pa. 1992)

[4] Eileen Ornousky, Substantive Consolidation of Debtor and Non – Debtor Entities, 9 ST. JOHN'S BANKR. RESEARCH LIBR. NO. 20 (2017), p. 7.

[5] 参见联合国国际贸易法委员会:《贸易法委员会破产法立法指南——第三部分:破产企业集团对待办法》,第 61 页。

偿能力，符合《中华人民共和国企业破产法》第二条规定之情形。在海航集团等321家公司整体具备破产重整法定原因的情形下，本院对利害关系人有关海航集团等321家公司中部分公司资产大于负债、不具备破产原因的异议，不予采纳"[1]。另一方面，我国企业破产奉行"申请主义"，如果直接将一个尚未申请破产的主体直接纳入实质合并破产的范围相当于法院依职权启动了该企业的破产程序，可能会带来突破破产法"申请主义"的质疑，因此，对于此种做法应严格限制，以防止司法权对私权的侵蚀。

第三节　关联企业实质合并破产的裁判程序

关联企业破产涉及复杂的债权人利益问题，而实质合并破产规则的适用本身就是一个利益衡平问题。为了防止实质合并破产规则的滥用，确保实质合并破产能够真正实现整体债权人的公平清偿，设置合理的程序成为必要。正如联合国国际贸易法委员会制定的《破产企业集团对待办法》中所建议的："虽然在有些国家，法院可以自行下令进行实质性合并，但由于这类命令将会产生严重影响，必须保证程序公正和公平，让利益攸关方有机会发表意见并对这类命令提出异议。"[2]因此，应该在"审慎适用"的理念下，致力于构建衡平性的关联企业实质合并破产程序，具体包含畅通的债权人利益反馈程序、合理的举证责任分配、完备的异议债权人救济渠道。

一、实质合并破产的举证责任分配

有德国学者曾经说过："证明责任规则对当事人也间接地具有实质法的意义，因为它规定了不能证明的情形中，诉讼外的给付风险和责任风险，因而构成一种次要的实质法归属规范，并也以此辅助性地包含了当事人的行为规范。"证明责任的分配虽然是一个程序问题，但关乎当事人实体权利的实现。一般而言，诉讼中的举证责任是由具体案件的性质所决定的。在破产案件中，债权人或债务人向法院申请启动破产程序，需要举证证明达到破产要求。以债权人的

〔1〕 海南省高级人民法院民事裁定书，(2021)琼破1号。

〔2〕 联合国国际贸易法委员会：《贸易法委员会破产法立法指南——第三部分：破产企业集团对待办法》，第64页。

申请为例,债权人至少需承担以下两方面的举证责任:一是债权人与债务人之间存在债权债务关系,二是债务人不能清偿到期债务的事实。适用实质合并破产规则是破产案件中的特殊问题,需结合当事人的举证能力进行合理的分配。

(一)举证责任的观点

在美国的实质合并破产判例实践中,逐渐形成了具有代表性的"两阶段模式"。具言之,为了便于实质合并破产的启动,美国法院采取了减轻申请人举证责任的做法,刚开始申请人只需提出证明关联企业债权之表面效力的初步证据,之后由关联企业就其"善意且行为符合'公平'"承担举证责任。[1]

在德国,鉴于关联企业之间的复杂关系,由原告证明控制企业对从属企业的干预较为困难,且具有较高的成本,故而德国联邦法院运用法官造法的方式,为了实现公平和效率,创设了"推定的关联企业"学说。根据该学说,若法院在破产案件审理中认为关联企业中的控制企业具有较强的控制力并具有不利的影响,则推定该控制企业对其他关联企业施加了过度的操控行为。此时若控制企业无法证明各个企业之间独立的地位,则推定这些关联企业适宜进入合并破产程序。简言之,即把举证责任主要施加于控制企业,由控制企业证明其对其他成员的控制是合法的和正当的。[2]

由此可知,美国和德国事实上皆采取了"举证责任倒置"的举证规则,即由债权人或其他申请人提出合并审理的初步证据,而由控制企业主要证明各个企业的独立性。如此规定,主要是考虑关联企业之间的关系不容易为外界所知而引发信息不对称的现象。举证责任倒置可以适当减轻申请人尤其是债权人的诉讼负担,保证实质合并程序的顺利进行,因而我国可以适当借鉴。

(二)举证责任的分配

我国《民事诉讼法》确立了"谁主张,谁举证"的举证责任的基本分配原则,即原则上应当由主张权利的一方举证证明,否则承担诉讼的不利后果。有关实质合并破产案件的举证责任分配,我国《民事诉讼法》等相关法规尚未作出相应规定,本书认为,法院对实质合并破产案件应根据具体情形确定采用"谁主张,谁举证"规则和举证责任倒置规则相结合的方式。其中,采用举证责任倒置规

---

〔1〕 参见侯国跃、陆登鸿:《关联企业合并重整之探讨》,载中国清算网 2016 年 12 月 12 日,http://www.ebra.org.cn/news/detail/4653_1.html。

〔2〕 参见孙晓敏:《关联企业破产法律责任分析与制度构建》,载王欣新、尹正友主编:《破产法论坛》第 2 辑,法律出版社 2009 年版,第 303 页。

则的主要原因为:其一,有助于保护债权人利益。在关联企业的语境下,债务人和破产管理人掌握信息,而债权人信息不对称,举证困难。基于此,实质合并破产的举证责任,应该由债权人提供初步证据证明,然后将证明责任转移至关联公司及控制股东,由被合并的关联公司相关利益主体排除合理怀疑。若根据“谁主张,谁举证”的规则,要求债权人举证证明关联企业人格高度混同往往难以实现,债权人也有可能因举证成本昂贵而被迫放弃追偿,更助长了关联企业滥用其法人独立人格地位和通过关联企业合并将债务责任完全转嫁给债权人和社会的不当之风。其二,控制公司比较容易举证。对于关联企业的实际运行情况,外部债权人往往难以获得全面的信息,因此,由债权人举证证明关联企业之间的过度控制关系显然是难以实现的。相反,关联企业中的控制公司了解整个企业集团的经营状况,举证证明自身没有发生“过度”控制的事实显得更为合理。

值得注意的是,适用举证责任倒置的情形并不代表原告无须负任何举证责任。如果当事人申请适用实质合并破产规则,则需要初步举证证明关联企业人格混同的事实。在初步证明关联企业之间存在人格混同,分别破产损害债权人利益的情况下,考虑到申请人的举证能力再适用举证责任倒置规则,有利于合理分配举证责任,确保实质合并规则的准确适用。具言之,对于举证责任的分配规则,应依据实质合并模式不同而区别对待:

第一,对于“先行合并,再行破产”模式,可借鉴德国“推定的关联企业”做法,即首先由法院推定对关联企业适用实质合并规则,若控制企业反对适用实质合并破产规则,则反对适用的控制企业债权人应举证证明控制企业与从属企业之间并不存在资产、财务、人员等人格混同的情形;若从属企业反对,同理,则由反对适用的从属企业债权人证明。这种模式要求反对实质合并的债权人证明所对应的企业是一个独立的法人,并不存在人格混同的情形,这对于债权人提出了较高的举证要求。

第二,对于“分别破产,再行合并”以及“部分破产,再行并入”模式,若由管理人提出实质合并申请,则直接适用“谁主张,谁举证”的举证规则。因为管理人在这两模式中皆从一开始即介入企业破产中,对企业具有关联关系实质合并的证据有着一定程度的把握,在举证时不会因处于信息弱势而面临太多阻碍,故而可直接适用“谁主张,谁举证”的举证规则。但是,若由债权人提出实质合并请求,则应因债权人身份的不同而实施不同的举证责任规则。当关联企业先后进入破产程序之时,企业的债权人会从自身利益出发,决定是否举证反对或支持实质合并破产。然而,由于关联企业之间存在控制企业与从属企业之分,经济地位的不同决定其在经营过程中地位并不相同。如果实质合并破产对于控制企业债权人较为有利,则控制企业的债权人会为了更高的清偿比例而举证,并且因控制企业的身份优势会更加容易。反之,如果实质合并破产对于从属企业债权人更为有利时,其举证则面临更多困难。本来从属企业就处于弱势地位,再加上控制企业会有所干预,如此,从属企业的债权人要对不正当关联交易行为的存在进行举证就会显得非常困难,甚至举证成功的概率几乎为零。所以,在控制企业破产财产多而从属企业破产财产少时,举证的主要责任在于控制企业,即先由从属企业的债权人对实质合并的初步证据进行举证,而后控制企业及其债权人应对前述行为不存在进行积极举证。

此外,当债权人申请实质合并的理由为信赖利益被损害,则亦应遵循举证责任倒置规则,采用分阶段举证方式。即先由申请适用实质合并规则的当事人证明公司忽视为债权人创造契约期待,以致他们将债务人与其他实质视为一个无法区分的整体。需要注意的是,债权人的信赖必须是现实的和合理的。债权人必须证明在破产申请之前的交易过程中,他们实际上合理地信赖债务人和其他实质是一个整体。其后由反对实质合并的债权人举证反驳上述表面证据(prima facial evidence),只要他们能够证明他们受到实质合并的不利影响并且实际信赖债务人和其他实质的独立存在。[1]

二、实质合并破产裁判的前置程序

在启动程序上,法院该如何裁定实质合并破产,理论界众说纷纭,实务界也做法不一。其中,最关键的问题无非是法院裁定与债权人自治之间的关系如何处理。在我国,现有实质合并破产的案例大多在法院裁定之前进行了债权人会议表决、债权人听证等程序,充分吸取债权人的意见来作出裁判。但是,由于没有立法规定,是否必须进行上述程序方能裁定并无定论,全靠法院自由裁量。实质合并破产涉及关联企业外部不同类型债权人的利益,而实质合并破产规则的适用本身就是一个利益衡量问题。为了防止实质合并破产规则的滥用,确保实质合并破产能够真正实现整体债权人的公平清偿,设置债权人利益的反馈渠

---

〔1〕 Blasses, William C., *Redefining into Reality: Substantive Consolidation of Parent Corporations and Subsidiaries*, Emory Bankruptcy Developments Journal, Vol. 24, p. 475 (2008).

道有其必要性和合理性。但是,由于关联企业债权人利益冲突的存在,完全由债权人自治将出现“集体行动困难”,不利于实质合并整体公平和效率的实现。综上所述,实质合并破产的裁定既要设置债权人会议决议等前置程序,将其作为法院裁定的依据,同时,仍然需要赋予法院强制裁定的权力,以实现实质合并的价值目标。

(一)债权人会议的表决

债权人会议是债权人全体参加破产程序的意思自治机关,它依法对破产程序中的专门机构实施监督,通过调查债权以平衡债权人之间的利害关系,同债务人进行和解而为债权人取得妥协利益,并具体决定债务人财产的管理方法。[1] 债权人会议作为债权人的意思自治机关,有权决定通过重整计划、破产财产分配方案、更换管理人等事项,其设立目的在于保护债权人自身利益。是否适用实质合并破产规则涉及全体债权人的利益,故提交债权人会议表决有助于反映债权人利益诉求。实质合并破产的重整方案、清算方案、和解方案应由包含全体关联企业的债权人会议表决,而表决结果是债权人利益诉求的反映,可以作为法院裁定的依据,衡量各方利益。为了准确、充分反映债权人利益诉求,债权人会议的组织、表决方式、表决程序等规则需要科学化设置,以保证表决的公开、公平、公正。就债权人会议的组织而言,可以参照《企业破产法》第14条、第63条等相关规定,即人民法院应当自裁定受理破产申请之日起25日内通知已知债权人,并予以公告;公告的内容应包括第一次债权人会议召开的具体时间和具体地点;召开债权人会议,管理人应当提前15日通知相关债权人。至于通知方式,可以根据相关债权人的具体人数、地域分布及通知效果,采取电话、公告或书面通知等多种方式,尽可能通知到本人。至于表决方式,可以参照《企业破产法》第64条第1款之规定,“债权人会议的决议,由出席会议的有表决权的债权人过半数通过,并且其所代表的债权额占无财产担保债权总额的二分之一以上”。不仅由单个企业的债权人会议表决,而且各关联企业的债权人会议均需表决。对于债权人会议的表决,法院应加强引导与监督。

但应当注意的是,从关联企业破产这一具体情况来看,关联企业破产的时候其各公司之间大部分存在着人格混同或者其他关联关系,几个关联企业之间的债权人可能会存在很多重合的部分,这样债权分配就会存在多少之分。如果

[1] 参见邹海林:《破产法——程序理念与制度结构解析》,中国社会科学出版社2016年版,第199页。

这种时候还是将关联企业实质合并的申请权利交给债权人会议，会存在债权人之间无法协商一致而导致债权人会议无法作出决定或搁置的情况，这无形之中反而增加了债权人的各种成本。同时，债权人的非专业性会使得在作决定的时候缺乏效率性和准确性。虽然债权人会议是保护债权人权益的机构，但从债权人的专业性以及“集体行动困难”的角度来说，召开债权人会议会在司法实践中为实质合并程序的启动带来一定的阻碍和困难。

（二）债权人听证会的反馈

听证程序是在第三方主持下对争议双方的问题进行解决的程序，这也是程序正义理论对程序参与性的要求。一般而言，听证会是在人民法院的主持下召开，听取广大债权人对是否适用实质合并破产规则的相关意见。应给予那些可能在实质合并破产中利益受损的主体充分的机会以表达诉请，从而为法院作出裁判提供依据。关联企业破产实质合并清算中举行听证可以充分听取债权人的意见，并就相关的事项在听证程序中进行解释说明以求达成共识。在现有实质合并破产的案例中，法院普遍运用了这一了解相关利益主体诉求的手段，例如，在齐星集团有限公司等二十七家公司合并重整案中，法院就很好地通过听证会了解相关主体的意见，其中裁判文书中描述道：“召开由齐星集团有限公司等二十七家公司债权人、股东、职工代表参加的听证会，对齐星集团有限公司等二十七家公司是否合并重整进行公开听证，征询了各利害关系人的意见，参会绝大多数代表同意齐星集团有限公司等二十七家公司合并重整”。[1]

但是，由于我国的听证制度发展还不够完善，听证参与人员素质和能力不高等，听证制度在具体的实践中还面临着很多问题，其中主要包括参与人数过多、资源需求大而导致听证制度流于形式、参与人员带有自己的意见所导致的情绪化诉求、参与人员觉得所听证的内容与自己联系不紧密而表现消极。因此，如果实质合并破产规则采用听证程序作决定，其难度和成本都会很大，甚至有可能达不成统一的结果而妨碍程序的顺利进行。听证制度最重要的就是公众参加，以增强听证的普遍适用性，如此才可以作出令民众信服的决策以及决定。如果在实行听证制度时并不能达到这两个目的，那么听证制度就只会成为一个累赘，浪费法院资源也耗费利益相关人的精力与时间。

---

〔1〕 山东省邹平县人民法院民事裁定书，(2017)鲁1626破1－11、13、15－29号之一。

三、实质合并破产裁判的具体方式

如前文所述，实质合并破产的适用是一个利益衡量命题，故法院在裁定适用该规则之前必然需要了解债权人的利益诉求。债权人会议、债权人听证会为法院听取债权人意见，平衡各方利益提供了决策参考。但是，债权人之间清偿利益的冲突必然导致部分债权人反对实质合并破产，由债权人完全同意才适用实质合并破产规则显然无法实现。因此，各关联企业债权人会议的表决、听证会意见可以为法院裁定提供依据，但不必然成为决定性依据。正如有学者所言，“即使有个别关联企业的债权人会议表决未能通过或个别出席听证会的债权人持反对意见，法院仍可以依职权裁定合并破产或重整”。[1] 之所以赋予法院强制裁定的权力，本书认为，包括两方面原因：其一，债权人完全同意不仅难以实现，而且容易阻碍关联企业破产程序的推进。实质合并破产必然降低资产状况相对良好的企业的债权人清偿比例，其提出反对意见容易阻碍关联企业债权人整体利益的实现。如果因关联企业个别成员的债权人会议反对而无法推进关联企业破产程序，实现整体的利益，这显然不符合破产法的效率价值。其二，适用实质合并破产规则本质上是否认公司独立法人人格，不仅涉及债权人利益，而且关乎法律稳定性的制度利益和社会公共利益等内容，应属于司法裁判范畴。此外，从债权人会议与法院的职权划分也可看出，即使债权人通过的重整计划等各种决议，仍然需要法院的裁定批准方能生效。以“中江系”合并重整案为例，对于30家关联企业在运营、人事、财务等方面的高度混同的情形，破产管理人以征询函、座谈会等各种形式向全体申报债权的债权人征求意见，虽然部分债权人以清偿利益减损为由反对实质合并重整，但是法院最终仍然裁定合并重整。“此做法虽然看似损害了小部分债权人的利益，但却在最大程度上保全了大多数债权人的利益，符合司法裁判权行使的原理。”[2]

事实上，从法院本身来说，因为其掌握有充分的资源及保持充分的中立性，可以根据案件基本情况，并结合债权人会议、破产管理人在对破产企业进行管理的过程中所形成的意见，以及在对债务人进行调查中的债务人相关陈述、相关会计审计单位给出的审计报告，还有其他法院或者本法院以前所形成的生效判决等证据材料，在对相关情况进行充分了解后再作出是否合并的决定。虽然

[1] 王欣新、周薇：《关联企业的合并破产重整启动研究》，载《政法论坛》2011年第6期。
[2] 徐阳光：《论关联企业实质合并破产》，载《中外法学》2017年第3期。

会存在法院仅仅以减少工作量为目的合并处理，法官对实质合并规则的专断性和随意性的适用，但随着法院工作人员素质的提高，法律素养的提升，法官的专断性和随意性会逐渐降低，出现前述“粗糙正义”的可能性比较低。诚如有学者所言：“决定权应当在法院，而不能交给债权人会议，不能把每个关联企业债权人会议的通过作为适用实质合并破产的必要条件。”〔1〕实践中已有法官明确表示债权人会议的结果不宜作为实质合并裁定的决定性依据。如在浙江玻璃等关联企业合并清算案〔2〕中，法院并不倾向于将合并问题交给债权人会议表决。因为关联企业之间本来就存在各种利益交叉的情况，部分债权人也会为了自己的最大利益而作出不保护所有债权人利益的决定，所以出现债权人忽略案件基本事实，不同意关联企业进行合并破产的方案。法院认为，关联企业的合并问题本来就应该属于法院审查和决定事项，如果交给债权人会议进行表决的话会存在很多程序和主观意愿的支配。

综上所述，实质合并破产程序应以债权人会议决议或听证会为前置程序，但法院拥有最终的裁决权。“多数决是一种有效的信息提供机制”，可以表达差异的观点，从而作为集体行动和公共决策的信息基础。〔3〕法院依据关联企业债权人的决议结果或听证结果，可以了解债权人的利益关系，有助于选取一种有利于债权人整体利益的破产方案。是否适用实质合并破产直接决定债权人的清偿基础，对于债权人的影响不可谓不大。法院在作出裁决之前需将债权人的利益表达过程作为前置程序，为其进行利益衡量提供事实依据。因此，应当先由债权人会议对实质合并破产的提议进行表决，经过债权人会议表决通过。在我国，也有采取类似做法的案例，例如特毅系三家企业的破产清算案，在管理人将实质合并方案分别提请三家企业的债权人会议表决，同意合并破产方案后，法院遂决定对三起破产案件合并审理。〔4〕

---

〔1〕 王欣新：《破产法前沿问题思辨》（上册），法律出版社 2017 年版，第 10 页。

〔2〕 参见浙江省绍兴市中级人民法院民事判决书，（2013）浙绍商终字第 1144 号。

〔3〕 参见姜峰：《多数决、多数人暴政与宪法权利——兼议现代立宪主义的基本属性》，载《法学论坛》2011 年第 1 期。

〔4〕 参见王永亮、黄杰国、高丽宏：《关联企业破产实体合并的司法实践》，载《人民司法》2010 年第 16 期。

第四节 实质合并破产裁判的异议救济

一、异议债权人的救济渠道

保护债权人利益是实质合并破产的核心价值。然而,对关联企业适用实质合并破产将改变债权人的清偿基础,因此必然改变成员企业的债务清偿率,从而对债权人的利益产生重大影响。为了防止法院滥用裁判权,寻求债权人之间的利益平衡,需在裁定实质合并之时赋予异议债权人必要的救济渠道和合理的损失补偿。此处的债权人异议救济是指关联企业债权人认为实质合并破产将损害自身合法利益,有违公平清偿之原则,可以向法院提出反对实质合并或者请求利益补偿。在法院裁定实质合并破产之时,为了保护异议债权人利益,应该赋予其向法院提出异议的权利,这也是程序法救济理念的基本要求。由于实质合并将改变债权人获得清偿的财产基础,尤其在合并清算案件中,实质合并使关联企业债权人的清偿率趋于相同,故而可能招致部分债权人的反对。但是,实质合并破产的适用目标是债权人的整体利益,需要法官综合衡量该规则的适用效果,从而取得公平和效率的"双赢"。为了防止实质合并破产规则的滥用,平衡债权人之间的利益冲突,需要在启动实质合并破产的过程中充分保护异议债权人的异议权。例如善意债权人,即有理由充分相信交易的一方为具有独立法人人格的企业主体而与之交易的债权人主体,在法院裁定实质合并后向法院提出异议,反对实质合并破产规则的适用或者要求在实质合并之前获取清偿,维护自身合法权益。

从美国的司法实践来看,不乏债权人对实质合并破产裁定提出上诉的案件。例如 Augie/Restivo 案,地区法院裁定实质合并破产,最后被上诉法院所否决。美国地区法院有权审理由破产法官在核心和非核心程序中所提出的最终判决、命令和判决。破产案件的上诉一般通过《美国破产法》第 158(d)条送达上诉法院。在核心诉讼程序中,破产法官的法律结论须接受宪法的审查,但事实的发现仅适用于一个明显错误的标准。在 In re Tureaud 案中,法院在实质合并破产案件中处理了地方法院要求的审查标准。法院强调就《1984 年破产修正与联邦法官法案》(*Bankruptcy Amendments and Federal Judgeship Act of* 1984)第 157 节关于核心以及非核心的破产诉讼所存在的区别进行了讨论,并且得出了根据第157节(b)(2)(O),实质性合并命令可能具有核心诉讼的特征这一结论。核心诉讼主要涉及影响资产清算或者调整债务人和债权人关系。因此,法院尊重破产法院的决定,认为实质合并破产的诉讼是核心诉讼,并认为破产法院的命令应该基于明确错误的标准来发现事实且基于更新法律得出的结论的标准进行审查。[1]

在我国,《企业破产法》第12条规定赋予破产申请人异议权,在法院裁定不受理破产申请的或者裁定驳回申请的,申请人可以自裁定送达之日起10日内向上一级人民法院提起上诉。[2] 本书认为,也可以参照这一程序规定,若债权人对于实质合并破产的裁定有异议之时,可在10日之内向上一级法院起诉请求救济。由上一级人民法院进行异议审查,如果确认实质合并破产并不符合整体债权人利益或者损害异议债权人合法权益之时,应该裁定撤销实质合并破产或者补偿异议债权人的清偿利益。

二、异议债权人的利益补偿

实质合并破产是将两个资产状况不同的法律主体进行实体上的合并,因其改变了债权人原有的清偿基础,这就必然容易招致原本单独破产可以获得更多清偿的债权人的反对。正因其对债权人会产生极大影响,为防范权力的随意使用,在法院裁定实质合并破产时,应当有力保护异议债权人的合法权益。[3] 实质合并破产的本意并非"平均主义",而是追求破产法的公平和效率价值,所以,为了提升破产效率和实现绝大多数债权人公平而进行实质合并破产时,并不能忽视少数异议债权人的正当利益。具言之,法院应该对实质合并所造成的异议债权人正当利益的损害进行适度补偿,以提升实质合并裁定的正当性和合理性。但是,需要注意的是,这种利益补偿并非补足,否则也是违背破产法的公平价值理念。[4]

破产程序的本质其实就是将特定利益在特定群体之间平均分配的哲学,而

---

〔1〕 Gilbert, J. Stephen, *Substantive Consolidation in Bankruptcy: A Primer*, Vand. L. Rev. Vol. 43, 1990, p. 239.

〔2〕 《企业破产法》第12条规定,法院裁定不受理破产申请的,或者受理破产申请后至破产宣告前因发现债务人不具备破产原因而裁定驳回申请的,申请人可以自裁定送达之日起10日内向上一级人民法院提起上诉。

〔3〕 参见田信、李尊:《关联企业实质合并探析》,载王欣新、尹正友主编:《破产法论坛》第8辑,法律出版社2013年版,第368页。

〔4〕 参见徐阳光:《论关联企业实质合并破产》,载《中外法学》2017年第3期。

实质合并破产本身就是破产分配的一种方式。但是,由于这种分配方式较为“粗糙”,需要相关配套规则弥补其不足,而对异议债权人进行适当的补偿则可以提升实质合并破产的正当性和合理性。在法院裁定实质合并破产之前,破产管理人需将实质合并破产带来的清偿率改变等相关信息进行公开,并且与债权人进行沟通,以取得债权人对实质合并破产的支持。而法院不仅需要引导债权人就实质合并破产的分配方案达成一致,同时需要确保异议债权人利益得到适当的补偿。例如,在合并重整的实施过程中,为了确保重整的成功,应该在重整方案中体现对异议债权人的补偿利益,比如说适当的债转股利益。至于可以补偿异议债权人多少利益,则需要结合异议债权人对企业重整所作牺牲的大小、重整企业可能带来的价值提升等因素予以考量。由于每个案子都有自身不同的特性,立法不应当也不适宜简单、笼统地确立一个一样的比例,对所有的案子进行相同裁判,建议允许法官结合个案呈现的具体情况,在综合考量上述因素的基础上明确一个恰当的比例。

小　结

本部分主要探讨法院如何裁判适用实质合并破产规则。从裁判理念来看,实质合并规则的适用存在“普遍适用说”和“例外适用说”的观点之争。由于实质合并破产实际上是否认关联企业的独立法人人格,易对法人人格制度造成冲击,故应坚持审慎适用的理念。从裁判的具体标准来看,鉴于实质合并破产将直接改变债务清偿的基础,对债权人利益影响甚大,故明确的适用标准至关重要。根据国内外既有判例和文本,实质合并的裁判标准可以类型化为“另一个自我”标准、资产分离困难标准等六个代表性标准。实质合并破产是一个综合衡量的结果,裁定的标准不应局限于单一的人格混同标准,而应以人格混同标准为核心,结合信赖利益标准、债权人收益标准、重整需要标准等内容的标准体系进行裁判。在法院裁定过程中,需要结合当事人的举证能力合理分配举证责任,同时,裁定前更多听取当事人意见以平衡各方利益,裁定后保护债权人的异议权。

第五章

关联企业实质合并破产的法律后果

实质合并破产是将关联企业作为一个破产整体对待，故在法院裁定实质合并破产之后将在程序上和实体上对多个关联企业成员进行合并处理，以保护债权人公平受偿的权利。具体而言，首先，需要选任统一的破产管理人接管被纳入实质合并范围的债务人财产，处理破产事务；其次，再根据关联企业破产的需要，确定实质合并破产适用的程序类型；最后，将不同企业的资产和债务合并，统一清偿。

第一节　关联企业实质合并破产的管理人选任

破产管理人负责破产财产的管理、处分、清算等事务，对于破产程序起着至关重要的作用。关于破产管理人的选任，在世界各国立法中主要存在三种模式：由债权人会议进行主导的立法模式、由法院进行主导的立法模式以及前述两种方式共同结合的立法模式。根据我国《企业破产法》关于破产管理人的相关规定，我国主要是由法院来指定破产管理人，而债权人在一定情形下享有异议权，可见我国采取的是法院主导型模式。[1] 关联企业实质合并破产涉及多个破产主体及其程序的衔接和协调，对于已经选任的管理人如何处理，是继续担任还是另行指定，便成为一个值得探讨的问题。

---

〔1〕《企业破产法》第22条规定，管理人由人民法院指定。债权人会议认为管理人不能依法、公正执行职务或者有其他不能胜任职务情形的，可以申请人民法院予以更换。指定管理人和确定管理人报酬的办法，由最高人民法院规定。

一、实质合并破产管理人的选任模式

我国《企业破产法》第13条规定，法院同意对破产申请进行受理的，还必须指定相应的破产管理人来处理相关事务。[1] 而《最高人民法院关于审理企业破产案件指定管理人的规定》(法释〔2007〕8号)(下文简称《指定管理人规定》)则进一步明确了法院指定管理人的方式：[2] 其一，通常情况下会有一个管理人罗列名单供法院参考，法院会在此基础上通过抽签以及摇号等手段来确定相应的破产管理人；其二，采取竞争方式指定管理人；其三，由金融监管机构从符合条件的金融机构中，举荐有资格的管理人，最终再由法院从中挑选。上述方式有助于最大限度避免法院在指定管理人环节进行权力"寻租"，滥用职权，确保管理人的公平参与和程序的便捷。然而，随机的方式也存在案件针对性不强，管理人无法胜任职责的情形。在关联企业破产程序合并的过程中，因企业本身具备独立的法人人格，故存在并行的破产程序和多个破产管理人。先前已经立案受理的案件或者控股企业若已经聘用了相应破产管理人，则后面合并破产案件中亦应将先前的管理人作为整个破产案件的管理人。[3] 然而，在司法实践中，破产案件颇为复杂多样：对于关联企业同时破产的情况，可按照《企业破产法》相关规定指定即可，争议不大；但是，如果在关联企业先后破产和已经指定管理人的情况下，依然按照随机方式或者竞争方式再指定管理人则可能不利于案件管理，因此，需要赋予法官自由裁量权，根据具体情况指定最合适的管理人。[4] 结合现有理论和实践，关联企业实质合并破产的管理人选任包括以下几种基本模式。

(一)重新指定管理人

重新指定管理人，又称"另起炉灶式"，即原来的管理人全部退出，重新指定新的管理人。[5] 当所有的关联企业或少数关联企业处于破产程序之中，已经各自确立了相应的破产管理人时，为了顺利推进实质合并破产程序，需要有统一

〔1〕《企业破产法》第13条规定，人民法院裁定受理破产申请的，应当同时指定管理人。

〔2〕参见《指定管理人规定》第20条、第21条、第22条。

〔3〕参见重庆市高级人民法院民二庭课题组：《关联企业破产实体合并中的法律问题及对策》，载《法律适用》2009年第12期。

〔4〕参见霍敏主编：《破产审判前沿问题研究》，人民法院出版社2012年版，第71页。

〔5〕参见陶蛟龙、史和新：《关联公司合并破产重整若干法律问题研究——以纵横集团"1+5"公司合并重整案件为视角》，载《政治与法律》2012年第2期。

的管理人进行破产管理,故重新指定一个能够胜任所有关联企业共同破产管理的管理人便成为一种简单易行的做法。然而,这种方式看似易于操作,其弊端也较为明显。其一,若再选任一个不同的破产管理人,则会出现管理人不熟悉工作而导致的一系列的问题,从而拖延破产管理工作;其二,若再聘用另一个管理人,则会影响原有管理人在发现需要实质合并破产的情形后,主动申请、举证的积极性。因此,只有在既有管理人无法胜任,并且不愿继续担任破产管理人的情况下方能采用此种方式。在实践中,重新指定新的管理人往往更多是从实质合并破产案件的复杂性和技术性考量,例如著名的新飞三公司合并重整案。该案最初分别进入破产重整程序,法院分别指定管理人。管理人在发现三家公司法人人格高度混同的事实之后,向法院申请合并重整。最后法院在查明事实,裁定合并重整之后,通过公开竞聘方式指定北京市金杜律师事务所担任新飞三公司管理人。[1] 从该案情况来看,新飞三公司面临债务规模大、债权人数量多、诉讼案件缠身、资金链紧张、职工及供应商、经销商难以稳定维护等问题。截至新乡中院确定的本案债权申报截止期2018 年1 月5 日,共计823 家债权人向管理人申报债权,申报金额达24.5 亿多元。鉴于该案的复杂性和技术性,重新选聘指定业务能力更强的管理人团队符合案件的实际需要。[2]

(二)保留原有管理人

保留原有管理人,即指定在已经开展破产程序中的管理人继续担任实质合并破产的管理人,但根据保留的程度不同,又可以分为两种模式:

第一,保留原有管理人之"部分保留式",即选择部分管理人继续担任,其余退出的模式。实践中,大部分实质合并破产案件属于"分别破产,再行合并"和"部分破产,再行并入"的启动模式,合并之时部分管理人已经开展部分破产管理工作。在既有管理人中指定合适的管理人接管整个实质合并既减少了工作交接、重新熟悉的时间,也降低了破产的人力成本和协调成本,因此在实践中是一种常态。但是,在这种模式下选择哪部分管理人接管则成了新的问题。如果缺少统一的标准,则容易引发新的权力寻租、恶性竞争等问题。基于此,从关联企业内部的经济地位和便于高效推进破产程序的角度出发,可保留居于"利益中心"地位的破产企业管理人。以山西联盛能源有限公司等32 家公司合并重

---

〔1〕 参见河南省新乡市中级人民法院决定书,(2017)豫07 民破6 -2、7 -2、8 -2 号。

〔2〕 参见《新飞重整案:823 家债权人申报逾24 亿债权》,载搜狐网2018 年1 月19 日,http://www.sohu.com/a/217633536_335141。

整案为例证。在该案中，法院根据山西联盛能源有限公司等32家公司管理人的申请，裁定山西联盛能源有限公司、山西联盛能源投资有限公司、山西联盛农业开发有限公司等32家公司合并重整，最后法院指定山西联盛能源有限公司管理人担任32家公司合并重整管理人。[1] 在该案中，山西联盛能源有限公司是整个公司集团的控股公司，居于核心的地位，由其破产管理人负责整个集团的破产管理工作较为合理。

第二，保留原有管理人之"全部保留式"，即已经指定的管理人全部留任，法院再指定其中一家主要负责，其余配合，共同推进的模式。例如在纵横集团"1+5"公司合并破产重整案中，六家企业已分别进入破产重整程序，其中有三家律师事务所分别担任其中三家企业、二家企业和一家企业的管理人。根据上述情况，法院采取了"1+2"模式，即一家为主，另两家配合的团队模式，以控制公司的管理人为主要负责，其余两家配合，共同推进实质合并破产程序的开展。[2] 这种模式将不同破产企业的管理人进行了整合，避免了破产工作的交接。但是，由哪个管理人团队主要负责，不同管理人团队之间如何协调配合，将是这种模式需要解决的问题。本书认为，主要负责的管理人理应由关联企业中占控制地位的企业的管理人担任，而管理人之间的分工配合则需最终管辖的法院主导与协调。

（三）事先统一管理人

事先统一管理人，即对拟实质合并破产的关联企业，在分别受理之时先行作程序上的合并，直接指定统一管理人，为实质合并做准备，例如瑞恒系合并破产清算案、怡华系企业实质合并破产重整案均属这种情况。这种模式适合人格混同较为明显的关联企业，法院在受理之时对可能需要实质合并破产已有一定的预判。通过事先指定统一的管理人，有助于整个破产工作的统一推进，因此是一种比较有效率的管理人选任方式。但是，这种方式的适用是一种较为理想的情形。现实中关联企业的转移资产、人格混同行为往往具有一定的隐蔽性，需要破产管理工作深入开展后方能发现。此外，关联企业分布的地域广，破产管辖的法院并不一定相同，使得事先的统一指定较难实现。本书以怡华系企业

---

〔1〕 参见山西省吕梁市中级人民法院决定书，(2015)吕破字第1－23、25－31号。

〔2〕 参见陶蛟龙、史和新：《关联公司合并破产重整若干法律问题研究——以纵横集团"1+5"公司合并重整案件为视角》，载《政治与法律》2012年第2期。

实质合并破产重整案的管理人指定为例进行说明,其基本案情如下[1]:

> 2012 年 7 月,常熟市怡华硬质合金材料有限公司、常熟市怡华金刚石有限公司等六家怡华系企业危机爆发,全面停产,债权人众多。各个企业股东会决议委托中介机构成立清理组,经清理发现怡华系各企业系作为一个整体在运作。2013 年 1 月 7 日,经债务人提出重整申请,常熟法院分别裁定常熟市怡华硬质合金材料有限公司等六家企业重整。为便于管理人工作整体协调、统一决策,并考虑到今后可能需要合并,在受理之初即决定择优指定一家管理人同时进驻接管六家怡华系企业,调查财产状况,审核债权债务。经公开遴选后摇号,常熟法院指定同一律师事务所为以上六家企业管理人,并指导管理人将系列企业作为一个整体统一审查,统一处理资产债务,统一开展重整各项工作以及重整方案的制定和实施,平稳有序完成合并重整程序。

在该案中,六家关联企业在破产申请之前已经开展了债务清理工作,并发现人格混同的事实。法院为了便于后续可能实施实质合并重整,在申请破产之初便指定了统一的破产管理人,统一审查清理关联企业债务。在这种模式下,不仅降低了破产成本,同时也可以减少破产管理工作衔接的时间。

二、实质合并破产管理人的选任考量

一个效率高、执行公正的破产程序,既涉及破产管理人自身的道德素质问题,亦涉及介入的时间以及管理的大环境问题。关联企业并不一定同时进入破产程序,各个企业在关联企业整体中的地位也存在差别。如果根据《企业破产法》规定采取随机指定的方式,并不一定能够选出最合适的管理人,反而最终会增加实质合并破产程序的成本,影响债权人利益的实现。因此,在裁定关联企业实质合并破产后,法院需要根据实际情况对原有的破产管理人进行筛选。具体而言,需要考量以下因素。

第一,关联企业的经济联系。从经济联系看,破产的关联企业不仅包括纵向的控制关系(母子公司),还包括横向的搭配关系(姊妹公司)。母子公司是

---

〔1〕 江苏省常熟市人民法院:《江苏法院 2011—2015 年破产审判十大案例 2 怡华系企业实质合并破产重整案》,载全国企业破产重整案件信息网 2016 年 10 月 11 日,http://pccz.court.gov.cn/pcajxxw/pcdxal/dxalxq? id = E85A8A59D1DB08C9949292891638FFF2。

关联企业的一种典型形态,母公司利用控制从属关系转移利益,使得从属子公司无法保持独立的财产、独立的意思、独立的责任,因此,母公司往往是整个企业集团的利益集中点,也是合并破产确定管辖的依据。在母子公司共同破产的情形下,法院指定母公司的管理人单独负责或者主要负责关联企业实质合并破产的管理工作,有利于整体工作的延续和协调。而在姊妹公司共同破产的情形下,也可更多地考量哪个企业的破产涉及更多的资产和债权债务关系,从便于开展工作的角度选任管理人,提升破产的效率。例如前文提及的山西联盛能源有限公司等三十二家公司合并重整案则为典型案例;与此类似的还有山东齐星集团合并重整案,法院指定齐星集团有限公司这一控股公司的管理人担任二十七家公司合并重整的管理人。[1]

第二,破产管理人的介入时间。如前文所述,启动实质合并破产的关联企业进入破产程序的时间并不同,可类型化为:“分别破产,再行合并”“先行合并,再行破产”“部分破产,再行并入”三种模式。部分管理人对进入破产程序的企业已经开展了破产清核工作,了解相关情况,并且可能主动提出实质合并的申请。法院若重新聘用不同的破产管理人,不但会导致破产管理人不愿意积极向法院提请进行实质合并破产,还会增加工作交接和协调的环节。关联企业破产的程序本就复杂,如果增加衔接环节,无疑将增加时间、人力和物力成本,影响破产工作的推进。

第三,破产管理人的业务素质。管理人的业务素质和能力是破产工作顺利、高效推进的基础。关联企业破产涉及多个企业主体,法律关系复杂,债务人财产分散,例如山西“联盛系”合并重整案涉及三十二家公司,利害关系人众多。这类破产案件处理难度大,对管理人的组织能力和专业技能要求较高,并不适合采取轮候、抽签、摇号等随机方式指定。虽然在实质合并之前有些破产企业已经指定管理人,但这种指定是基于单个企业破产的考量,并不一定能够反映所有关联企业共同破产时的工作要求。如果要求一个业务素质和能力一般,只能处理资产和负债都较小的破产企业事务的管理人继续担任所有关联企业实质合并破产的管理人,显然与整个关联企业共同破产的要求不匹配。

三、实质合并破产管理人的选任思路

在关联企业合并破产中,管理人的更换问题显得较为突出。一般而言,实

---

〔1〕 参见山东省邹平县人民法院决定书,(2017)鲁1626破1-11号。

质合并破产需要将多个已经开展的破产程序予以整合，如果裁定多个关联企业实质合并破产，则之前的破产管理人需要向新指定的破产管理人交接已经开展的破产管理工作。由此，要退出合并破产程序的管理人则可能存在申请动力不足的问题。对此，浙江纵横集团案可以为我们提供有益借鉴思路。[1] 在该案中，曾经出现过对两种方式的讨论，一是更换之前的所有破产管理人，另行聘用一个新的管理人；二是留下之前聘用的一部分合适的破产管理人，而解聘另一部分破产管理人。显然，第一种方式非常复杂且麻烦，因为解聘之前的管理人而重新聘用一个新的管理人，一定会损耗很多新的财力以及物力，不利于实质合并破产的顺利进行，同时还会延缓裁判时间，降低司法审判效率。而第二种方式面临的困境即为管理人解聘和留任的具体判定标准，因而虽然这种方法看起来更加恰当，但是也不是十分便利。

本书认为，只要确定了破产管理人，就不可以随意更换，这点在我国《企业破产法》中也有所体现，其理由不仅包括前文提及的损耗物力和财力之问题，还包括在变换破产管理人时可能导致的材料丢失问题。在纵横集团案中，为防止破产管理人之间的不良竞争，提升法院的裁判效率，法院在决定进行实质合并后，没有解聘之前的破产管理人，而是做了轻微调整，即以一人为主导，其他管理人辅助的管理人模式。[2] 如此一来，不仅节约了成本，提升了审判效力，还顾及了关联企业的特殊性。

是故，在实质合并裁定之后谨慎考虑管理人的更换问题十分必要，应尽可能指定原有管理人继续担任合并破产的管理人。这不仅有利于破产管理工作的继续开展，同时也有助于保护其申请合并破产的积极性。具言之，在实质合并案件审理中，若已经有其中一家关联企业进入到破产程序中，那么在合并审理后该企业的破产管理人应继续担任合并后企业之破产管理人。当然，在这之前，法院应该先咨询先前破产管理人的态度，明晰其愿不愿意继续作为企业的管理人。法院可以再次聘用另一个完全不同的破产管理人之前提为，先前的破产管理人明确说明，其无相应能力或者因合理原因不愿依然作为整个关联企业的破产管理人。无疑，此种确定方式有利于提高司法审理的实效，不浪费司法

〔1〕 参见余建华、孟焕良：《破茧化蝶焕然新生——绍兴中院成功实施大型民企纵横集团破产重整案纪实》，载《人民法院报》2011 年 3 月 29 日，第 3 版。

〔2〕 参见陶蛟龙、史和新：《关联公司合并破产重整若干法律问题研究——以纵横集团"1 +5"公司合并重整案件为视角》，载《政治与法律》2012 年第 2 期。

及社会资源,同时也可以防范各管理人之间的争执[1];若关联企业中已经有很多企业进入到了破产程序中并且具有多个破产管理人,人民法院则可指定原来的所有破产管理人继续共同担任合并破产的管理人,并由法院综合多种因素确定管理人的负责人以及工作分工。除非原破产管理人明确表示不愿意继续担任合并程序的破产管理人,原则上法院不应该只保留其中一名破产管理人而辞退其他管理人,从而避免矛盾产生以及管理事务交接所造成的成本,甚至使得破产管理人会因实质合并后可能失去职务而对申请实质合并破产持消极的态度。实践中,宁夏远高实业集团有限公司等十七家企业合并重整案的管理人指定为我们提供了良好的示范。其具体指定方式如下[2]:

> 宁夏回族自治区贺兰县人民法院(以下简称法院)于2021年3月4日裁定受理宁夏远高实业集团有限公司(以下简称远高集团)的重整申请,并于同日指定宁夏新中元律师事务所、北京德恒律师事务所担任远高集团管理人(以下简称管理人)。管理人在接受法院指定后,在履行管理人职责中发现,远高集团与宁夏远高重工绿色科技有限公司(以下简称远高重工)等十六家关联企业(以下简称十六家关联企业)存在法人人格高度混同,各企业已经严重丧失法人意志独立性和法人财产独立性,远高集团与十六家关联企业财产界限模糊,无法区分。管理人于2021年5月10日、6月4日,以远高集团等十七家企业存在法人人格高度混同,财产界限模糊、无法区分,分别重整将严重损害债权人利益为由,向法院申请对远高集团等十七家企业进行实质合并重整,将十七家企业的财产整体合并,十七家企业债权人在同一破产重整程序中按照法定顺序公平受偿。2021年6月9日,法院根据宁夏远高实业集团有限公司管理人的申请,裁定宁夏远高实业集团有限公司等十七家公司适用实质合并重整方式进行审理。该裁定生效后,依照《企业破产法》第22条、第24条,《最高人民法院关于审理企业破产案件指定管理人的规定》第15条、第16条之规定,指定宁夏新中元律师事务所、北京德恒律师事务所担任宁夏远高实业集团有限公司等十七家企业合并重整管理人。

---

[1] 重庆市高级人民法院民二庭课题组:《关联企业破产实体合并中的法律问题及对策》,载《法律适用》2009年第12期。

[2] 参见宁夏回族自治区贺兰县人民法院民事裁定书,(2021)宁0122破1号、破1号之一。

第二节　关联企业实质合并破产的程序整合

从分别破产到实质合并破产,程序合并是应然之意。由于关联企业具有法律形式上的独立法人人格,可能在法院裁定实质合并破产之前已经分别申请破产或者先后进入破产程序,因此需要在裁定实质合并的过程中确认采用何种方式进行整体破产。根据破产法的一般原理,破产的程序结构包括重整程序、和解程序、清算程序三大程序。实质合并破产应该如何整合多个原本独立的破产程序？整合过程中应该秉持何种原则？程序合并后关联企业的法人资格如何处理？这些都是实质合并需要回应的问题。

一、实质合并破产程序的基本类型

(一)合并重整程序

重整程序是指经由利害关系人的申请,法院裁定许可债务人继续营业,并与债权人等利害关系人协商后形成重整计划以清理债权债务的程序。[1] 由于重整程序通过对具有重整原因和重整能力的债务人进行生产经营的整顿和债权债务关系的清理,以摆脱债务困境,故而该程序是积极帮助债务人摆脱债务困境的拯救程序。相比破产清算程序,重整程序旨在实现债务人复苏,不仅对债权人保护具有更大优势,而且对于社会经济和社会生活影响甚大。一般而言,关联企业具有整体性价值,并且涉及的利害关系人广泛,因此合并重整对于关联企业的挽救和复苏具有重要意义。

对关联企业适用实质合并重整程序,一般应当依循下列程序:首先,债务人、特定出资人、债权人、管理人等适格主体可以向法院申请破产重整,然后,法院对此申请进行审核后,可以决定破产重整并发布公告。在此过程中,前述主体皆能够向法院申请实质合并重整,把所有关联企业的债务、资产合并处理。

在重整程序中,重整计划的制定、表决、批准以及执行是关键。可以说,整个破产重整程序就是债权人、债务人及其他利害关系人围绕重整计划进行博弈的过程。这个过程既体现了破产当事人的利益,同时也反映了社会公共利益。

---

〔1〕 参见邹海林:《破产法——程序理念与制度结构解析》,中国社会科学出版社 2016 年版,第 371 页。

在合并重整程序中,重整计划的形成与实施必须以纳入其中的关联企业的债权人、债务人及其利害关系人为基础,具体而言,主要体现在以下几个方面:

其一,对于重整计划的制定,由实质合并破产的管理人或债务人作为计划的制定人。从比较法角度分析,世界各国及地区的重整计划制定人可以分为两类:一是债务人,即制定权归属于债务人,其他利害关系人在特殊情况下才有权制定,这种模式以美国代表;二是管理人,即由管理人制定,如英国。对此,也有国家采用了两者皆可的"选择模式"或"双轨模式",如德国。[1] 基于此,由谁提出重整计划,需要结合本国的破产法规定。在我国,《企业破产法》第 80 条对重整计划的制定人采用了"选择模式",即管理人或管理人监督下的债务人皆可以制定。因此,我国合并重整的重整计划也需以此为依据,具体而言,此处的"债务人"是指被纳入实质合并破产范围内的所有债务人,"管理人"则是裁定实质合并破产后选任或指定的管理人。

其二,对于重整计划的表决,需将实质合并的关联企业债权人纳入分组表决之中。重整计划中涉及担保债权人、普通债权人、债务人的出资人等利害关系人,他们对于债务人财产的清偿权益并不同,因此在对重整计划进行表决时应当实行分组表决,避免出现"僵局"。根据我国《企业破产法》第 82 条的规定,[2]除出资人组外,须划分为担保权人表决组、劳动债权人表决组等四个表决组。合并重整计划的表决需遵循上述规则,对所有纳入实质合并破产的债权人进行统一分类,分别表决。

其三,对于重整计划的批准,法院可在债务人会议未通过的情形下,依据"重整需要"而强制批准。一般而言,重整计划的批准包括两种模式:一种是获得债权人会议通过之后,法院裁定批准;另一种是未获得债权人会议通过,由法院强制批准。从立法论角度看,强制批准基于社会利益优先于个体利益的法理念,符合社会观念中的公平正义,自有其正当性。但是,社会利益往往是抽象的,因此,法院在强制批准重整计划之时,仍然需要坚持公平对待原则和考量经

---

〔1〕 参见丁燕:《上市公司破产重整计划法律问题研究:理念、规则与实证》,法律出版社 2014 年版,第 31 - 37 页。

〔2〕 《企业破产法》第 82 条规定:"下列各类债权的债权人参加讨论重整计划草案的债权人会议,依照下列债权分类,分组对重整计划草案进行表决:(一)对债务人的特定财产享有担保权的债权;(二)债务人所欠职工的工资和医疗、伤残补助、抚恤费用,所欠的应当划入职工个人账户的基本养老保险、基本医疗保险费用,以及法律、行政法规规定应当支付给职工的补偿金;(三)债务人所欠税款;(四)普通债权。人民法院在必要时可以决定在普通债权组中设小额债权组对重整计划草案进行表决。"

营方案的可行性。

由于关联企业往往以公司集团形式出现，涉及的债权人较多，对于社会稳定影响较大，加之关联企业之间往往是一个较为完整的经营体系，合并重整有助于保全其整体性价值，因此，合并重整成为关联企业破产的普遍选项。

本书以山东大海集团有限公司等五十七家公司实质合并破产重整案为例，呈现关联企业实质合并重整模式的要点，基本案情如下[1]：

2018年11月26日、11月30日、12月12日，山东省东营市中级人民法院（以下简称东营市中院）分别受理债务人山东大海集团有限公司等二十八家公司（前述二十八家公司统称大海集团等二十八家公司）重整案件，并指定北京大成（济南）律师事务所为管理人。2019年1月11日，根据管理人的申请，东营市中院召开了大海集团等二十八家公司实质合并重整听证会，在充分论证的基础上，于2019年1月16日依法作出（2018）鲁05破28－55号之一民事裁定书，裁定对山东大海集团有限公司等二十八家公司实质合并重整。2019年1月29日，大海集团等二十八家公司管理人向东营市中院提交书面申请，申请山东恒远融资租赁公司等二十九家公司与已进入重整程序的大海集团等二十八家公司实质合并重整。2019年7月24日，东营市中院依法作出（2018）鲁05破28－55号、（2019）鲁05破1－29号之三民事裁定书，裁定对大海集团等二十八家公司与山东恒远融资租赁公司等二十九家公司实质合并重整（前述五十七家公司统称为大海集团等五十七家公司）。

2019年12月3日，大海集团等五十七家公司管理人以《山东大海集团有限公司等五十七家公司合并重整计划（草案）》已经债权人会议通过为由，请求批准《山东大海集团有限公司等五十七家公司合并重整计划》。2019年12月4日，东营市中院查明并认为，大海集团等五十七家公司管理人在兼顾各类债权人利益保障和企业挽救的基础上，依法制作《山东大海集团等五十七家公司合并重整计划（草案）》并提交债权人会议表决，表决程序合法，且各表决组的表决结果均符合法

[1] 山东省东营市中级人民法院民事裁定书，（2018）鲁05破28－55号、（2019）鲁05破1－29号之三。

律规定的条件，重整计划已经第二次债权人会议表决通过。大海集团等五十七家公司管理人申请批准《山东大海集团等五十七家公司合并重整计划》，符合法律规定，应予准许。最终裁定批准《山东大海集团有限公司等五十七家公司合并重整计划》；终止山东大海集团等五十七家公司的重整程序。

该案是关联企业实质合并破产重整的典型案例，涉及的关联企业数量较多，债权债务关系复杂，最终通过实质合并重整取得了良好的法律效果和社会效果。整个程序主要包含合并重整的裁定和合并重整计划的批准两个环节。在合并重整的裁定环节中，法院通过重整听证会等方式充分论证，分两次裁定，最终确定五十七家关联企业合并重整。在合并重整计划的批准环节，充分审查债权人会议表决程序的合法性，最终裁定批准合并重整计划。整个过程充分平衡债权人利益和企业挽救的需要，体现了实质合并破产重整制度在司法实践中的价值。

（二）合并和解程序

所谓破产和解，是指债务人为避免走破产程序，和相关债权人订立了减少清偿以及延期清偿协议并经法院同意的制度。[1] 破产和解制度可以说是防范破产的一种制度，该制度的适用前提为签订和解协议，旨在通过协商程序使债权人同意债权延后或减少清偿，从而让债务人恢复运营盈利能力，达致多方共赢。无疑，破产和解乃债权人以及债务人分别独自处理其权利之体现。对于债权人而言，其可以主张、延缓以及放弃权利。和解在法院裁定破产和解之时正式开始，在通过债权人会议对和解协议进行表决后结束。若债权人不接受和解协议，那么债务人就被法院宣告破产并开启清算程序。通常情况下，破产和解程序主要涵盖当事人申请、法院受理、债权人会议表决等步骤。需要注意的是，根据《企业破产法》之规定，破产和解程序仅能由债务人提出申请，其余当事人没有申请破产和解的资格，除非获得债务人的特殊授权与同意。此外，根据《企业破产法》之规定，若申请破产和解，债务人应当向法院提交和解协议的草案，其中，和解协议草案应当包括以下内容：债务清偿的具体规则、时间范围以及财产来源。应当注意的是，和解协议草案应当经过债权人协商，通过会议表决，只有表决通过后，和解协议方为有效。是故，若在和解中适用实质合并规则，应当

---

〔1〕 参见范健、王建文：《破产法》，法律出版社 2009 年版，第 235 页。

在进行协商时,决定债务人对所有债权人皆采用实质合并规则,将所有企业集团之间的债务以及财产一并处理。对此,债务人在向法院提出和解申请的同时,还应在和解协议中明确适用实质合并的具体规则。在债权人会议协商适用实质合并规则并表决通过的,债务人可以该份协议向法院提出申请,若法院同意,那么和解程序结束,前述经债权人会议表决通过的协议即为生效。前述即为具体的在和解程序中适用实质合并规则的规则与程序。和解程序同清算程序和重整程序相比具有特殊性,即该程序的申请人只能是债务人,不包括债权人、破产管理人等,而且申请的前置要件为具有经债权人会议表决通过的和解协议。

实质合并破产规则可以适用于和解程序,并且在法定程序的基础上提出了新的要求。首先,和解协议的磋商由法院主导,参与主体包括纳入实质合并破产的所有债务人、债权人。实质合并破产是包含多个企业,因此需要法院来引导和解。又由于实质合并的本质是将纳入的关联企业视作一个破产主体,其债权债务需要统一清偿,故和解的双方理应包括所有债务人和债权人。其次,和解协议的表决需包含所有债权人的债权人会议多数通过。对于和解协议的表决,我国《企业破产法》在排除"对特定财产有担保权的债权人"之后,采用"双重多数表决机制",即"出席会议的有表决权的债权人过半数同意,并且其所代表的债权额占无财产担保债权总额的三分之二以上"。[1] 在合并和解程序中,由纳入实质合并破产的关联企业全体债权人组成债权人会议,依据法定的表决规则进行表决,使得和解协议真正代表全体债权人和债务人的合意结果。最后,法院的实质审查需重点关注异议债权人利益,确保和解协议是利益协调的结果。和解协议的效力取决于法院的认可,而法院裁定和解协议的过程也是对实质合并破产的利益衡量过程。在收到和解协议后,应审查和解协议的决议程序是否合法、和解条件是否公平合理、和解内容是否合法等,同时审查异议债权人的异议是否成立。在这个过程中,除了债权人和债务人,法院需将管理人、审计、评估单位纳入听证会等程序当中,有助于查清事实,合理裁判。

迄今全国只有少数合并和解的案例,其中金双喜实业发展有限公司等六家

---

〔1〕《企业破产法》第97条规定:"债权人会议通过和解协议的决议,由出席会议的有表决权的债权人过半数同意,并且其所代表的债权额占无财产担保债权总额的三分之二以上。"

企业合并和解案被称为“全国首个企业破产合并和解案例”[1]。本书以该案呈现关联企业实质合并重整模式的要点,基本案情如下[2]:

2014年7月5日,江苏省启东市人民法院(以下简称启东法院)根据申请人的申请分别裁定受理金双喜实业发展有限公司(以下简称金双喜实业)、南通冠金置业有限公司(以下简称冠金置业)、启东金双喜建筑材料有限公司(以下简称金双喜建材)、南通博金电器有限公司(以下简称博金电器)破产清算案;2014年7月8日,启东法院根据启东市宏盛吸塑包装有限公司的申请裁定受理南通威廉姆电器有限公司(以下简称威廉姆电器)破产清算一案;2015年3月5日,启东法院根据浙江嘉民塑胶有限公司的申请裁定受理启东市钢瓶厂(以下简称钢瓶厂)破产清算一案。2016年12月7日,金双喜实业、博金电器、冠金置业、金双喜建材、威廉姆电器、钢瓶厂等六企业以实现挽救企业、维护债权人利益及六企业人格混同为由向启东法院申请六企业合并和解并提交了和解协议草案。2017年1月6日,启东法院裁定金双喜实业、博金电器、冠金置业、金双喜建材、威廉姆电器、钢瓶厂等六企业合并和解。

2017年2月13日,金双喜实业、博金电器、冠金置业、金双喜建材、威廉姆电器、钢瓶厂等六企业向启东法院提出申请,称《金双喜实业、博金电器、冠金置业、金双喜建材、威廉姆电器、钢瓶厂等六企业合并和解协议(草案)》(以下简称《合并和解协议》)已经第二次债权人会议通过,请求启东法院裁定予以认可。启东法院认为:债权人会议表决通过的《合并和解协议》的内容符合法律规定,债权人会议表决和解协议的程序合法,和解协议具有可执行性,启东法院予以认可。根据《企业破产法》第106条之规定,根据和解协议减免的债务,自和解协议执行完毕时起,债务人不再承担清偿责任。据此,依照《企业破产法》第7条、第95条、第97条、第98条之规定,裁定认可六企业合并和解协议;终止六企业和解程序。

---

[1] 《启东法院首创破产合并和解新模式》,载法制网,http://www.legaldaily.com.cn/locality/content/2017-02/15/content_7013709.htm。

[2] (2014)启商破字第0001-10号;(2015)启商破字第0001-10号。

该案是关联企业实质合并破产和解的标志性案例，涉及的债权人较多，最终通过合并和解的方式化解了经营危机，具有很好的示范效应。在案件中，有以下要点值得注意：其一，申请合并和解的时间点是在债务人先后进入破产清算程序之后；其二，申请合并和解的主体是所有关联企业成员；其三，申请合并和解的理由是“以实现挽救企业、维护债权人利益及六企业人格混同为由”；其四，法院裁定批准合并和解协议的前提是债权人会议表决通过（形式）、和解协议具有可执行性（内容）。

（三）合并清算程序

所谓破产清算程序，是指债务人不能清偿债务而又缺乏其他清偿债务的替代措施时，为满足债权人的清偿要求而集中变卖破产财产以清偿债权的程序。[1] 法院在宣告破产后，破产管理人负责对财产进行清理核算，然后将财产按照一定规则偿还给债权人。破产清算在法院宣告债务人破产时开始，在债务人人格消灭之时结束。是故，法院在宣告债务人破产之后可以适用实质合并破产规则，也可以在破产管理人给债务人分配财产之前适用，前提是经过债务人、债权人、破产管理人等主体依法向法院进行申请并经法院同意接受。在司法实践中，关联企业的合并破产清算也可称为“打捆破产”。[2] 我国目前已有很多此类案例，例如南方衵券关联企业破产清算案、沈阳欧亚集团破产清算案、湖南太子奶集团破产清算案等。在这些案件中，法官都裁定运用实质合并规则对关联企业进行合并破产，可谓司法实践中的大胆尝试。实践证明，合并破产有助于提升审判效率、减少破产成本，得到了不错的社会效果。本书以闽发证券破产案为例，对实质合并清算的模式进行呈现，基本案情如下[3]：

申请人闽发证券有限责任公司清算组于2008年7月5日以被申请人闽发证券有限责任公司（以下简称闽发证券）资不抵债，无法清偿到期债务为由，向福州市中级人民法院（以下简称福州中院）申请宣告闽发证券破产，并且申请法院一并将上海元盛投资管理有限公司（以下简称上海元盛）、北京辰达科技投资有限公司（以下简称北京辰达）、

〔1〕 邹海林：《破产法——程序理念与制度结构解析》，中国社会科学出版社2016年版，第483页。

〔2〕 石静遐：《母公司对破产子公司的债务责任——关于“揭开公司面纱”理论的探讨》，载《法学评论》1998年第3期。

〔3〕 闽发证券有限责任公司与北京辰达科技投资有限公司、上海元盛投资管理有限公司、上海全盛投资发展有限公司、深圳市天纪和源实业发展有限公司合并破产清算案，载《最高人民法院公报》2013年第11期。

上海全盛投资发展有限公司(以下简称上海全盛)、深圳市天纪和源实业发展有限公司(以下简称深圳天纪和源)纳入闽发证券破产清算程序来进行合并清算。福州中院经审理查明:被申请人上海元盛、上海全盛、北京辰达、深圳天纪和源(以下简称四家关联公司)的设立旨在帮助闽发证券逃避监管,其注册资本主要来源于闽发证券,并且和闽发证券的分支机构有着一样的经营地点。闽发证券违反法律规定,利用关联公司在账外进行国债回购、委托理财、投资、融资等活动。四家关联公司名下的资产主要为根据闽发证券的安排开展证券自营业务形成的股票,公司的基本负债形成于与闽发证券之间的资金往来。四家关联公司尽管在形式上为独立法人,但是,如前所述,四家关联公司仅仅为帮助闽发证券实施违法经营的手段,并不具有独立的法人人格,没有分别进行破产清算的法律基础。福州中院认为:申请人闽发证券有限责任公司清算组的申请符合破产案件的受理条件。经最高人民法院批准,根据《中华人民共和国企业破产法》第 10 条、《证券公司风险处置条例》第 37 条之规定,在 2008 年 7 月 18 日作出如下裁定:立案受理闽发证券有限责任公司清算组申请宣告闽发证券有限责任公司、上海元盛投资管理有限公司、上海全盛投资发展有限公司、北京辰达科技投资有限公司、深圳市天纪和源实业发展有限公司合并破产还债案。

该案是关联企业实质合并破产清算的典型案例,涉及的资产较多,债权债务关系复杂,通过合并清算不仅可以提高破产效率,而且可以提升破产清偿率,有效保护了债权人的利益。在该案中,闽发证券的清算组在公司清算工作中发现了四家关联公司均由闽发证券出资设立,与闽发证券在管理上和资产上严重混同,可判定为无独立的公司法人人格,因此向法院申请实质合并破产清算。法院以人格混同为由,最终裁定合并破产清算。

二、实质合并破产程序的整合逻辑

实质合并破产的主体包括多个,适用何种性质的破产程序远比预想的复杂。正如有学者所言:“濒临破产的众多关联企业往往具有各自的特点,有的关联企业仍具有重整价值,有的关联企业只能进行清算,在大多数情况下,并不会像前面案件中这样‘单纯’。”[1]选择何种性质的破产程序，本书认为，主要结合以下两个方面因素加以考量：

第一，债权人整体的公平受偿。实质合并破产的逻辑前提是关联企业独立法人人格的缺失，处理方式是合并关联企业的财产和债权债务，将其视作“整体”进行债务清偿。在这个逻辑下，实质合并破产的终极目标是实现债权人的公平分配，而破产程序的整合也是为了实现这一目标，因此，无论适用何种程序，其基本逻辑是关联企业债权人的整体公平清偿。在关联企业法律形式上独立的情况下，先后进入破产程序以及不同公司的经营状况都是决定公司适用何种破产程序的关键因素。而法院只需把握清偿公平这一基本原则，再结合债权人意愿、破产程序效率等因素裁定适用何种破产程序。

第二，提升债权的整体清偿率。这种提升并非通过“劫富济贫”式地提升部分债权人的清偿率，而是追求一种整体清偿率的提升，这也符合实质合并破产的效率价值目标。关联企业之间的“整体性价值”有助于重整的成功，但是，并非所有公司都适合继续纳入重整的范围，因此，对部分公司进行破产清算也符合基本的逻辑。但是，并非意味着将资产状况差的企业选择性地排除在实质合并破产之外，否则就是对关联企业非法转移资产的变相认可。不论选择哪部分公司进行合并重整或者清算，都是在公平清偿的基础上追求更高的清偿率。

综合上述分析，法院裁定适用何种破产程序进行合并处理，本质上取决于整体债权人利益的公平和最大化。在实践中，法院也多秉持这种裁判逻辑，例如重庆秦谋科技开发有限公司（以下简称秦谋公司）破产清算案与重庆昂龙冶金材料有限公司（以下简称昂龙公司）破产重整案，很好地说明了实质合并破产所考量的因素：统一公平清偿和清偿率的提高。裁判文书论述如下[2]：

> 法院查明，2017年6月5日昂龙公司破产重整案第一次债权人会议审议表决通过，并经本院许可昂龙公司继续生产经营，目前在管理人的监督下公司生产经营正常。据管理人调查分析表明，除有财产担保的债权在担保物范围内享有优先受偿外，在剩余破产财产变现或债务人财产经营所得在依法支付破产费用、共益债务、职工债权、税收债权后对普通债权人的债权进行分配或清偿。在按昂龙公司清偿比例

---

[1] 朱黎：《论实质合并破产规则的统一适用——兼对最高人民法院司法解释征求意见稿的思考》，载《政治与法律》2014年第3期。

[2] 重庆市江津区人民法院民事裁定书，(2017)渝0116破5号之三。

追回昂龙公司应支付秦谋公司其他应收款的情况下，若秦谋公司单独破产清算，预估普遍债权人的债权清偿率为30.6 %，在不考虑重整期间营业利润和债转股的情况下，若昂龙公司单独破产重整，预估普遍债权人的债权清偿率为31.1%；若秦谋公司与昂龙公司进行破产实质合并清算处理，预估两公司普遍债权人的债权清偿率为21.3%，若昂龙公司破产重整与秦谋公司破产清算实质合并处理，预估两公司普遍债权人的债权清偿率达76.9%。

三、实质合并破产程序的整合方式

（一）破产程序的适用选择

从前文的论述可知，就公平清偿的角度而言，适用实质合并规则的破产主体应统一管理，确保债权人统一清偿，至于选择何种性质的破产程序，则根据破产需要而定。实质合并破产的本质是否定关联企业的独立法人人格，将资产和债权债务合并处理。在此前提下，可以根据实际需要决定全部重整、全部清算或全部和解，也可以部分清算、部分重整抑或部分和解。也就是说，原则上并不要求必须适用一种性质的破产程序，只需保证债务清偿的公平性即可。在法院裁定实质合并破产后，需将已经受理的破产案件和之后立案受理的合并破产案件进行程序上的统一。实质合并破产是将多个原本独立的破产程序整合为统一的破产程序，但是，在“分别破产，再行合并”和“部分破产，再行并入”两种启动模式中，部分或者全部关联企业成员已经进入破产程序。依据实质合并的基本原理，对于合并前后产生的破产费用和共益债务，应在关联企业实质合并后的财产统一计算和清偿。

从实质合并破产的公平和效率价值出发，在关联企业合并计算资产和统一债务清偿两个大前提下适用何种性质的破产程序并无冲突。正如有学者认为：适用实质合并的关联企业，因其成员“是否具有主体运营价值”造成部分重整部分清算，其中“部分重整部分清算型”和“全部清算型”可能成为关联企业破产的一种常态，而“全部重整型”反而可能成为一种例外的情形，除非是经过破产程序启动前的有意安排和选择。[1] 这一点在联合国国际贸易法委员会制定的

---

〔1〕 参见朱黎：《论实质合并破产规则的统一适用——兼对最高人民法院司法解释征求意见稿的思考》，载《政治与法律》2014年第3期。

《破产企业集团对待办法》中也有所体现:“通常在清算的背景下讨论实质性合并问题。法律也只有在这种背景之下才准许下达合并令。但有些立法建议允许在各类重整下进行实质性合并。在未有专门法规的法域中,凡有助于企业集团重整的,清算和重组均可使用实质性合并令。”[1]在我国司法实践中,全部合并清算和全部合并重整的案例较多,例如前文提到的河南新飞三公司合并重整案,闽发证券合并破产清算案等案件,都属于适用了单一性质的破产程序进行合并处理。但部分合并清算部分重整的案件在实践中也存在,例如重庆秦谋科技开发有限公司(以下简称秦谋公司)破产清算案与重庆昂龙冶金材料有限公司(以下简称昂龙公司)破产重整案的实质合并处理,就是从有利于提高债权人清偿率的角度适用不同性质的破产程序,从而取得较好的破产效果。基本案情如下[2]:

> 2016年10月19日,重庆市第五中级人民法院根据债权人重庆市江津区隆源小额贷款有限公司申请,裁定受理债务人重庆秦谋科技开发有限公司破产清算申请一案,并将该案交由重庆市江津区人民法院审理。2017年3月24日,重庆市第五中级人民法院裁定受理债务人重庆昂龙冶金材料有限公司破产重整申请一案,并将该案交由重庆市江津区人民法院审理。2017年4月27日法院受理后,2017年8月28日,秦谋公司管理人和昂龙公司管理人以秦谋公司与昂龙公司在人员、生产经营、资产与负债高度混同并难以分离,且存在互为担保等不当利益输送,向法院申请对两公司进行实质合并破产处理。同日,法院主持召开听证会,对管理人的申请进行了听证。参与听证各利害关系方均对管理人提交的秦谋公司破产清算和昂龙公司破产重整进行实质合并处理的申请均无异议。2017年9月25日秦谋公司和昂龙公司第二次债权人会议审议通过了管理人关于秦谋公司破产清算和昂龙公司破产重整进行实质合并处理的报告。法院认为,秦谋公司与昂龙公司构成法人人格严重混同,资产与债务无从完全分离,相互担保等行为损害了其他债权人的利益,特别是将两公司实质合并重整与清算有利于昂龙公司破产重整,有利于维护两公司债权人整体利益。管

---

[1] 联合国国际贸易法委员会:《贸易法委员会破产法立法指南——第三部分:破产企业集团对待办法(2010年)》,第60页。

[2] 重庆市江津区人民法院民事裁定书,(2017)渝0116破5号之三。

理人申请秦谋公司破产清算与昂龙公司破产重整实质合并处理符合实质合并破产重整与清算条件。最后法院裁定如下:对重庆秦谋科技开发有限公司破产清算申请案、重庆昂龙冶金材料有限公司破产重整申请案进行实质合并处理。

(二)法人资格的存续处理

关联企业涉及多个具有独立法人人格的成员,实质合并破产后的法人资格存续成为新的问题。对于合并清算的关联企业而言,在破产程序终结之后予以注销是必然结果。然而,当适用实质合并规则进行破产重整或者和解之后,需要确定关联企业以何种方式存续。2018 年最高人民法院印发的《全国法院破产审判工作会议纪要》对实质合并审理后的企业成员存续曾明确提出:"适用实质合并规则进行破产清算的,破产程序终结后各关联企业成员均应予以注销。适用实质合并规则进行和解或重整的,各关联企业原则上应当合并为一个企业。根据和解协议或重整计划,确有需要保持个别企业独立的,应当依照企业分立的有关规则单独处理。"

对于实质合并破产中的主体资格处理,学界一般有两种观点:一是先将关联企业成员合并为一个法律主体,再进行重整或者清算;二是将关联企业"视为合并",重整或者和解后仍然坚持原来的独立法人人格。[1] 由于关联企业的合并是一个复杂的过程,涉及各成员企业的财务、人事、经营等各方面内容,加之关联企业的成员可能分布较广,因此,经过实质合并破产的关联企业需根据具体情况保留或者注销主体资格。具体而言,通常有以下两种做法:其一,单个主体存续。在"先行合并,再行破产"的模式中,由于在实质合并破产程序之前已经进行吸收合并,故在完成破产程序之后将保留单一的主体。在"部分破产,再行并入"的模式中,通过破产重整程序或者和解程序将关联企业的其他成员吸收进来,因此,被吸收进来的成员可以直接注销法人主体资格,也可以在完成破产重整或者和解程序之后,根据经营需要保留某个成员的主体资格。上述无论哪种模式,在完成合并重整或者合并和解之后,只存在一个法人主体对外开展经营活动,独立承担法人责任。其二,多个主体存续。在"分别破产,再行合并"的模式中,关联企业的成员保持了法人人格的独立性,在破产重整或者和解之前仅仅是在协调配合破产工作。在重整计划或者和解计划制定和实施后,关联

---

〔1〕 参见林艳:《我国关联企业破产法律问题研究》,华中师范大学 2013 年硕士学位论文,第 24 页。

企业成员仍然存在多个:一种是在经过重整或者和解后,各成员企业继续经营,关联企业获得整体重生;另一种是在重整计划或和解协议中通过出资人权益调整对关联企业的股权结构进行调整,最终关联企业以子公司的形式存续。[1]

(三)程序期限的计算

程序期限对当事人的权益影响较大,如何计算需要立法加以明确。关联企业实质合并破产的启动包含多种模式,其中在"分别破产,再行合并"和"部分破产,再行并入"两种启动模式下,部分企业进入破产程序的时间与裁定实质合并破产的时间并不一致,此时便产生了程序期限的计算问题。"个别破产程序申请或启动与实质性合并令之间的间隔时间越长,该问题就越为重要"[2]。基于此,我国需在关联企业实质合并破产制度中明确相关期限的计算方式。

1. 撤销权的可撤销期计算

当债务人在破产程序开始前的临界期间内所为有害于债权人团体利益的处分财产的偏颇性行为,管理人可以请求法院撤销并追回因该行为转让的财产或者利益。[3] 根据《企业破产法》第 31 条和第 32 条之规定,破产撤销权针对的 6 种行为要求发生在破产程序开始前临界期间内,而这个期限追溯起算点为"人民法院受理破产申请"。在实质合并破产的情形下,关联企业成为一个破产实体,对于债务人处分财产的偏颇性行为是按哪个程序节点来计算可撤销期便成为一个具有争议的问题。对此,联合国国际贸易法委员会的《破产企业集团对待办法》认为:"选用实质性合并令之日来计算为撤销而用的嫌疑期,可能会给对集团个别成员提出破产程序申请之日后或对其启动破产程序之日后至实质性合并日期前达成的交易造成问题。"并提出了两种建议:其一,根据集团成员的"破产程序申请之日或破产程序启动之日"来追溯计算可撤销期间。其二,参照对拟合并集团成员最早提出启动申请的日期或最早启动破产程序的日期来确定一个共同的日期。无论属于哪一种情况,为确保透明度和可预见性,都应在破产法中具体规定这一日期。[4]

相较而言,我国立法可选择第一种建议,明确"破产程序申请之日"作为可

---

〔1〕 参见郁琳:《关联企业破产整体重整的规制》,载《人民司法(应用)》2016 年第 28 期。

〔2〕 参见联合国国际贸易法委员会:《贸易法委员会破产法立法指南——第三部分:破产企业集团对待办法》,第 69 页。

〔3〕 参见邹海林、周泽新:《破产法学新发展》,中国社会科学出版社 2013 年版,第 287 页。

〔4〕 参见联合国国际贸易法委员会:《贸易法委员会破产法立法指南——第三部分:破产企业集团对待办法》,第 69 页。

撤销期的追溯起点。理由如下:其一,平衡债权人保护和交易安全的关系。《企业破产法》区分债务人处分财产的偏颇性行为不当性的危害程度,规定了期限长短不同的临界期间,目的主要是在于既能有效防止债务人处分财产的偏颇性行为,又不过分影响交易安全。[1] 以最早提出启动申请的日期来计算的话,虽然可以往前追溯更长的期间,有助于最大限度覆盖维护全体债权人的清偿利益,但是,实质合并破产的关联企业成员在先后不同的申请受理时点之间所达成交易面临如何处理的问题,不利于维护交易的安全和稳定预期。如果采取关联企业成员的"破产程序申请之日"作为计算点,则可以最大限度维护关联企业成员的交易安全,虽然对不同企业适用不同的日期在实际执行上可能非常麻烦,但这可以通过程序协同的方式加以处理,提高处理的效率,故不构成实施的实质性障碍。其二,坚持最大限度尊重非破产原则。"尊重非破产法规范原则"又称布特纳原则(Butner Principle),源于美国最高法院在"布特纳诉美国"案中的判决,主要是指在适用或制定破产法规则之前,必须首先澄清非破产法的规则下的法律关系。除非基于特殊的政策考量,原则上不应对非破产法规范进行变动,抑或在需要保护特定破产参加人利益的情况下,法律需要对非破产法规范进行修正。[2] 实质合并破产并没有否定关联企业成员的交易事实,而是在破产时被拟制为一个破产实体,故对其偏颇性交易行为的撤销应最大限度尊重关联企业基于独立法人成员所作出的行为。

2. 重整期限的计算

当关联企业先后进入重整程序,并且法院最终裁定实质合并重整,此时便产生了实质合并重整期限如何计算的问题。根据《企业破产法》第 72 条之规定,"自人民法院裁定债务人重整之日起至重整程序终止,为重整期间"。在关联企业实质合并破产的情形下,"人民法院裁定债务人重整之日"可能包含三个以上,分别是关联企业成员先后被裁定重整之日和裁定实质合并重整之日,选择何者作为重整期限的起算点,事关整个重整程序的进行和当事人的权益,需要立法加以明确。对此,深圳市中级人民法院、海口市中级人民法院等地出台的《审理企业重整案件的工作指引(试行)》均规定:"合并前已经经过的重整计划草案提交期限,经管理人或者债务人申请,可以重新起算。"很明显,实践中已经认可选择"裁定实质合并重整之日"作为起算点。从重整目的的角度看,此种

---

〔1〕 参见邹海林、周泽新:《破产法学新发展》,中国社会科学出版社 2013 年版,第 289 页。

〔2〕 参见许德风:《破产法基本原则再认识》,载《法学》2009 年第 8 期。

做法尊重了从单个企业重整到多个企业合并重整的变化，而这种变化可能意味着重整协调难度和工作量的增加，从“裁定实质合并重整之日”起计算重整期限可以适度拉长周期，为实质合并重整的成功提供条件，从而维护了相关当事人的整体利益，符合破产法的价值目标。

第三节 关联企业实质合并破产的债务清偿

实质合并破产并不仅仅是在程序层面合并处理，还将从实体层面合并计算关联企业资产后对外统一清偿。联合国国际贸易法委员会制定的《破产企业集团对待办法》建议：“破产法应具体规定，实质性合并令应当具备下列效力：(a)已进入实质性合并的集团成员的资产和负债作为单一破产财产的组成部分处理；(b)消灭列入合并令的集团成员间的债权和债务；以及(c)对列入合并令的集团成员的债权如同对单一破产财产的债权处理。”[1] 在法院裁定实质合并破产后，原本无任何关系的债权人，会由于法院裁定实质合并破产而共同享有合并后的债务人财产。但是，部分债权人获得偿还的金额会因为其他关联企业的债权人共同受偿而减少，同时其债权的实现期限还会因有其他债权人而延后，而那些原本清偿率较低的债权人可能还会因实质合并而获取更多利益。无疑，实质合并破产会在一定程度上加剧不同债权人之间的利益冲突，从而为法院裁判带来极大的挑战。因此，在对关联企业实体层面进行合并时，需在现有破产法价值体系下考量其合并的内容，进行针对性的规则设计。

一、实质合并破产的债务清偿原理

实质合并破产是对关联企业债权债务进行合并处理，作为“一个法人”进行债务清偿。这种实体权利层面的“合并处理”体现在两个方面：一是作为债务清偿基础的债务人财产需要合并计算；二是债权人就合并后的债务人财产统一清偿。

---

〔1〕 联合国国际贸易法委员会：《贸易法委员会破产法立法指南——第三部分：破产企业集团对待办法》，第72－73页。

（一）债务人财产的合并计算

债务人财产是指受破产程序约束的债务人所有的责任财产的总和。[1] 根据我国《企业破产法》第30条的规定："破产申请受理时属于债务人的全部财产，以及破产申请受理后至破产程序终结前债务人取得的财产，为债务人财产。"因债务人财产是债权人受偿的基础，故其范围认定直接关系到债权人的受偿利益。从期间角度看，债务人财产包括两部分：一是法院受理破产申请时，属于债务人的全部财产；二是债务人在法院受理破产申请后至破产程序终结前所取得的财产。从主体角度看，限于债务人的责任财产，即财产持有人或者占有人得以之清偿债务责任的财产。实质合并破产的债务人主体包括多个，其本质是在破产阶段否定其法人独立人格，因此，债务人财产需合并计算，共同构成对外清偿的财产基础。具言之：

第一，对关联企业的财产进行管理上的合并。实质合并破产不仅由统一的法院进行管辖，而且由统一的管理人接管破产事务，对关联企业的资产进行保管和清核，对关联企业的交易活动进行处理。管理人无须再详细甄别关联企业成员的财产归属，更不需要认真谨慎地厘定各企业之间的债权债务之关系。如此对于关联企业之债权债务以及财产进行合并处理，不仅有助于使破产程序的进行更为顺利和简单，减少破产的成本，更有助于平等地偿还所有债权人之债权，保护其合法权益。

第二，关联企业内部的所有债权债务关系消灭。不论是人格混同还是欺诈设立，关联企业之间的关联关系都对外部债权人的公平受偿构成一定影响。企业的实际控制人可能会利用其信息优势，通过在关联企业之间设置债权债务关系的方式对公司的资产进行转移，从而损害外部债权人的合法权益。是故，消灭关联企业之间的求偿是实质合并的应有之义。这一后果实际上通过反对并否定不同企业的法人独立人格身份解决了关联企业之间的高度人格混同问题，弥补了撤销权制度、衡平居次原则等破产规制措施的功能缺陷，有利于提升破产案件的结案效率。以黄山龙恒置业有限公司与黄山龙恒汇金置业有限公司合并破产清算案为例，该案裁判文书中在"裁判理由"部分详细论述了"合并计算"的具体方式，具有一定的代表性，具体内容如下[2]：

---

[1] 参见邹海林：《破产法——程序理念与制度结构解析》，中国社会科学出版社2016年版，第247页。

[2] 安徽省黄山市屯溪区人民法院民事裁定书，（2015）屯破字第00001号之十七。

关联企业间因相互担保而形成的同一笔债权，因关联企业分别破产情形下必然存在不同的清偿率，而该清偿率的不同在关联企业各自财产无法明确区分、界限模糊进而构成人格混同情形下明显有失正当性基础。龙恒置业公司与龙恒汇金公司作为关联企业，因严重丧失法人财产独立性和法人意志独立性，在人民法院破产程序中应当视为一个法律主体，不同企业的财产统一向全体债权人进行分配，同一债权人只计算一次债权金额而不再因关联企业担保单位的多或少而叠加计算，关联企业互负债务则因主体混同而消灭，从而真正实现债权清偿的实质公平。因此，龙恒置业公司与龙恒汇金公司应实质合并清算。

事实上，关联企业的财产合并关乎很多会计和财务方面的细则和规定，颇为专业和复杂，故而本书只针对实质合并中的相关法律问题作出说明。在实质合并破产中，对关联企业之间债权债务的合并计算也符合民法中关于债的清偿方式之一——混同。债的混同是指债权债务同归一人，使债的关系消灭的事实。混同是债消灭的原因之一。债的混同有广义与狭义之分。广义的混同包括三种情形：所有权与他物权归属于同一人；债权与债务归属于同一人；主债务与保证债务归属于同一人。狭义的混同仅指债权与债务归属于同一人，而通常所说的混同仅指狭义的混同而言。[1] 对于关联企业法人人格高度混同的事实，实质合并破产将其视作“一个法人”，因此，关联企业之间的债权债务实际上同归关联企业这一破产主体。这种“混同”的方式不仅可以提升破产的效率，更为关键的是确保破产处理时符合关联企业经营事实，确保不同成员企业的外部债权人之间公平受偿。

（二）债权人受偿的顺位处理

如果说破产财产构成和债权确认是实现公平的手段，清偿顺位则明确表达了法律的公平价值目标。正如有学者所言：“破产债务清偿顺序的利益调整规则是最能体现债权人之间的利益平衡机制，鲜明地体现了破产法对于实质公平目标的追求。”[2] 根据关于债的实体法规定，债权人对于特定的破产财产有着不同的期待利益，表现为质押权、抵押权、抵销权以及一般债权等不同债权内

---

〔1〕 参见史尚宽：《债法总论》，中国政法大学出版社 2000 年版，第 878 页。

〔2〕 杨忠孝：《破产法上的利益平衡问题研究》，北京大学出版社 2008 年版，第 123 页。

容。为了维护正常的交易秩序，需要区别对待一般债权人和特殊债权人，而这种对于统一性质债权人平等对待，不同性质债权人区别对待的做法是符合公平价值理念的。[1]

实质合并规则将关联企业视作一个整体，并非意味着债权人平均分配，而是在一个企业的语境下公平分配合并后的"资产池"，共同承担破产费用和共益债务。正如《破产企业集团对待办法》所建议："破产法应具体规定，实质性合并应当尽可能承认在实质性合并令下达之前根据破产法确立的适用于企业集团个别成员的优先次序。"[2]具言之，在关联企业实质合并破产中，外部债权统一清偿包含两个层面的意思：其一，不论哪个成员企业，其同类别债权人地位相同。实质合并破产将关联企业视为"整体"，各成员企业的债权人实际上等同于与一个实体在交易，因此不同企业的同类别债权人拥有同样的清偿顺位。其二，实质合并后的债权人仍需根据《企业破产法》设定的债权人分配顺位获得清偿。原则上，债权人按各自的债权比例就合并后形成的破产财产进行分配。而如果是采用实质合并的方式进行重整的，那么重整计划草案中应制定统一的债权分类、债权调整以及债权受偿方案。实质合并破产是否定关联企业之间的独立法人人格，但并非彻底否定关联企业的法人人格，而是将关联企业作为"一个法人"进行破产，因此仍然应该依循《企业破产法》的清偿顺位安排。这体现了破产法对法人人格制度所构筑的价值体系的尊重，有助于保护债权人基本预期，维护商业秩序。

二、实质合并破产的债务清偿方式

根据实质合并破产统一清偿的原理，关联企业的债权人就合并后的债务人财产受偿，而清偿顺位则仍然遵循《企业破产法》的基本规定。但是，在具体的清偿过程中，不同的债权类型及其债权主体的清偿地位也存在着一定的区别，需要分类处理。

（一）担保债权的处理

在破产财产分配中，担保债权一般具有优先于所有其他破产债权受偿的地位。在我国，《企业破产法》第 109 条规定："对破产人的特定财产享有担保权的

---

〔1〕 参见[日]伊藤真：《破产法》，刘荣军、鲍荣振译，中国社会科学出版社 1995 年版，第 7－8 页。

〔2〕 联合国国际贸易法委员会：《贸易法委员会破产法立法指南——第三部分：破产企业集团对待办法》，第 73 页。

权利人,对该特定财产享有优先受偿的权利。”而这种优先地位的依据为效率理论。通常来说,在资金借贷市场中,风险和市场利率是成正比的。为了减少借贷风险,担保现象大量存在,这无疑导致借贷市场利率降低。若没有授予担保债权在破产财产分配中极大的优先权之地位,担保债权人势必会将债务人破产风险纳入利率计算中,进而通过提升利率的方式以弥补坏账风险,如此无疑会提升社会融资成本,导致社会资源的损耗。是故,担保债权的超级优先权安排可以说是基于社会财富最大化的公共政策。[1]

作为一项破产措施,实质合并破产仍应最大限度尊重担保债权的优先受偿地位,但是会因担保债权的内容不同而有所区别。根据担保的方式不同,担保债权人主要涵盖以下两种类型,分别为物的担保债权人和信用的担保债权人。其中,实质合并对物的担保债权人行使权利不会造成影响,然而会严重影响信用担保债权人的权利实现。原因在于:实质合并破产的核心是对法人独立人格身份的一种否认,外部债权人会将整个关联企业视为一个统一的整体,对于他们而言,只有关联企业这一个债务人,而令其为自身债务保证毫无意义,故而此种情况这项债权不能要求优先受偿,应当视为普通债权并按照相应比例受偿。此外,基于被合并的关联企业之间的债务而建立的担保债权或者出于欺诈目的而建立的担保债权也会因合并而消灭。上述这些规则在《破产企业集团对待办法》中也有所体现:“破产法应当具体规定,在列入实质性合并令的企业集团成员资产上持有担保权益的债权人的权利和优先权,在实质性合并中应尽可能得到尊重,除非:(a)附担保债务完全是企业集团成员之间的债务,因实质性合并令而消灭;(b)认定担保权益系经由债权人参与的欺诈获得;或(c)设定担保权益的交易可以根据建议第87、88条或第217条予以撤销。”[2]

(二)普通债权的清偿

实质合并破产规则将债务人的所有债务以及资产进行合并处理,其对普通债权人的影响无疑是最大的。实质合并破产的原理在于将所有关联企业的资产纳入统一清偿的“资产池”,虽然不能增加债权人原本的追偿金额,但是会使得各债权人的追偿数额趋于相同。由此可能会造成这样的局面:部分债权人因

---

〔1〕 参见郭丁铭:《我国破产债权受偿顺序之完善》,载《昆明理工大学学报(社会科学版)》2013年第2期。

〔2〕 联合国国际贸易法委员会:《贸易法委员会破产法立法指南——第三部分:破产企业集团对待办法》,第65页。

为实质合并获得了更高的清偿数额，而部分债权人却因此遭受受偿金额的减少。其中，向实质合并的关联企业申请清偿的债权人通常为受益方，而那些原本可以向关联企业成员求偿的债权人，却因为实质合并破产需要和其他债权人共享债权而遭受损失的人即为受损方。普通债权人，不仅需要面对实质合并后造成的债务清偿数额的减少，更要面对那些与其共享债权的债权人清偿数额增多的情形。

实质合并破产事实上不会对债务人财产的总数量造成影响，但会影响债务清偿的分配格局和比例。另外，普通债权人还有多种类型，其既包括自愿债权人，亦包括非自愿债权人。对于前者，主要是指那些出于意思自治而积极与企业发生交易的债权人，对于后者，则是指诸如遭受侵权的由于非自愿而产生债权的债权人。其中对于自愿债权而言，一般情况下应当按照比例分配，然而，不同关联企业具有不同数量的债务及其清偿率，在合并之后可能会发生资产状况良好的企业之债权人获得比之前还要低的清偿，出于该债权人的善意可以允许其提出反对意见，承担其只是由于信任该企业和对方进行交易的举证责任，如果异议成立，那么就可以不适用实质合并。对于非自愿债权，由于本来就不是出于真实的意思自治，因而不存在对债务人的合理期待问题，故而对这部分债权的处理方式应当比照其他普通债权，将合并后的破产财产按照比例对其分配。

此外，实质合并破产对于劳动债权的处理也需遵循上述逻辑，进行具体处理。劳动债权是指因为企业拖欠职工工资、劳动保险费、因企业破产解除劳动合同而应支付给职工的补偿金等所发生的职工请求企业给付一定金钱的权利。[1] 在我国，企业法制呈现“双规并行”的特点，即由所有制企业法体系和责任制企业法体系组成。[2] 由所有制标准可知，企业可以划分为国有企业、集体企业以及私营企业，其中不同性质的企业的职工安置标准并不相同。在裁定实质合并破产后，关联企业中的不同性质的成员企业应该按照何种标准确定职工安置标准便成为现实问题。本书认为，劳动债权并无普通债权人的期待利益，仍然应该按照原企业的安置标准进行，而分配的比例与独立破产时无异，分配对象则是合并后的“资产池”。

---

〔1〕 参见王利明：《关于劳动债权与担保物权的关系》，载《法学家》2005 年第 2 期。

〔2〕 参见孙晋：《中国企业法律制度的演进与变革》，中国社会科学出版社 2011 年版，第 257－260 页。

小 结

本部分主要讨论裁定实质合并破产后的法律后果问题。实质合并破产是将关联企业作为一个破产整体对待,故将在程序上和实体上对多个关联企业成员进行合并处理。首先,管理人将统一指定。实践中一般存在重新指定、原有保留和事先统一三种基本模式,具体选择需综合考量关联企业的经济联系、管理人的介入时间、管理人的业务素质等因素。原则上,应尽可能指定原有管理人继续担任实质合并破产的管理人。其次,多个破产程序将被整合。实质合并破产一般包括合并重整、合并和解、合并清算三种基本程序类型,应在公平清偿和提升效益的前提下统一管理破产主体,选择具体的破产程序,处理法人资格存续问题。最后,关联企业的债务清偿将被合并。实质合并破产面临如何具体实现不同关联企业的债权人、不同属性类别的债权人的清偿公平问题。应在统一清偿的逻辑下合并计算债务人财产,依循《企业破产法》的清偿顺位规则进行分类处理。

结　语

关联企业的出现,打破了传统企业法律制度已经建立的平衡和秩序,动摇了规范企业行为的传统法律框架和风险配置机制。在破产法领域,对于利用关联企业之间的关联关系转移资产等损害债权人利益的行为,可通过破产撤销权制度、破产无效行为制度、衡平居次原则等传统法律措施予以规制。然而,当关联企业的资产、业务、人员等人格要素高度混同,以致各成员企业丧失法人人格独立性之时,传统的破产规制手段则面临较大的局限。此时,如果仍然根据关联企业成员的法人人格进行独立破产,那么将无法识别所有破产违法行为,或者区分混同资产所需成本极大,难以实现破产法的公平和效率价值。

发轫于美国判例法实践的实质合并破产规则为关联企业破产提供了新的规制思路,即在特定情形下排除关联企业之间的债权债务关系,并将各成员企业的破产财产合并为一个"资产池"以供所有债权人公平分配。实质合并破产规则的出现弥补了传统破产规制措施的不足,有益于关联企业债权人的公平清偿。但是,由于其在本质上否认了关联企业成员的独立法人人格,一定程度上对法人人格制度构筑的价值体系造成了冲击,因此该规则自产生以来便饱受争议。

在我国这样一个成文法国家,虽然尚无相关立法,但随着关联企业破产实践的需求,法院对实质合并破产规则经历了一个从"不置可否"到"审慎适用"的态度转变。当前,司法实践中出现了大量的关联企业实质合并破产案例,呈现"法官造法"的发展轨迹。然而,各地法院的实质合并破产实践做法不一,使得该规则的适用存在极大的不确定性,不仅影响了法院司法权威,同时也不利于关联企业债权人的利益保护。虽然最高人民法院为此已经开始着手制定适用实质合并破产规则的司法解释,但酝酿多年,至今仍未推出。从理论研究看,实质合并破产似乎成为学界"被遗忘的角落",虽然司法实践中不乏相关案例,但理论研究成果却少之又少。有成果多侧重于从借鉴美国经验的视角对实质合并破产规则进行研究，而基于本土司法实践的研究较少。即使放眼国外，尤其是实质合并破产的发源地美国，这个规则也算“年轻”，仍然在实践探索阶段，难言完善。因此，我国亟须在立法中正式确立关联企业实质合并破产并进行系统的规则设计，但在此之前，仍然需要加强实质合并破产的理论研究，以夯实立法建构的理论基础。

从制度价值看，实质合并破产如同公司法中的法人人格否认一样，并非旨在推翻法人人格制度，而是对滥用法人人格行为的规制，其本质上仍然是维护法人人格制度的价值。但是，实质合并是破产阶段的“法人人格否认”，以债权人清偿公平为目标，较之于公司法中的法人人格否认更为彻底。在经营过程中，资产、业务、人员等法人人格要素的高度混同使得关联企业之间具有实质一体性，从而丧失了独立法人人格的基础，无法独立对外承担债务。此时，将法人人格高度混同的关联企业视为“一个法人”进行合并破产，并未与法人人格制度的理念和价值相悖，而是有利于保护全体债权人的利益。但是，不可否认的是，法人人格独立以及分别独立破产仍然是破产法依循的基本原则，只有在真正确认关联企业独立法人人格的基础不存在之时，实质合并破产方能体现其合理性和正当性。因此，为了避免实质合并破产对公司法法人人格制度的价值造成冲击，应坚持审慎适用的理念，严格限制该规则的适用标准。

从制度构造看，由于实质合并破产是将法律形式上独立的若干破产主体纳入统一的破产程序，衍生了诸多程序上和实体上的现实问题。在启动规则方面，多个原本可以独立破产的主体如何启动实质合并破产、哪些主体可以申请启动实质合并破产、分属多个法院管辖在实质合并破产中由哪个法院管辖更为合理，这些问题关乎实质合并破产的顺利、合理地启动。在裁判规则方面，既有实体标准的合理性问题，也有判断程序上的公正性问题，需要构建一个符合破产法基本价值的判断规则体系。在法律后果方面，如何选择实质合并破产的管理人，如何整合多个不同性质的破产程序，实质合并破产应该遵循何种财产确认方式和债权人清偿规则，这些问题直接涉及债权人公平清偿以及法人人格制度价值的维护，因此在实质合并后仍然需要坚持破产法的清偿顺位，统一清偿，同时适当保护具有信赖利益的债权人。

在《企业破产法》修订的大背景下，实质合并破产入法也迎来第一次良机。然而，从规则属性看，实质合并破产具有典型的衡平法属性，需要法官在具体的案件裁判中充分衡量各方利益，加之当前的实践探索仍然较为有限，较多问题存在一些争议。因此，在当前阶段，应在《企业破产法》中确立关联企业实质合并破产，但是立法不应设计过细，而是以原则性条款为主，通过司法解释、指导性案例等方式细化规则，待相关规则实践探索较为成熟后再逐步纳入。

参考文献

一、中文资料

(一)译著

1.[德]托马斯·莱塞尔、吕迪格·法伊尔:《德国资合公司法》,高旭军等译,法律出版社2005年版。

2.[德]罗森贝克、施瓦布、戈特瓦尔德:《德国民事诉讼法》(下),李大雪译,中国法制出版社2007年版。

3.[英]边沁:《道德与立法原理导论》,时殷弘译,商务印书馆2012年版。

4.[英]丹宁勋爵:《法律的训诫》,杨百揆、刘庸安、丁健译,法律出版社1999年版。

5.[英]费奥娜·托米:《英国公司和个人破产法》(第2版),汤维建、刘静译,北京大学出版社2010年版。

6.[美]理查德·A.波斯纳:《法律的经济分析》,蒋兆康译,中国大百科全书出版社1997年版。

7.[美]大卫·G.爱泼斯坦、史蒂夫·H.尼克勒斯、詹姆斯·J.怀特:《美国破产法》,韩长印等译,中国政法大学出版社2003年版。

8.[美]莱纳·克拉克曼、亨利·汉斯曼等:《公司法剖析:比较与功能的视角》,刘俊海、徐海燕等译,北京大学出版社2007年版。

9.[美]罗伯特·W.汉密尔顿:《公司法概要》,李存捧译,中国社会科学出版社1999年版。

10.[美]罗斯科·庞德:《通过法律的社会控制》,沈宗灵译,商务印书馆2009年版。

11.[日]末永敏和:《现代日本公司法》,金洪玉译,人民法院出版社2000年版。

12.[日]石川明:《日本破产法》,何勤华、周桂秋译,中国法制出版社2000年版。

13.[日]伊藤真:《破产法》,刘荣军、鲍荣振译,中国社会科学出版社1995年版。

14. [瑞士]皮亚杰:《结构主义》,倪连生、王琳译,商务印书馆 1984 年版。

(二)著作

1. 李曙光、郑志斌主编:《公司重整法律评论》第 3 卷,法律出版社 2013 年版。
2. 卞耀武主编:《德国股份公司法》,贾红梅、郑冲译,法律出版社 1999 年版。
3. 丁燕:《上市公司破产重整计划法律问题研究:理念、规则与实证》,法律出版社 2014 年版。
4. 范健、王建文:《破产法》,法律出版社 2009 年版。
5. 郭小冬:《民事诉讼侵害阻断制度研究》,知识产权出版社 2010 年版。
6. 甘培忠:《公司控制权的正当行使》,法律出版社 2006 年版。
7. 顾功耘主编:《公司法律评论》(2003 年卷),上海人民出版社 2003 年版。
8. 韩长印主编:《破产法学》,中国政法大学出版社 2007 年版。
9. 霍敏主编:《破产审判前沿问题研究》,人民法院出版社 2012 年版。
10. 黄来纪、史建三主编:《中德完善公司立法研究》,上海社会科学院出版社 2005 年版。
11. 冀宗儒编著:《美国破产法案例选评》,对外经济贸易大学出版社 2006 年版。
12. 景丽杰主编:《企业改制及破产案例评析》,人民法院出版社 2005 年版。
13. 柯芳枝:《公司法论》,中国政法大学出版社 2004 年版。
14. 刘连煜:《公司法理论与判决研究》(一),台北,三民书局 1995 年版。
15. 刘连煜:《公司法原理》,中国政法大学出版社 2002 年版。
16. 刘俊海:《新公司法的制度创新:立法争点与解释难点》,法律出版社 2006 年版。
17. 李永军:《破产法——理论与规范研究》,中国政法大学出版社 2013 年版。
18. 李永军:《破产法律制度》,中国法制出版社 2000 年版。
19. 李永军:《民法总论》,法律出版社 2006 年版。
20. 李飞主编:《当代外国破产法》,中国法制出版社 2006 年版。
21. 梁上上:《利益衡量论》,法律出版社 2013 年版。
22. 吕世伦、文正邦主编:《法哲学论》,中国人民大学出版社 1999 年版。
23. 毛亚敏:《公司法比较研究》,中国法制出版社 2001 年版。
24. 马俊驹主编:《现代企业法律制度研究》,法律出版社 2000 年版。
25. 施天涛:《公司法论》,法律出版社 2005 年版。
26. 施天涛:《关联企业法律问题研究》,法律出版社 1998 年版。

27. 王欣新、尹正友主编:《破产法论坛》第 2 辑,法律出版社 2009 年版。
28. 石静遐:《跨国破产的法律问题研究》,武汉大学出版社 1999 年版。
29. 石慧荣:《公司法新论》,群众出版社 2001 年版。
30. 石少侠主编:《公司法教程》,中国政法大学出版社 2002 年版。
31. 沈乐平:《母子公司法律问题研究》,经济科学出版社 2007 年版。
32. 沈乐平:《企业集团法律问题》,中山大学出版社 2003 年版。
33. 王欣新、尹正友主编:《破产法论坛》第 5 辑,法律出版社 2010 年版。
34. 史尚宽:《债法总论》,中国政法大学出版社 2000 年版。
35. 史际春、温烨、邓峰:《企业和公司法》,中国人民大学出版社 2001 年版。
36. 孙爱林:《关联交易的法律规制》,法律出版社 2006 年版。
37. 王欣新、尹正友主编:《破产法论坛》第 8 辑,法律出版社 2013 年版。
38. 汤欣等:《控股股东法律规制比较研究》,法律出版社 2006 年版。
39. 王保树、崔勤之:《中国公司法原理》(最新修订第 3 版),社会科学文献出版社 2006 年版。
40. 王欣新:《破产法》(第 2 版),中国人民大学出版社 2007 年版。
41. 王欣新:《破产法理论与实务疑难问题研究》,中国法制出版社 2011 年版。
42. 王欣新:《破产法前沿问题思辨》(上册),法律出版社 2017 年版。
43. 王艳梅、孙璐:《破产法》,中山大学出版社 2005 年版。
44. 王长斌:《企业集团法律比较研究》,北京大学出版社 2004 年版。
45. 汪涛编著:《破产法》,武汉大学出版社 2015 年版。
46. 吴越:《企业集团法理研究》,法律出版社 2003 年版。
47. 习龙生:《控制股东的义务和责任研究》,法律出版社 2006 年版。
48. 徐金发、顾家麒主编:《企业集团的组织与管理》,浙江人民出版社 1988 年版。
49. 杨仁寿:《法学方法论》(第 2 版),中国政法大学出版社 2013 年版。
50. 虞政平:《股东有限责任:现代公司法律之基石》,法律出版社 2001 年版。
51. 殷召良:《公司控制权法律问题研究》,法律出版社 2001 年版。
52. 赵万一、卢代富主编:《公司法:国际经验与理论架构》,法律出版社 2003 年版。
53. 赵旭东:《企业与公司法纵论》,法律出版社 2003 年版。
54. 赵志钢:《公司集团基本法律问题研究》,北京大学出版社 2006 年版。

55. 朱慈蕴:《公司法人格否认法理研究》,法律出版社 1998 年版。
56. 张艳丽:《破产欺诈法律规制研究》,北京大学出版社 2008 年版。
57. 杨忠孝:《破产法上的利益平衡问题研究》,北京大学出版社 2008 年版。
58. 邹海林:《破产法——程序理念与制度结构解析》,中国社会科学出版社 2016 年版。
59. 贺丹:《企业集团破产:问题、规则与选择》,中国法制出版社 2019 年版。
60. 邢丹:《关联公司破产的法律规制》,知识产权出版社 2022 年版。

(三)论文

1. 重庆市高级人民法院民二庭课题组:《关联企业破产实体合并中的法律问题及对策》,载《法律适用》2009 年第 12 期。
2. 冯果:《公司重整制度与债权人的法律保护》,载《武汉大学学报(哲学社会科学版)》1997 年第 5 期。
3. 郭丁铭:《我国破产债权受偿顺序之完善》,载《昆明理工大学学报(社会科学版)》2013 年第 2 期。
4. 贺丹:《上市公司重整中的公司集团破产问题》,载《政治与法律》2012 年第 2 期。
5. 胡冰、胡鸿高:《美国破产清算托管人职责制度及其启示》,载《法学》2010 年第 7 期。
6. 姜峰:《多数决、多数人暴政与宪法权利——兼议现代立宪主义的基本属性》,载《法学论坛》2011 年第 1 期。
7. 姜婉莹:《公司法人格否认之人格混同情形司法适用研究》,载《商事法论集》2009 年第 1 期。
8. 李永军、李大何:《重整程序开始的条件及司法审查——对"合并重整"的质疑》,载《北京航空航天大学学报(社会科学版)》2013 年第 6 期。
9. 李曙光:《破产法的基本价值》,载《法制日报》2007 年 3 月 25 日,第 11 版。
10. 李曙光:《破产法新问题研究》,载《政法论坛》2002 年第 3 期。
11. 李曙光:《新破产法中管理人的五种角色》,载《中国注册会计师》2007 年第 11 期。
12. 李志强:《关于我国破产重整计划批准制度的思考——以债权人利益保护为中心》,载《北方法学》2008 年第 3 期。
13. 刘黎明、田鑫:《美国破产法之偏颇清偿制度及对我国的借鉴意义——兼论我国新破产法第 32 条及相关条款》,载《法学评论》2008 年第 3 期。
14. 廖凡:《论证券公司的破产清算特别程序——以中美比较为视角》,载《法学》2006 年第 7 期。
15. 马新彦:《信赖与信赖利益考》,载《法律科学(西北政法学院学报)》2000 年第 3 期。
16. 彭插三:《论美国破产法中的实质合并规则》,载《财经理论与实践》2010 年第 2 期。
17. 齐明:《论破产重整中的公司治理——美国经验及其借鉴》,载《当代法学》2009 年第 2 期。
18. 齐明:《破产重整期间的企业控制权刍议——兼评〈破产法〉第 73 条》,载《当代法学》2010 年第 5 期。
19. 乔博娟:《论破产撤销权之行使——兼析〈最高人民法院关于适用《企业破产法》若干问题的规定(二)〉》,载《法律适用》2014 年第 5 期。
20. 施天涛:《关联企业的公司法调整》,载《政法论坛》1998 年第 6 期。
21. 石静遐:《母公司对破产子公司的债务责任——关于"揭开公司面纱"理论的探讨》,载《法学评论》1998 年第 3 期。
22. 邵明舟:《试论对生效裁判和执行行为的破产撤销权》,载《人民司法》2012 年第 19 期。
23. 孙笑侠:《法的形式正义与实质正义》,载《浙江大学学报(人文社会科学版)》1999 年第 5 期。
24. 宋玉霞:《经济法理念发展需要中国哲学思想的推进》,载《法学论坛》2013 年第 1 期。
25. 沈理平:《破产清算中的税收优先权》,载《税务研究》2005 年第 3 期。
26. 陶蛟龙、史和新:《关联公司合并破产重整若干法律问题研究——以纵横集团"1 + 5"公司合并重整案件为视角》,载《政治与法律》2012 年第 2 期。
27. 谭玲:《试论公司人格混同》,载《杭州商学院学报》2002 年第 5 期。
28. 唐卫华:《供给侧改革视阈下企业破产重整机制的创新》,载《经济论坛》2016 年第 11 期。
29. 唐军:《论破产撤销权》,载《社会科学研究》2013 年第 1 期。
30. 汤维建:《论破产管理人》,载《法商研究(中南政法学院学报)》1994 年第 5 期。

31. 汤维建:《论债权人会议的职权范围——兼议我国〈企业破产法(试行)〉第15条规定的修改与完善》,载《法学》1995年第9期。
32. 田学伟、徐阳光:《论破产程序中的税收债权》,载《政治与法律》2008年第9期。
33. 王欣新、周薇:《关联企业的合并破产重整启动研究》,载《政法论坛》2011年第6期。
34. 王欣新、周薇:《论中国关联企业合并破产重整制度之确立》,载《北京航空航天大学学报(社会科学版)》2012年第2期。
35. 王欣新、蔡文斌:《论关联企业破产之规制》,载《政治与法律》2008年第9期。
36. 王欣新、丁燕:《论破产法上信息披露制度的构建与完善》,载《政治与法律》2012年第2期。
37. 王欣新:《破产撤销权研究》,载《中国法学》2007年第5期。
38. 施天涛:《关联企业概念之法律透视》,载《法律科学(西北政法学院学报)》1998年第2期。
39. 王龙刚:《欺诈性财产转让的破产法规制》,载《中国政法大学学报》2010年第3期。
40. 王红梅、周玮:《关联企业破产适用实体合并规则的制度探究》,载《产业与科技论坛》2015年第14期。
41. 王永亮、黄杰国、高丽宏:《关联企业破产实体合并的司法实践》,载《人民司法》2010年第16期。
42. 王利明:《关于劳动债权与担保物权的关系》,载《法学家》2005年第2期。
43. 王卫国:《论重整制度》,载《法学研究》1996年第1期。
44. 王卫国:《新破产法草案与公司法人治理》,载《法学家》2005年第2期。
45. 田信、李尊:《关联企业实质合并探析》,载王欣新、尹正友主编:《破产法论坛》第8辑,法律出版社2013年版。
46. 王轶:《民法价值判断问题的实体性论证规则——以中国民法学的学术实践为背景》,载《中国社会科学》2004年第6期。
47. 王建平:《破产清算程序如何转化为重整程序》,载《人民司法》2009年第12期。
48. 王洪平、房绍坤:《破产撤销权行使的实体条件释论——以〈破产法〉第31、

32 条的规定为分析对象》,载《中国商法年刊》2007 年刊。
49. 汪世虎:《试论破产法上的撤销权》,载《现代法学》1998 年第 3 期。
50. 徐阳光:《论关联企业实质合并破产》,载《中外法学》2017 年第 3 期。
51. 熊伟:《作为特殊破产债权的欠税请求权》,载《法学评论》2007 年第 5 期。
52. 许德风:《组织规则的本质与界限——以成员合同与商事组织的关系为重点》,载《法学研究》2011 年第 3 期。
53. 许德风:《论破产中无偿行为的撤销》,载《法商研究》2012 年第 1 期。
54. 郁琳:《关联企业破产整体重整的规制》,载《人民司法(应用)》2016 年第 28 期。
55. 朱慈蕴:《公司法人格否认法理在母子公司中的运用》,载《法律科学(西北政法学院学报)》1998 年第 5 期。
56. 朱慈蕴:《公司法人格否认:从法条跃入实践》,载《清华法学》2007 年第 2 期。
57. 朱黎:《论实质合并破产规则的统一适用——兼对最高人民法院司法解释征求意见稿的思考》,载《政治与法律》2014 年第 3 期。
58. 张颖:《破产法撤销权制度和无效行为制度的二元立法模式》,载《政治与法律》2008 年第 12 期。
59. 张少丽:《关联企业实质合并破产制度研究》,载《重庆第二师范学院学报》2014 年第 4 期。
60. 张晨颖:《破产制度价值研究》,载《北京大学学报(哲学社会科学版)》2003 年第 6 期。
61. 张艳丽:《破产欺诈与立法对策》,载《法学杂志》2005 年第 6 期。
62. 最高人民法院:《闽发证券有限责任公司与北京辰达科技投资有限公司、上海元盛投资管理有限公司、上海全盛投资发展有限公司、深圳市天纪和源实业发展有限公司合并破产清算案》,载《中华人民共和国最高人民法院公报》2013 年第 11 期。
63. 沈阳市中级人民法院课题组:《关联企业破产实体合并法律适用问题研究》,载王欣新、尹正友主编:《破产法论坛》第 5 辑,法律出版社 2010 年版。
64. 孙晓敏:《关联企业破产法律责任分析与制度构建》,载王欣新、尹正友主编:《破产法论坛》第 2 辑,法律出版社 2009 年版。
65. 王新新:《论我国公司法人人格否认制度》,载《东南学术》2009 年第 3 期。

66. 李曙光:《破产无效行为》,载《法制日报》2007 年 8 月 12 日,第 11 版。
67. 解正山:《企业集团“合并破产”实证研究》,载《现代经济探讨》2020 年第 2 期。
68. 赵天书:《企业集团破产程序的选择方案——从价值分歧到利益结构》,载《中国政法大学学报》2021 年第 4 期。
69. 肖彬:《实质合并破产规则的立法建构》,载《山东社会科学》2021 年第 4 期。
70. 王静、蒋伟:《实质合并破产制度适用实证研究——以企业破产法实施以来 76 件案例为样本》,载《法律适用》2019 年第 12 期。
71. 王欣新:《关联企业的实质合并破产程序》,载《人民司法(应用)》2016 年第 28 期。
72. 贺丹:《破产实质合并司法裁判标准反思——一个比较的视角》,载《中国政法大学学报》2017 年第 3 期。

二、外文资料

1. Phillip Blumberg, *The Law of Corporate Groups*, New York: Little Brown & Co. Law & Business, 1986.
2. Adolf A. Berle, *The Theory of Enterprise Entity*, Colombia Law Review, Vol. 47: 3(1947).
3. Douglas and Shanks, *Insulation from Liability through Subsidiary Corporations*, Yale Law Journal, Vol. 39(1929).
4. Willett S., *Doctrine of Robin Hood: A Note on Substantive Consolidation*, DePaul Business & Commercial Law Jouranl, Vol. 4, p. 69(2005).
5. Krieger, Marcia S., *Bankruptcy Court Is a Court of Equity: What Does That Mean*, South Carolina Law Review, Vol. 50:2(1999).
6. William C. Blasses, *Redefining into Reality: Substantive Consolidation of Parent Corporations and Subsidiaries*, Emory Bankruptcy Developments Journal, Vol. 24: 2(2008).
7. Gilbert, J. Stephen, *Substantive Consolidation in Bankruptcy: A Primer*, Vanderbit Law Review, Vol. 43(1990).
8. Maurice Wormser, *Piercing the Veil of Corporate Entity*, Columbia Law Review, Vol. 12:6(1912).

9. Mary Elisabeth Kors, *Altered Egos: Deciphering Substantive Consolidation*, University of Pittsburgh Law Review, Vol. 59:2(1998).

10. Torem & Rau, *The Subsidiary in France: Problems of Control under French Law*, Texas International Law Journal, Vol. 8(1973).

11. Schmittoff, *Banco Ambrosiano and Modern Company Law*, Journal of Business Law, Vol. 3(1982).

12. Widen W H., *Report to the American Bankruptcy Institute: Prevalence of Substantive Consolidation in Large Public Company Bankruptcies from 2000 to 2005*, American Bankruptcy Institute Law Review, Vol. 16, p. 5(2008).

13. Sears Jr., Samuel P., *Bankruptcy—Affiliated Corporations—Merger of Assets—Weight Given to Creditor's Reliance on Single Corporation—Chemical Bank New York Trust Co. v. Kheel*, Boston College Law Review, Vol. 8:4, p. 963(1967).

14. Timothy E. Graulich, *Substantive Consolidation—A Post - modern Trend*, American Bankruptcy Institute Law Review, Vol. 14, Issue 2, p. 527 - 566 (2006).

15. Ashe, George, *The Corporate Entity in Bankruptcy: Subordination—Consolidation—Merger*, American Bankruptcy Institute Law Review, Vol. 46:295(1972).

16. Elkin, Judith, *Lifting the Veil and Finding the Pot of Gold: Piercing the Corporate Veil and Substantive Consolidation in the United States*, Dispute Resolution International, Vol. 6:2, p. 145 - 148(2012).

17. Christopher J. Predko, *Substantive Consolidation Involving Non - debtors: Conceptual and Jurisdictional Difficulties in Bankruptcy*, Wayne Law Review, Vol. 41:4(1995).

18. Barrett, Michael A., *Substantive Consolidation after Nortel: The Treatment of Corporate Groups in Canadian Insolvency Law*, Canadian Business Law Journal, Vol. 59:3(2017).

19. Farar, John, *Piercing the Corporate Veil in Favour of Creditors and Pooling of Groups: A Comparative Study*, Bond Law Review, Vol. 25(2013).

20. Stevens, Richard, *The Consolidation of Assets and Liabilities within Company Groups*, DQ(2014).

21. Jonathan M. Landers, *A Unified Approach to Parent, Subsidiary, and Affiliate Questions in Bankruptcy*, University of Chicago Law Review, Vol. 42: 4 (1975).

22. Richard A. Posner, *The Rights of Creditors of Affiliated Corporations*, University of Chicago Law Review, Vol. 43:3(1976).

23. Brasher, Andrew, *Substantive Consolidation: A Critical Examination*, Unpublished Manuscript, Vol. 65(2006).

24. Widen, William H, *Corporate Form and Substantive Consolidation*, George Washington Law Review, Vol. 75:2(2007).

25. Conti, Joy Flowers, *An Analytical Model for Substantive Consolidation of Bankruptcy Cases*, Business Lawyer(ABA), Vol. 38:3(1983).

26. Henry Peter, *Insolvency in a Group of Companies, Substantive and Procedural Consolidation: When and How?*, Genf: Schulthess, 2006.

27. Bowling, Scott R., *Substantive Consolidation and Parties' Incentives in Chapter 11 Proceedings*, New York University Annual Survey of American Law, Vol. 66:2(2010).

附　　录

1. 涉及关联企业实质合并破产的司法文本统计表(截止到2022年12月31日)

地区	发布单位	文本名称	发布时间(按各省市内的发布先后顺序排列)
全国	最高人民法院	全国法院破产审判工作会议纪要	2018-03-04
		最高人民法院第29批指导性案例	2021-09-14
重庆市	重庆市高级人民法院	重庆市高级人民法院企业破产案件社会中介机构管理人指定办法	2016-10-18
	重庆市第五中级人民法院	重庆市第五中级人民法院企业破产案件社会中介机构管理人指定办法(2019年修订)	2019-02-14
	重庆市高级人民法院	重庆市高级人民法院关于破产案件简化审理的工作规范	2019-12-31
	重庆市第五中级人民法院	重庆市第五中级人民法院印发《关于在审理企业破产案件中防范和打击逃废债务行为的工作指引(试行)》的通知	2021-11-10
	重庆市第五中级人民法院	重庆市第五中级人民法院关于印发《破产案件快速审理指引》的通知	2021-11-15
	重庆市第五中级人民法院	重庆市第五中级人民法院关于印发《重整案件审理指引(试行)》的通知	2021-12-28
	重庆市第五中级人民法院	重庆市第五中级人民法院关于印发《破产案件管理人指定办法》的通知(2022年修订)	2022-05-05

续表

地区	发布单位	文本名称	发布时间（按各省市内的发布先后顺序排列）
江苏省	江苏省高级人民法院审判委员会	江苏省高级人民法院审判委员会关于妥善审理破产案件、维护经济社会稳定若干问题的讨论纪要	2009－02－03
	江苏省高级人民法院	江苏省高级人民法院破产案件审理指南（2011）	2011－11－01
	江苏省高级人民法院	江苏省高级人民法院关于充分发挥破产审判职能作用服务保障供给侧结构性改革去产能的意见	2016－08－10
	江苏省高级人民法院	江苏省高级人民法院民事审判第二庭关于印发《破产案件审理指南（修订版）》的通知（2017）	2017－11－17
	江苏省高级人民法院	江苏省高级人民法院破产案件审理指南（2017年修订）	2017－11－17
	江苏省高级人民法院	江苏省高级人民法院印发《关于精心打造高质量司法服务和保障江苏高质量发展走在前列的实施意见》的通知	2018－05－28
	江苏省高级人民法院	江苏省高级人民法院印发《关于"执转破"案件简化审理的指导意见》的通知	2018－06－01
	江苏省高级人民法院	江苏省高级人民法院关于印发《关于充分发挥审判职能作用为企业家创新创业营造良好法治环境的实施意见》的通知	2018－09－18
	江苏省高级人民法院	江苏法院2018年度十大典型案例	2019－01－10
	江苏省高级人民法院	2018年度江苏法院审理企业破产十大典型案例	2019－03－06
	江苏省高级人民法院	2019年江苏法院破产审判典型案例	2020－02－27
	江苏省高级人民法院、中国人民银行南京分行、中国银行保险监督管理委员会江苏监管局	江苏省高级人民法院、中国人民银行南京分行、中国银保监会江苏监管局关于印发《关于做好破产企业金融事项办理优化营商环境的实施意见》的通知	2021－12－03

续表

地区	发布单位	文本名称	发布时间（按各省市内的发布先后顺序排列）
江苏省	江苏省高级人民法院	江苏省高级人民法院破产审判典型案例	2022－03－25
	江苏省高级人民法院	江苏省高级人民法院助力中小微企业发展优化营商环境第一批典型案例	2022－06－16
	江苏省高级人民法院	江苏省高级人民法院发布2022年度十大典型案例	2023－01－12
上海市	上海市高级人民法院	上海市高级人民法院关于调整本市企业破产案件受理审批工作的规定	2010－10－20
	上海市高级人民法院	上海市高级人民法院关于评定企业破产案件一级管理人的公告	2014－09－22
	上海市高级人民法院	上海市高级人民法院指定企业破产案件管理人办法	2015－09－19
	上海市高级人民法院	关于印发《上海市高级人民法院破产审判工作规范指引（试行）》的通知	2018－08－31
	上海市高级人民法院，国家税务总局上海市税务局	上海市高级人民法院、国家税务总局上海市税务局关于优化企业破产程序中涉税事项办理的实施意见	2020－04－27
	上海市高级人民法院	上海破产法庭2020年度典型案例	2021－02－03
	上海市高级人民法院、上海市司法局	上海市高级人民法院、上海市司法局关于重新编制上海市高级人民法院企业破产案件管理人名册的公告	2022－01－18
	上海破产法庭	上海破产法庭关于规范破产案件接管工作办法	2022－06－07
	上海破产法庭	上海破产法庭关于规范债务人对外股权投资处置工作办法（试行）	2022－06－10
浙江省	浙江省高级人民法院	浙江省高级人民法院关于印发《关于企业破产案件简易审若干问题的纪要》的通知	2013－07－05
	浙江省高级人民法院	浙江省高级人民法院关于强化司法职能推进企业兼并重组的意见	2014－09－23

续表

地区	发布单位	文本名称	发布时间（按各省市内的发布先后顺序排列）
浙江省	温州市中级人民法院	关于在审理企业破产案件中防范和打击逃废债行为的会议纪要	2014－11－04
	浙江省高级人民法院	浙江省高级人民法院办公室关于印发《破产案件管理人指定工作规程（试行）》的通知	2016－05－16
	浙江省高级人民法院	浙江省高级人民法院关于邀请省外破产案件管理人社会中介机构备案履职的通告	2016－05－17
	浙江省高级人民法院	浙江省高级人民法院关于为我省构建全面开放新格局提供有力司法保障的意见	2018－05－23
	浙江省高级人民法院	浙江省高级人民法院关于印发《关于深化执行与破产程序衔接推进破产清算案件简易审理若干问题的会议纪要（二）》的通知	2020－01－09
	杭州市中级人民法院、杭州市人力资源和社会保障局	杭州市中级人民法院、杭州市人力资源和社会保障局印发《关于加强企业破产程序中有关事项司法协作的意见》的通知	2020－12－10
广东省	广东省高级人民法院	广东省高级人民法院关于印发《全省部分法院破产审判业务座谈会纪要》的通知	2012－07－02
	深圳市中级人民法院	深圳市中级人民法院发布《破产案件立案规程》等5个规程	2015－02－05
	深圳市中级人民法院	深圳市中级人民法院关于为优化营商环境提供司法保障的意见	2018－06－21
	广东省高级人民法院	广东省高级人民法院发布《加强民营经济司法保护十大典型案例》	2018－12－09
	深圳市中级人民法院	深圳市中级人民法院关于印发《审理企业重整案件的工作指引（试行）》的通知	2019－03－25
	深圳市中级人民法院	深圳市中级人民法院关于印发《关于提升"办理破产"质效优化营商环境的实施意见》的通知	2019－04－30
	广东省高级人民法院	广东省高级人民法院关于印发《广东省高级人民法院关于审理企业破产案件若干问题的指引》的通知	2019－11－29

续表

地区	发布单位	文本名称	发布时间（按各省市内的发布先后顺序排列）
广东省	广东省高级人民法院	广东省高级人民法院关于稳妥开展破产审判工作服务疫情防控和经济社会发展的通知	2020－02－21
	广州市中级人民法院	广州市中级人民法院关于印发《推进破产案件快速审理的工作指引（试行）》的通知	2020－02－25
	广州市中级人民法院	广州市中级人民法院印发《关于破产重整案件审理指引（试行）》的通知	2020－05－28
	广东省高级人民法院	广东法院优化营商环境破产典型案例	2020－12－21
	广东省高级人民法院	广东省高级人民法院发布破产审判十大典型案例	2021－08－08
	佛山市中级人民法院	佛山市中级人民法院破产重整案件审理操作规程（试行）	2022－04－20
	佛山市中级人民法院	佛山中院发布2021年度十大案例	2022－02－11
北京市	北京市高级人民法院	北京市高级人民法院关于印发《北京市高级人民法院企业破产案件审理规程》的通知	2013－07－22
	北京破产法庭	北京破产法庭破产重整案件办理规范（试行）	2019－12－30
	北京市高级人民法院	北京市高级人民法院关于印发《北京市高级人民法院关于推动诉讼执行全流程提速服务市场化法治化国际化营商环境的意见》及相关附件的通知	2021－03－31
	北京市第一中级人民法院	北京市第一中级人民法院关联企业实质合并重整工作办法（试行）	2022－04－28
山东省	山东省高级人民法院	山东省高级人民法院企业破产案件管理人管理办法（试行）	2016－12－30
	山东省高级人民法院	山东省高级人民法院关于印发《企业破产案件审理规范指引（试行）》的通知	2019－09－26
	山东省高级人民法院	山东高级人民法院发布全省十大破产典型案例	2019－12－25
	青岛市中级人民法院	山东省青岛市中级人民法院关联企业实质合并破产工作操作指引（试行）	2021－10－20

续表

地区	发布单位	文本名称	发布时间（按各省市内的发布先后顺序排列）
山东省	青岛市中级人民法院	青岛市中级人民法院发布破产审判十大典型案例	2021 - 04 - 22
	威海市中级人民法院	威海市中级人民法院办公室关于审理关联企业实质合并破产案件的工作指引	2021 - 09 - 30
	山东省高级人民法院	山东省高级人民法院发布 2021 年度全省法院商事审判和破产审判典型案例	2022 - 01 - 19
	青岛市中级人民法院	青岛市中级人民法院破产案件管理人选任与考核办法（试行）（2022 年修订）	2022 - 12 - 12
湖南省	湖南省高级人民法院	湖南省高级人民法院关于规范企业破产案件管理人工作的若干意见（试行）	2018 - 07 - 16
四川省	四川省高级人民法院	四川省高级人民法院关于印发《关于审理破产案件若干问题的解答》的通知	2019 - 03 - 20
	成都高新区人民法院	成都高新区人民法院关于简化破产案件审理程序的工作指引（试行）	2019 - 07 - 31
	乐山市中级人民法院	四川省乐山市中级人民法院关于推进破产案件繁简分流的实施意见（试行）	2019 - 09 - 02
	资阳市中级人民法院	资阳市中级人民法院关于印发《关于推进破产案件繁简分流实施意见（试行）》的通知	2021 - 07 - 27
	资阳市中级人民法院	资阳市中级人民法院关于印发《关于适用合并破产相关规定审理关联企业破产案件的实施意见（试行）》的通知	2021 - 08 - 31
	德阳市中级人民法院	德阳市中级人民法院关于印发《“执转破”简案移送的规范指引》的通知	2021 - 08 - 31
	四川省高级人民法院	四川省高级人民法院发布破产审判十大典型案例（2017—2021）	2022 - 09 - 22
云南省	云南省高级人民法院	云南省高级人民法院破产案件审判指引（试行）	2019 - 05 - 20
	昆明市中级人民法院	昆明市中级人民法院关于规范全市法院房地产企业破产案件审理相关问题的指引（试行）	2019 - 11 - 19

续表

地区	发布单位	文本名称	发布时间（按各省市内的发布先后顺序排列）
河南省	洛阳市中级人民法院	洛阳市中级人民法院关于关联公司实质性合并破产操作指引（试行）	2019-06-19
	郑州市中级人民法院	郑州市中级人民法院关于印发《关于关联企业实质合并破产操作指引》的通知	2019-12-27
	安阳市中级人民法院	安阳市中级人民法院关于关联公司实质性合并破产操作指引（试行）	2020-08-10
	河南省高级人民法院	河南省高级人民法院印发《关于审理企业破产案件破产成本管理的指引》的通知	2020-08-28
黑龙江省	黑龙江省高级人民法院	黑龙江省高级人民法院关于充分发挥司法职能支持企业应对疫情服务保障企业健康发展的意见	2020-02-07
	齐齐哈尔市中级人民法院	齐齐哈尔市中级人民法院关于推进破产案件繁简分流实施意见（试行）	2020-07-10
	齐齐哈尔市中级人民法院	齐齐哈尔市中级人民法院关于破产案件适用快速审理机制办案指引（试行）	2020-12-16
辽宁省	大连市中级人民法院	大连市中级人民法院关于简化破产案件审理程序的工作指引	2020-03-31
	大连市中级人民法院，国家税务总局大连市税务局	辽宁省大连市中级人民法院、国家税务总局大连市税务局印发《关于优化企业破产处置过程中涉税事项办理的意见》的通知	2020-07-02
吉林省	吉林省高级人民法院	吉林省高级人民法院关于印发《推进法治化营商环境建设专项行动方案》和《法治化营商环境建设评价指标体系及操作规则（试行）》的通知	2020-06-11
	吉林省高级人民法院	吉林省高级人民法院发布服务保障企业发展十大典型案例	2022-06-08
	长春市中级人民法院	吉林省长春市中级人民法院关于设立长春破产法庭并集中管辖部分破产案件的公告	2022-06-21
陕西省	陕西省高级人民法院	陕西省高级人民法院破产案件审理规程（试行）	2020-12-31

续表

地区	发布单位	文本名称	发布时间（按各省市内的发布先后顺序排列）
贵州省	贵州省高级人民法院	贵州省高级人民法院关于印发《贵州省高级人民法院破产审判工作实务操作指引（试行）》的通知	2021－05－20
山西省	晋中市中级人民法院	晋中市中级人民法院关于印发《山西省晋中市中级人民法院关于关联企业实质合并破产工作指引（试行）》的通知	2021－07－28
广西壮族自治区	广西壮族自治区高级人民法院	广西壮族自治区高级人民法院关于印发《关于规范破产案件管理人工作若干问题的意见（试行）》的通知	2021－11－25
海南省	海南省高级人民法院	海南省高级人民法院关于"执转破"案件简化审理的裁判指引（试行）	2021－12－24
	海南省高级人民法院	海南省高级人民法院发布2022年度十大典型案例	2023－01－14
江西省	江西省高级人民法院	江西省高级人民法院关于印发《破产案件适用快速审理方式的工作指引》的通知	2022－06－16

2. 代表性关联企业实质合并破产案例一览表

序号	案件名称	案号	启动模式	裁判理由	裁判依据
1	浙江伊美薄膜工业集团有限公司等八家公司实质合并破产重整案	（2023）浙0782破7－14号	分别破产，再行合并	债权债务无法区分或区分成本过高，各被申请人已丧失独立人格，构成人格混同；合并重整更利于维护全体债权人的利益	《公司法》第三条、第二十一条第一款、第二百一十六条，《企业破产法》第一条、第四条，《民事诉讼法》第一百五十七条第一款第十一项
2	杭州阳宇钢结构有限公司与杭州洁惠管业有限公司实质合并破产清算案	（2023）浙0111破4、9号	先行合并，再审破产	两家企业法人人格高度混同	《企业破产法》第一条、第二条

续表

序号	案件名称	案号	启动模式	裁判理由	裁判依据
3	杭州利通数码通讯有限公司等三家公司实质合并破产清算案	（2023）浙0111破19、20、21号	部分破产，再行并入	法人人格混同；公平对待债权人	《企业破产法》第一条、第二条
4	遂昌金竹水电开发有限公司与遂昌古楼水电开发有限公司实质合并和解案	（2023）浙1123破2号	先行合并，再审破产	全资母子公司，且两家公司的人事、财务等公司法人人格的要素存在高度混同，两家公司注册地及实际办公地址均为同一处，两家公司共同使用办公设施、其他设备，未区分各公司独立资产，且两家公司的经营业务相同，在成本、费用分担方面存在混合，难以区分彼此，已构成法人人格混同	《企业破产法》第一条、第二条、第三条、第七条
5	玉溪方正新型建材有限公司与玉溪方圆预应力基础工程有限公司实质合并破产清算案	（2023）云04破申1号	分别破产，再行合并	两公司法人人格高度混同，分别清算将严重损害债权人公平清偿利益	《公司法》第三条第一款，《企业破产法》第二条第一款、第七条第一款，《最高人民法院关于适用〈中华人民共和国企业破产法〉若干问题的规定（一）》第四条第三项，《最高人民法院关于适用〈中华人民共和国民事诉讼法〉的解释》第五百一十三条

续表

序号	案件名称	案号	启动模式	裁判理由	裁判依据
6	河南省宋河酒业股份有限公司与宋河酒实业有限公司实质合并破产清算案	（2023）豫1628 破 4、5 号	分别破产，再行合并	人格高度混同、区分两家公司财产的成本过高、严重损害债权人公平清偿利益、提高重整效率、降低重整成本	《企业破产法》第一条、第二条、第四条，《民事诉讼法》第一百五十七条第一款第十一项
7	洛阳钰隆冷轧材料有限公司与钰隆集团有限公司实质合并破产清算案	（2023）豫0308 破 3－4 号	部分破产，再行并入	人格混同、区分企业财产成本过高、有利于债权人公平受偿	无
8	郑州第二钢铁有限公司与郑州第二钢铁有限公司实质合并破产清算案	（2023）豫01 破 24 号	分别破产，再行合并	财产混同、人员混同、债务混同程度高、持续时间长，财产区分难度大、耗费时间长、成本高；单独破产将损害债权人公平清偿权利	《企业破产法》第一条、第二条、第四条，《民事诉讼法》第一百五十七条
9	伟大集团城乡发展股份有限公司等七家公司实质合并破产重整案	（2023）湘02 破 9 号	分别破产，再行合并	人格高度混同、区分各关联公司财产的成本过高以及对七家公司进行实质合并破产有利于保护全体债权人的公平清偿利益	《企业破产法》第一条、第二条、第七条、第七十一条之规定，《民事诉讼法》第一百五十七条第一款第十一项
10	江苏省建工集团控股有限公司与江苏省建工集团有限公司实质合并破产重整案	（2023）苏0481 破 24、25 号，（2023）苏0481 破申 64 号	分别破产，再行合并	法人人格高度混同；过度支配与控制，不实质合并将严重损害债权人利益；区分三家公司财产的成本过高。实质合并重整并不影响债权人的清偿顺序	《企业破产法》第二条、第四条、第七十一条

续表

序号	案件名称	案号	启动模式	裁判理由	裁判依据
11	溧阳市鼎强新型建材有限公司与江苏宝钻机械制造有限公司实质合并破产重整案	（2023）苏0481破1、2号	分别破产，再行合并	鼎强公司与宝钻公司存在法人人格的高度混同；鼎强公司与宝钻公司间财产的区分成本过高；实质合并有利于维护债权人公平清偿利益	《企业破产法》第二条、第四条、第七十一条
12	洋县玉虎化工有限责任公司与洋县益民绿色农业科技有限公司实质合并破产重整案	（2023）陕07破1号之一	部分破产，再行并入	法人人格高度混同、区分各关联企业成员财产的成本过高、严重损害债权人公平清偿利益	《企业破产法》第一条、第二条、第三条、第四条、第七十一条，《民事诉讼法》第一百五十七条第一款第十一项
13	延安东弘启泰汽车服务有限公司与延安弘丰泛想汽车服务有限公司实质合并破产清算案	（2023）陕06破2号之十	部分破产，再行并入	法人人格高度混同；财务管理严重混同，区分财产成本过高；保障全部债权人公平受偿的利益	《企业破产法》第二条，《陕西省高级人民法院破产案件审理规程（试行）》第二百四十三条
14	环球园艺（西安）有限责任公司等五家公司实质合并破产重整案	（2023）陕01破107号之一	部分破产，再行并入	法人人格高度混同；区分环球园艺公司与四家子公司的财产成本过高；避免因单体破产而引发的损害相关债权人公平受偿利益现象的出现	《陕西省高级人民法院破产案件审理规程（试行）》第二百四十二条、第二百四十三条
15	贵州明德实业有限责任公司与荔波军华畜牧发展有限公司实质合并破产清算案	（2023）黔27破1号	部分破产，再行并入	两家公司的人事、经营管理、财务、资产等方面存在高度混同、区分两家公司资产成本过高、提高清偿效率	《企业破产法》第一条、第二条、第四条，《公司法》第二十条，《民事诉讼法》第一百五十七条第一款第十一项

续表

序号	案件名称	案号	启动模式	裁判理由	裁判依据
16	贵州渝能矿业有限责任公司等六家公司实质合并破产重整案	（2023）黔03破5、6、7、8、9、10号	分别破产，再行合并	存在法人人格高度混同、区分各公司财产成本过高的情形	《公司法》第二十条、第二十一条及《企业破产法》第二条
17	菏泽中盈房地产开发有限公司与郓城中盈商业管理有限公司实质合并破产重整案	（2023）鲁1725破2号	先行合并，再审破产	两家公司严重丧失法人财产独立性，也严重侵害了债权人合法权益	《企业破产法》第一条、第二条、第四条、第七十条、第七十一条，《民事诉讼法》第一百五十七条第一款第十一项
18	滨州盟威斯林格缸套有限公司等五家公司实质合并破产清算案	（2023）鲁1621破3号	部分破产，再行并入	法人人格混同、保护各利害关系人的合法利益	《公司法》第三条第一款、第二十条、第二十一条，《企业破产法》第二条、第四条、第七条（参见《全国法院破产审判工作会议纪要》中关于关联公司合并破产的有关规定），《民事诉讼法》第一百五十七条第一款第十一项
19	山东惠民好世界纺织有限责任公司与山东惠民时泰纺织有限公司责任公司实质合并破产清算案	（2023）鲁1621破1号之二	分别破产，再行合并	法人人格高度混同、区分各关联企业成员财产的成本过高、严重损害债权人公平清偿利益	《企业破产法》第二条第二款

续表

序号	案件名称	案号	启动模式	裁判理由	裁判依据
20	山东聊城金泰节能科技有限公司与金泰公司与阳谷鲁发新材料有限公司实质合并破产重整案	(2023)鲁15破1号之三	部分破产,再行并入	二者实质已构成公司法人人格混同,各关联企业的资金使用及偿债资金来源难以区分,分别梳理各企业的财产成本过高,若单独适用破产程序将严重损害债权人公平清偿利益	《公司法》第三条第一款、第二百一十六条第四项,《企业破产法》第一条、第二条、第四条、第七十一条
21	临邑县鲁北炭素有限公司等六家公司实质合并破产清算案	(2023)鲁1424破申3－1号	部分破产,再行并入	法人人格高度混同;核对区分财产的成本过高;实质合并破产有利于保护债权人的整体利益	《公司法》第三条、第二百一十六条第四项,《企业破产法》第一条、第二条、第四条,《民事诉讼法》第一百五十七条第一款第十一项
22	华盛江泉集团有限公司等四十八家公司实质合并破产重整案	(2023)鲁1311破1－48号之一	部分破产,再行并入	四十八家公司在实际运营中已严重丧失法人独立意志、组织架构和生产经营混同、丧失财产独立性、有利于公平清偿债务,保证债权人利益	《公司法》第三条第一款、第二百一十六条第四项,《企业破产法》第一条、第二条、第四条、第七十一条
23	临沂天喜实业有限公司等三家公司实质合并破产重整案	(2023)鲁1302破3、4、5号	分别破产,再行合并	在经营管理、人员管理、资产管理和财务管理等方面存在高度混同,导致法人人格高度混同,且区分成本过高,会严重损害债权人公平清偿利益	《公司法》第三条、第二十条,《企业破产法》第二条、第七十一条
24	康平纳集团等十五家企业实质合并破产重整案	(2023)鲁0902破1－15号	部分破产,再行并入	人格高度混同、区分成本过高、实质合并有利于债权人利益保护	《公司法》第三条第一款、第二百一十六条第四项,《企业破产法》第一条、第二条、第七十一条

续表

序号	案件名称	案号	启动模式	裁判理由	裁判依据
25	汶上县佳洁服装有限公司与济宁美菡服饰有限公司实质合并破产清算案	（2023）鲁0830破4号	分别破产，再行合并	人员、业务、财务等表征人格的因素高度混同，严重损害债权人公平受偿利益	《公司法》第二十条第三款，《企业破产法》第二条、第四条
26	山东国风风电设备有限公司等三家公司实质合并破产重整案	（2023）鲁0612破1号之一	分别破产，再行合并	三家公司法人明显丧失了法人的独立意志及财产独立性，强行区分三家公司的资产将增加重整成本，不利于重整程序的推进，且会严重损害全体债权人公平清偿利益	《企业破产法》第二条、第三条、第七十一条
27	山东鑫能能源设备制造有限公司与山东鑫能昆冈轻量化装备有限公司实质合并破产清算案	（2023）鲁03破1、5号	分别破产，再行合并	两公司财产不能完全相互独立，区分各公司资产成本过高，合并审理有利于公平清理债权债务，公平保护债权人的合法权益	《企业破产法》第二条第一款、第四条，《民事诉讼法》第一百五十七条第一款第十一项
28	淄博市临淄汇尔经贸有限公司等六家公司实质合并破产清算案	（2023）鲁0305破6、7、8、9、10、11号	分别破产，再行合并	法人人格高度混同、区分各关联企业成员财产成本过高、严重损害债权人公平清偿利益	《企业破产法》第一条、第二条、第四条
29	山东瑞丰不锈钢有限公司等十三家公司实质合并破产和解案	（2023）鲁1625破2号	先行合并，再审破产	各公司在人员、财、务方面存在高度关联性和法人人格混同情形，如不进行合并和解，将不利于和解程序进程。为公平清理债权债务，提高企业运营价值	《公司法》第三条第一款、第二十条、第二十一条，《企业破产法》第二条第一款、第三条、第七条、第九十五条，《民事诉讼法》第一百五十七条第一款第十一项

续表

序号	案件名称	案号	启动模式	裁判理由	裁判依据
30	河北凯跃化工集团有限公司等四十三家公司实质合并破产重整案	（2023）冀1026破1号之三	部分破产，再行并入	四十三家公司法人人格高度混同，区分凯跃集团等四十三家公司财产的成本过高，合并重整有利于维护整体债权人的公平清偿利益	《企业破产法》第一条、第二条、第四条，《全国法院破产审判工作会议纪要》第三十二条，《民事诉讼法》第一百五十七条第一款第十一项
31	榆树安济医院与榆树市安济医院有限公司实质合并破产重整案	（2023）吉0182破1号之二	部分破产，再行并入	两主体已丧失法人财产独立性、法人意志独立性，法人人格高度混同	《企业破产法》第一条、第二条、第四条、第七十一条，《民事诉讼法》第一百五十七条第一款第十一项
32	讷河市神禾贸易有限责任公司与讷河市精益食品有限责任公司实质合并破产重整案	（2023）黑0281破2、3号	分别破产，再行合并	丧失法人意志独立性、丧失法人财产独立性、严重侵害了债权人合法权益、人格权高度混同	《企业破产法》第一条、第二条、第四条、第七十条、第七十一条，《民事诉讼法》第一百五十七条第一款第十一项
33	江西婺源朱子实业有限公司等六家公司实质合并破产重整案	（2023）赣1130破3号	部分破产，再行并入	六家公司之间法人人格高度混同。六家公司财产混同，区分成本过高，若单个企业进行重整，将严重损害债权人公平清偿利益；本院已对朱子实业公司等六家公司作出实质合并预重整决定书	《公司法》第二十条，《企业破产法》第一条、第四条
34	江西省汉氏贵金属有限公司等四家公司实质合并破产清算案	（2023）赣1129破1号	部分破产，再行并入	法人人格高度混同、区分各关联企业成员财产的成本过高、严重损害债权人公平清偿利益	《企业破产法》第二条、第四条，《民事诉讼法》第一百五十七条

续表

序号	案件名称	案号	启动模式	裁判理由	裁判依据
35	江西惠明科技发展有限公司与江西鼎帆实业有限公司实质合并破产清算案	（2023）赣1102破2号之一、（2021）赣1102破1号之一	分别破产，再行合并	存在经营场所、人员、财务、财产等法人人格高度混同且无法区分的情形	《企业破产法》第一条、第二条第一款
36	江西双威晶体电子科技有限公司和江西双威车辆有限公司实质合并破产清算案	（2023）赣0823破2、3号	分别破产，再行合并	法人人格高度混同；区分两家公司的资产和负债成本过高	《企业破产法》第二条、第四条和《民事诉讼法》第一百五十七条第一款第十一项
37	峡江县宏盛纸业有限公司与峡江县富兴纸业有限公司实质合并破产和解案	（2023）赣0823破4、5号	分别破产，再行合并	实际股东与实际控制一致，公司财务、资金、管理、经营场地等混同，已形成法人人格高度混同，其实质是经营权与公司资产持有权恶意相分离，将严重损害债权人利益，如不进行合并和解，将不利于和解程序进程，不能提高企业运营价值	《企业破产法》第二条第一款、第三条、第七条、第九十五条，《民事诉讼法》第一百五十七条第一款第十一项
38	湖北远东卓越科技股份有限公司等三家公司实质合并破产重整案	（2023）鄂11破2、3、4号之二	分别破产，再行合并	考虑三家公司之间资产的混同程度、债权人整体清偿利益，以及增加远东公司重整的可能性等因素	《企业破产法》第一条、第二条、第四条，《民事诉讼法》第一百五十七条第一款第十一项
39	大冶市金湾实业有限公司与金湾国际大酒店管理有限公司实质合并破产重整案	（2023）鄂0281破1、6号	分别破产，再行合并	法人人格高度混同、区分各关联企业成员财产的成本过高、降低两公司之间财产区分、重整资源配置的成本、保障债权人公平清偿利益	《企业破产法》第二条、第七十一条

续表

序号	案件名称	案号	启动模式	裁判理由	裁判依据
40	武汉舵落口物流公司等三家公司实质合并破产清算案	（2023）鄂0112破20号之一	部分破产，再行并入	各关联企业明显丧失了法人财产独立性；各关联公司明显丧失了法人意志独立性，已经构成了法人人格的高度混同；严重损害关联企业及其他债权利益	《公司法》第三条第一款、第二十一条第二款、第二百一十六条第四项，《企业破产法》第一条、第四条和《民事诉讼法》第一百五十七条第一款第十一项
41	万源市长城汽修中心与万源市新长城汽贸有限公司合并破产清算案（不受理）	（2023）川1781破2号	分别破产，再行合并	现有证据也不足以证实两公司财务混同、财产难以区分或区分成本过高	《全国法院破产审判工作会议纪要》第三十二条
42	四川省德福隆实业有限公司等四家公司实质合并破产重整案	（2023）川1002破1号	分别破产，再行合并	四家企业在企业运营、资产、财务、人事等表征公司法人人格的要素方面具有高度混同的情形，资产和债权债务的区分成以及各自进行破产的成本较高，合并重整更利于维护全体债权人的利益	《公司法》第三条、第二百一十六条，《企业破产法》第一条、第二条第二款、第四条，《民事诉讼法》第一百五十七条第一款第十一项
43	四川省巨阳集团与乐至两家公司实质合并破产重整案（被依法驳回）	（2023）川0504破2号之二	部分破产，再行并入	当尊重企业法人人格的独立性，对企业适用单个破产程序为原则，严格审慎适用关联企业实质合并破产；法人人格高度混同的证据不足，不符合实质合并重整的法定条件	《民事诉讼法》第六十八条，《最高人民法院关于适用〈中华人民共和国民事诉讼法〉的解释》第九十条

续表

序号	案件名称	案号	启动模式	裁判理由	裁判依据
44	四川省巨洋企业管理集团有限公司等十家公司实质合并破产重整案	(2023)川0504破2号	部分破产，再行并入	法人人格高度混同，区分各关联企业成员财产的成本过高，实质合并重整有利于保护全体债权人的公平清偿利益	《企业破产法》第二条、第四条、第七十一条
45	恒信玺利实业股份有限公司等七家公司实质合并破产重整案	(2023)藏0124破1号	部分破产，再行并入	七家公司属于关联企业；七家公司在资金管理、经营业务、人事任免、资产、债权债务、关联担保等方面存在显著、广泛的混同情况，已构成公司法人人格混同，丧失了财产独立性，债权债务难以区分；有利于公平清偿债务，保护债权人利益	《公司法》第三条第一款、第二百一十六条第四项，《企业破产法》第一条、第二条、第四条、第七十一条
46	浙江华厦建设集团有限公司等四家公司实质合并破产重整案	(2022)浙0783破85－88号	先行合并，再审破产	法人人格高度混同，区分各关联公司财产的成本过高，对其合并重整有利于保护全体债权人公平清偿利益	《公司法》第三条、第二十一条第一款，《企业破产法》第二条、第七条、第十条、第七十条第一款、第七十一条
47	宁波天安(集团)股份有限公司等八家公司实质合并破产重整案	(2022)浙0225破20号之一	先行合并，再审破产	法人人格高度混同、区分成本过高、损害债权人公平清偿利益	《企业破产法》第一条、第二条、第七十一条
48	德宏后谷咖啡有限公司等二十四家公司实质合并破产重整案	(2022)云31破2号之二	部分破产，再行并入	法人人格高度混同，区分各关联企业成员财产的成本过高，对其合并重整有利于保护全体债权人的公平清偿利益	《企业破产法》第二条、第四条、第七条、第七十一条，《民事诉讼法》第一百五十七条第一款第十一项

续表

序号	案件名称	案号	启动模式	裁判理由	裁判依据
49	阿桑娜电子商务有限公司与凯丽有限公司实质合并破产清算案	（2022）粤04破27号之五，（2022）粤04破31号之五	分别破产，再行合并	两公司在财产、人员、管理、业务等方面高度混同；对全体债权人作出公平清偿	《公司法》第二十条，《企业破产法》第二条、第三条、第四条
50	河南顺发置业有限公司等四家公司实质合并破产重整案	（2022）豫15破3－1号	部分破产，再行并入	符合法人人格混同的构成要件；区分公司各自财产成本过高	《企业破产法》第二条、《民事诉讼法》第一百五十七条
51	河南科迪乳业股份有限公司等四家公司实质合并破产重整案	（2022）豫14破3号之八	部分破产，再行并入	资产混同；财务制度、人员混同；经营业务混同；债权债务混同	《企业破产法》第一条、第二条
52	漯河市永信置业有限公司等三家公司实质合并破产重整案	（2022）豫11破8－3号	部分破产，再行并入	在人员、财务、业务等高度混同，区分两关联企业财产的成本过高，如进行实质合并将有利于全体债权人利益	《企业破产法》第二条、第三条、第七十一条
53	重庆阿兴记农业开发有限公司等八家公司实质合并破产重整案	（2022）渝05破125、126、127、128、350、351、352、353号	分别破产，再行合并	构成人格高度混同；财产难以区分，区分成本过高；保障全体债权人的公平清偿利益	《企业破产法》第一条、第二条、第四条，《民事诉讼法》第一百五十七条第一款第十一项
54	湖南鑫聚威电子科技有限公司等七家公司实质合并破产清算案	（2022）湘0702破2号之五	部分破产，再行并入	法人人格高度混同且无法区别	《公司法》第三条第一款、第二十条第三款，《企业破产法》第二条、第四条

续表

序号	案件名称	案号	启动模式	裁判理由	裁判依据
55	湖南颐通物流园发展有限公司与湖南颐通置业有限公司实质合并破产清算案	(2022)湘0382破1号之七	分别破产，再行合并	法人人格高度混同、区分关联企业成员财产的成本过高、对其合并破产有利于保护全体债权人的公平清偿利益	《企业破产法》第一条、第二条、第七条，《民事诉讼法》第一百五十七条第一款第十一项
56	株洲市顺天房地产开发有限责任公司与株洲市天玺房地产开发有限公司实质合并破产重整案	(2022)湘02破2号之一	分别破产，再行合并	法人人格混同，区分两家公司财产的成本过高，对其实质合并重整有利于保护全体债权人的公平清偿利益	《公司法》第三条第一款、第二十条第三款，及《企业破产法》第二条、第四条、第七十一条
57	湖南今升电子商务有限公司等七家公司实质合并破产清算案	(2022)湘01破91－2号，(2022)湘01破205－1号	部分破产，再行并入	在核心控制人员和资金使用上存在高度混同，区分各关联企业成员财产的成本极高，不利于实现债权人公平清偿	《企业破产法》第二条、第七条
58	宣城敬葶湖装饰建材有限公司等六家企业合并破产清算案	(2022)皖1802破4、6号	部分破产，再行并入	六家公司在股东、人员、财务、业务、经营场地等方面高度混同；平等保护全体债权人的利益，提高破产清算效率	《企业破产法》第二条、第七条第一款
59	马鞍山兴蒲工业发展有限公司与志城投资有限公司实质合并破产清算案	(2022)皖0523破8号，(2023)皖0523破23号	分别破产，再行合并	法人高度混同、区分各关联企业成员财产的成本过高且会严重损害债权人公平清偿利益	《企业破产法》第二条、第三条、第四条

续表

序号	案件名称	案号	启动模式	裁判理由	裁判依据
60	宿迁市小雨服装有限公司与老涧畜牧养殖有限公司实质合并破产清算案	（2022）苏1311破50号，（2023）苏1311破9号	分别破产，再行合并	构成人格混同；公平清理债权、债务，平等保护各方当事人的合法权益	《公司法》第三条第一款、第二十条第一款、第三款，《企业破产法》第一条、第四条、第三十条，《民事诉讼法》第一百五十七条第一款第十一项
61	江苏春绿粮油有限公司等五家公司实质合并破产清算案	（2022）苏1311破30号，（2022）苏1311破77号，（2022）苏1311破78号，（2022）苏1311破84号，（2021）苏1311破28号	分别破产，再行合并	构成人格混同；平等保护各方当事人的合法权益	《公司法》第三条第一款、第二十条第一款、第三款，《企业破产法》第一条、第四条、第三十条，《民事诉讼法》第一百五十七条第一款第十一项
62	扬州蓝白工艺品有限公司等三家公司实质合并破产清算案	（2022）苏1003破59、60、61号	分别破产，再行合并	三家公司在机构、人员、办公场所、内部决策、财产方面存在实质混同	《企业破产法》第一条，《全国法院破产审判工作会议纪要》第三十二条
63	扬州金阳光控股集团有限公司等九家公司实质合并破产清算案	（2022）苏1003破12－14、16、20、22、25号，（2021）苏1003破5、23号	分别破产，再行合并	法人人格高度混同，区分关联企业成员财产的成本过高，对其实质合并审理有利于保护全体债权人的公平清偿利益	《企业破产法》第二条、第三条、第四条

续表

序号	案件名称	案号	启动模式	裁判理由	裁判依据
64	江苏省海洋石化集团有限公司等五家公司实质合并破产清算案	(2022)苏0707破3、4、5、6号，(2021)苏0707破8号	先行合并，再审破产	人员、业务、财务等表征人格的因素高度混同，导致各自财产及债权债务无法区分，严重损害债权人公平受偿利益	《公司法》第二十条第三款，《企业破产法》第二条、第四条
65	海科工业有限公司等三家公司实质合并破产清算案	(2022)苏0684破52号	分别破产，再行合并	法人人格高度混同、区分各关联企业成员财产成本过高、严重损害债权人公平受偿利益	《企业破产法》第一条、第二条，《民事诉讼法》第一百五十七条第一款第十一项
66	常熟市康耐特设备制造有限公司与常熟市佳诚涂层钢板有限公司实质合并破产重整案	(2022)苏0581破64号、65号之一	分别破产，再行合并	各自财产及债权债务无法区分；存在人格高度混同	《公司法》第三条一款、第二十条第三款，《企业破产法》第一条、第四条，《民事诉讼法》第一百五十七条第一款第十一项
67	邳州御华府太平洋商业有限公司与江苏国田置业有限公司实质合并破产清算案	(2022)苏0382破32号之五	分别破产，再行合并	法人人格高度混同；财产高度混同；保护全体债权人的公平受偿权益	《民法典》第六条，《公司法》第三条第一款、第二十条，《企业破产法》第一条、第四条，《民事诉讼法》第五十五条第一款、第一百五十七条第一款第十一项，《最高人民法院关于适用〈中华人民共和国民事诉讼法〉的解释》第二百二十一条

续表

序号	案件名称	案号	启动模式	裁判理由	裁判依据
68	徐州苏洋环保热电有限公司与盛源热力有限公司实质合并破产清算案	(2022)苏0302破14号之二,(2022)苏0302破49号	分别破产,再行合并	法人人格高度混同,区分关联企业成员财产成本过高,实质合并破产清算有利于保障全体债权人公平清偿	《企业破产法》第二条、第四条,《民事诉讼法》第一百五十七条第一款第十一项
69	金盛置业投资集团有限公司等二十八家公司实质合并破产重整案	(2022)苏01破11号之一	先行合并,再审破产	法人人格高度混同、区分成本是否过高、实质合并重整将保障全体债权人公平清偿利益、二十八家公司已具备整体重整原因	《企业破产法》第一条、第二条、第七十一条
70	贵州剑河园方林业投资开发有限公司与贵州园方木结构建筑产业发展有限公司实质合并破产重整案	(2022)黔2629破1、2号	分别破产,再行合并	构成了法人人格高度混同	《企业破产法》第二条、第四条、第七十一条,《民事诉讼法》第一百五十七条第一款第十一项
71	贵州金沙黄磷厂有限责任公司等三家公司实质合并破产清算案	(2022)黔0523破1号	部分破产,再行并入	法人人格高度混同、三家公司财产难以划分、维护债权人公平受偿合法权益	《企业破产法》第一条、第二条、第四条,《民事诉讼法》第一百五十七条第一款第十一项
72	滨州市京盛置业有限公司等是三家公司实质合并破产清算案	(2022)鲁16破1、3－14号	分别破产,再行合并	严重丧失法人财产独立性和法人意志独立性,法人人格高度混同	《公司法》第三条第一款、第二十条、第二十一条,《企业破产法》第一条、第二条第二款、第四条、第七十条第一款、第七十一条,《民事诉讼法》第一百五十七条第一款第十一项

续表

序号	案件名称	案号	启动模式	裁判理由	裁判依据
73	临邑县宏巨饲料有限公司等四家公司实质合并破产清算案	（2022）鲁1424 破 1 号	部分破产，再行并入	各公司已丧失独立人格、构成法人人格的高度混同；公平清理债权债务，平等保护债权人	《公司法》第三条第一款、第二百一十六条第四项，《企业破产法》第一条、第二条、第四条
74	山东金晖光电有限公司等五家公司实质合并破产清算案	（2022）鲁0983 破 4 号之一	部分破产，再行并入	已构成法人人格混同；平等保护各方当事人的合法权益	《企业破产法》第一条、第二条
75	山东鼎成新材料有限公司等三家公司实质合并破产重整案	（2022）鲁0792 破 5、6 号	部分破产，再行并入	三家企业在人员、资产、财务及业务方面存在混同，这些混同事项存在持续性、广泛性和显著性，严重影响了三家企业的独立性，属于法人人格高度混同，并将严重损害大多数债权人的公平清偿利益；保障各方当事人之间的实质公平，节约司法资源、提升企业重整可能性	《公司法》第二十条，《企业破产法》第一条、第二条、第四条、第七十一条，《民事诉讼法》第一百五十四条第一款第十一项
76	海汇集团有限公司等三十三家公司实质合并破产和解案	（2022）鲁1122 破 2 号之二	先行合并，再审破产	各公司已经严重丧失了独立公司应有的财产独立性和意志独立性，构成法人人格的高度混同	《公司法》第三条第一款、第二十条、第二十一条，《企业破产法》第二条、第三条、第七条、第九十五条，《民事诉讼法》第一百五十七条第一款第十一项
77	辽宁忠旺集团有限公司等 253 家公司实质合并破产重整案	（2022）辽01 破 7－1 号	部分破产，再行并入	法人人格高度混同，区分各关联企业成员财产的成本过高，对其实质合并重整有利于保护全体债权人的公平清偿利益	《企业破产法》第一条、第二条、第七十一条

续表

序号	案件名称	案号	启动模式	裁判理由	裁判依据
78	张家口市秀林房地产开发有限公司与天澳实业有限公司实质合并破产重整案	（2022）冀0791破1、3号	分别破产，再行合并	主体适格；人格高度混同；公平保护全体债权人的合法权益	《企业破产法》第一条、第二条
79	河北华国建筑装饰设计工程有限公司等三家公司实质合并破产重整案	（2022）冀0208破3、4、5号	分别破产，再行合并	法人人格高度混同、区分关联企业成员财产的成本过高、对其合并重整有利于保护全体债权人公平清偿利益	《企业破产法》第二条、第七十一条
80	河北珑玺山医院有限公司等四家公司实质合并破产重整案	（2022）冀0110破2号之二	部分破产，再行并入	法人人格高度混同、区分各关联企业成员财产的成本过高、对其合并重整有利于保护全体债权人的公平清偿利益	《企业破产法》第二条、第三条、第七十一条
81	河北众美房地产开发集团有限公司等三家公司实质合并破产重整案	（2022）冀0108破1、2、3号	分别破产，再行合并	法人人格高度混同，区分关联企业成员财产的成本过高，对其合并重整，有利于降低破产成本、提高重整效率，实现包括债务人、全体债权人在内的各方当事人之间实质公平	《企业破产法》第二条、第七十一条
82	石家庄汇特房地产开发有限公司等三家公司实质合并破产重整案	（2022）冀0105破1号之二，（2023）冀0105破1号	部分破产，再行并入	构成法人人格高度混同；强行区分成本过高，势必损害全体债权人公平受偿的权利	《企业破产法》第二条、第七十一条

续表

序号	案件名称	案号	启动模式	裁判理由	裁判依据
83	萍乡市都市农庄生态园开发有限公司与海南麓林湖养老产业投资有限公司实质合并破产重整案	（2022）赣0313 破 1号之一	部分破产，再行并入	两公司为关联企业、存在法人人格的高度混同、保护关联企业债权人的整体清偿利益、增加重整可能性	《企业破产法》第二条、第三条、第四条、第七十一条，《民事诉讼法》第一百五十七条第一款第十一项
84	正邦集团有限公司与江西永联农业控股有限公司实质合并破产重整案	（2022）赣01 破 38、39 号	分别破产，再行合并	法人人格高度混同、区分各关联企业成员财产的成本过高；保障债权人的公平清偿利益	《企业破产法》第二条、第七十一条
85	荆州市旭城投资开发有限公司与荆州市四维置业有限公司实质合并破产清算案	（2022）鄂1003 破 1号，（2021）鄂 1003 破4 号	分别破产，再行合并	法人人格高度混同、区分各关联企业成员财产的成本过高、严重损害债权人公平清偿利益	《公司法》第二十条第一款、第二十一条第一款，《企业破产法》第二条第一款、第三条
86	大悟华成房地产开发有限公司与大悟县金色华府酒店经营管理有限公司实质合并破产清算案	（2022）鄂0922 破 2号之一，（2022）鄂0922 破 3号之一	分别破产，再行合并	人格高度混同；严重损害债权人公平清偿利益	《公司法》第三条第一款、第二百一十六条第四项，《企业破产法》第一条、第四条，《民事诉讼法》第一百五十七条第一款第十一项
87	湖北林枫原工贸有限公司与湖北任森农业科技发展股份有限公司实质合并清算案	（2022）鄂0528 破 1号之二	部分破产，再行并入	两公司在公司人员、财务、经营、资产等要素具有高度混同的情况，湖北林枫原工贸有限公司丧失独立法人意志和独立法人财产、债权债务分开清理较为困难	无

续表

序号	案件名称	案号	启动模式	裁判理由	裁判依据
88	巴中置信投资有限公司与恩阳置信投资有限公司实质合并破产重整案	（2022）川19破12号之三	分别破产，再行合并	人格混同，缺乏独立承担民事责任的人格基础，且分别清理企业的债权债务，将严重损害部分债权人的正当利益	《企业破产法》第一条、第二条、第四条，《民事诉讼法》第一百五十七条第一款第十一项
89	四川广安光前集团有限公司等五家公司实质合并破产重整案	（2022）川1603 破 3号	分别破产，再行合并	进行实质合并重整；四家公司之间的财产、债权债务、交叉担保借款等无法区分或区分成本过高	《公司法》第二十条，《企业破产法》第一条、第三十条、第七十一条
90	四川蓬溪和谐之歌文化旅游建设投资有限公司等三家公司实质合并破产清算案	（2022）川0921 破 1号，（2023）川0921破1号，（2023）川0921 破2号	分别破产，再行合并	具备法定破产原因，三家公司法人人格高度混同，对其合并破产清算有利于保护全体债权人的公平清偿权利	《企业破产法》第二条、第四条、第七条，《民事诉讼法》第一百五十七条第一款第十一项
91	君宏集团有限公司等三家公司实质合并破产重整案	（2022）川0903 破 1号之一	分别破产，再行合并	三家公司在财产、人员、组织结构、经营管理等多方面混同，已经丧失公司法人意志独立性，具有高度的关联关系。若分别独立进行重整，重整工作交叉重复将导致成本浪费、效率降低；提升重整价值；维护三家公司全体债权人整体公平受偿利益	《企业破产法》第一条、第二条、第七十一条

续表

序号	案件名称	案号	启动模式	裁判理由	裁判依据
92	吉安铜锣湾广场投资有限公司等四家关联公司实质合并重整案	（2022）赣08破1、2、3、4号	分别破产，再行合并	同一实际控制人，人事、财务、资产等方面存在高度混同，相互担保现象严重，已构成法人人格混同，导致区分各自公司财产和厘清各自债权债务成本过高，并将严重损害大多数债权人的公平清偿利益	《公司法》第二十条，《民事诉讼法》第一百五十七条第一款第十一项
93	南丰县兄弟果业有限公司与南丰县南洋果业有限责任公司实质合并破产清算案	（2022）赣1023破3、4号	分别破产，再行合并	法人人格高度混同（经营场所和业务范围混同、管理混同、同一实际控人、人员混同、财务混同）；区分二者财产的成本过高（交叉担保、资产混同）；单独破产将严重损害债权人公平清偿利益；实质合并破产清算有利于节约成本，提高破产清算的效率	《公司法》第三条、第二十条，《企业破产法》第二条第一款、第七条第一款
94	昊华骏化有限公司等十二家公司实质合并破产重整案	（2022）豫17破2号	部分破产，再行并入	被申请人法人人格高度混同（财产、管理、经营、人员）；关联企业财产区分难度大、成本高；各成员单位单独重整损害债权人受偿利益，提高重整效率；实施合并重整有利于提高重整工作效率、有利于提升重整企业的整体处置价值、有利于对债权人的公平清偿	《企业破产法》第七十一条

续表

序号	案件名称	案号	启动模式	裁判理由	裁判依据
95	湖南湘柏建设工程有限公司等三家公司实质合并破产清算案	（2022）湘03破3号之一	部分破产，再行并入	三被申请人法人人格高度混同；区分三被申请人财产的成本过高；三被申请人不当利用关联关系严重损害债权人公平清偿利益；三被申请人实质合并破产清算有利于债权人整体清偿利益	《公司法》第二十条第一款、第二十一条第一款，《企业破产法》第二条第一款、第三条、第四条
96	徐州新彩卷烟印刷有限责任公司与徐州新彩票证印务有限公司合并破产清算案	（2022）苏0311破6号	分别破产，再行合并	两公司已经严重丧失法人意志和财产的独立性，各自财产及债权债务无法明确区分且区分后将严重损害企业职工及其他债权人的利益	《企业破产法》第一条、第二条
97	玖久丝绸股份有限公司等五家公司实质合并破产清算案	（2022）苏1311破5－7号，（2022）苏1311破14号，（2021）苏1311破38号	分别破产，再行合并	注册经营场所、经营管理人员、资产、财务管理混同；公平清偿	《公司法》第三条第一款、第二十条第一款、第三款，《企业破产法》第一条、第四条、第三十条，以及《民事诉讼法》第一百五十四条第一款第十一项
98	哈尔滨工大集团等七十一家公司实质合并重整案	（2022）黑01破8号之二	部分破产，再行并入	在财务、资产、人员、经营等方面存在严重混同，构成了公司法人人格高度混同；债权债务清理困难，区分关联企业成员财产成本过高	《企业破产法》第二条、第三条、第四条
99	通辽余粮畜业公司与通辽谷润肉业公司实质合并重整案	（2022）内05破1号之一	部分破产，再行并入	法人人格高度混同；区分两家公司财产的成本过高；合并进行破产清算有益于提高债权人的整体清偿率	《企业破产法》第二条、第四条、第七十一条，《民事诉讼法》第一百五十四条第一款

续表

序号	案件名称	案号	启动模式	裁判理由	裁判依据
100	武汉国裕物流产业集团有限公司等三家公司实质合并破产清算案	（2022）鄂0107破21号	部分破产，再行并入	被申请人符合破产原因，三家企业法人人格高度混同，区分关联企业成员财产的成本过高；对其合并重整有利于保护全体债权人的公平清偿利益	《企业破产法》第一条、第三条
101	北京仟禧创新投资管理集团有限公司与北京仟禧为民置业有限责任公司实质合并重整案	（2022）京01破申159号	分别破产，再行合并	法人人格高度混同（债权债务、经营场所、范围、管理事项、董监高等人员混同、资产和财务），区分各关联企业成员财产的成本过高，对其合并重整有利于保护全体债权人的公平清偿利益，亦可增加企业重整可能	《企业破产法》第二条、第三条、第四条、第七十一条，《公司法》第二百一十六条第四项，《民事诉讼法》第一百五十七条第一款第十一项
102	南充西河明珠踏跃健身服务有限公司等三家公司实质合并破产清算案	（2022）川1302破3、4、5、6号	分别破产，再行合并	法人人格高度混同、区分成本过高、不影响全体债权人的利益	《企业破产法》第二条、第四条，《民事诉讼法》第一百五十七条第一款
103	四川乐山鑫河电力综合开发有限公司等十一家公司实质合并破产重整案	（2022）川1113破申11号	部分破产，再行并入	法人人格高度混同，区分各关联企业成员的财产成本过高，有利于保护债权人公平清偿有利于提高效率、节省司法资源，提高重整的成功率	《企业破产法》第二条、第四条、第七十一条

续表

序号	案件名称	案号	启动模式	裁判理由	裁判依据
104	阳谷祥光铜业有限公司等十九家公司实质合并破产重整案	(2022)鲁1521破1号	部分破产,再行并入	严重丧失法人独立意志;法人人格高度混同;区分各关联企业成本过高,单独破产损害债权人利益;实质合并提高清偿比例	《公司法》第三条第一款、第二百一十六条第四项,《企业破产法》第一条、第二条、第四条、第七十一条
105	威海金石湾文化艺术产业发展有限公司与威海今阳集团有限公司实质合并破产重整案	(2022)鲁1082破申3号	部分破产,再行并入	被申请人不存在破产原因,无证据证明存在法人人格高度混同,债务人的出资人和债权人均不同意实质合并破产	《公司法》第三条第一款、第二十条第一款、第三款,《最高人民法院全国法院破产审判工作会议纪要》第三十二条、第三十四条
106	龙口中宇机械有限公司与龙口中宇汽车风扇离合器有限公司实质合并破产和解案	(2022)鲁0681破2、3号之一	分别破产,再行合并	同一实际控制人;在高级管理人员、经营场所、范围、员工、资产、财务管理混同	《公司法》第三条第一款、第二十条第一款、第二十一条第一款,《企业破产法》第二条第一款
107	山东中科天泽净水材料有限公司等三家公司实质合并破产清算案	(2022)鲁0321破1、2、3号	分别破产,再行合并	同一实际控制人,财产、管理、财务、人员等方面高度混同,财产及债权债务难以区分;严重丧失法人财产独立性、法人意志独立性,法人人格高度混同,如分别清算将严重损害债权人公平受偿的权利	《企业破产法》第一条,《全国法院破产审判工作会议纪要》第三十二条、第三十三条、第三十四条
108	青岛捷能汽轮机集团股份有限公司等十家公司实质合并破产重整案	(2022)鲁02破3、6-14号	分别破产,再行合并	主体适格,具备破产原因,法人人格高度混同;区分成本过高;债权人公平受偿	《企业破产法》第二条、第三条、第四条、第七十一条

续表

序号	案件名称	案号	启动模式	裁判理由	裁判依据
109	日照市东港金阳农贸有限公司等四家公司实质合并破产清算案	(2022)鲁1102 破 4 号	部分破产，再行并入	控股股东、组织机构、人员、财务、资产及业务等方面存在法人人格高度混同	《公司法》第三条第一款、第二十条、第二十一条，《企业破产法》第四条、第七条，《民事诉讼法》第一百五十七条第一款第十一项
110	日照格瑞菲斯纺织有限公司等五家公司实质合并重整案	(2022)鲁1102 破 1 号之一（驳回合并破产重整申请）	部分破产，再行并入	并非必须通过合并重整的方式进行。且现有证据亦不能证实不实质合并重整将会严重损害债权人公平清信利益	《民事诉讼法》第一百五十七条第一款第十一项
111	山东德盛泰来置业有限公司与山东澄波湖水世界娱乐有限公司实质合并重整案	(2022)鲁0115 破 1 号之一	部分破产，再行并入	管理人员、资产、财务、办公场所、关联担保、控制关系	《民事诉讼法》第一百五十七条第一款第十一项
112	新华信托股份有限公司与天津新华创富资产管理有限公司实质合并破产清算案	(2022)渝05 破 237、246 号	分别破产，再行合并	两公司法人人格严重混同，两公司资产与负债难以区分，区分各关联企业成员财产成本过高，且资产混同程度具有显著性、广泛性、持续性，已经严重损害了债权人公平清偿利益	《公司法》第三条第一款、第二十条第三款、第二十一条，《企业破产法》第一条、第二条、第四条，《民事诉讼法》第一百五十七条第一款第十一项之规定
113	重庆隆鑫集团等十三家公司实质合并破产重整案	(2022)渝05 破 83 号	分别破产，再行合并	同一实际控制人；财务、资产、业务混同；区分各关联公司财产的成本过高	《企业破产法》第一条、第二条、第七十一条

续表

序号	案件名称	案号	启动模式	裁判理由	裁判依据
114	江苏旭日装饰工程有限公司等五家公司实质合并清算案	（2021）苏0508破10号之一（2021）苏0508破11号之二（2021）苏0508破12号之一（2021）苏0508破13号之一	分别破产，再行合并	五家公司法人人格高度混同（人员、组织架构、财务混同、经营管理混同、资产混同）	《公司法》第二十条，《企业破产法》第一条、第二条第一款，《民事诉讼法》第一百五十七条第一款第十一项
115	江苏良木新材料股份有限公司与江苏百诺实业有限公司实质合并破产清算案	（2021）苏1311破11、12号	分别破产，再行合并	注册经营场所、经营管理人员、资产、财务管理等混同；公平清偿	《公司法》第三条第一款、第二十条第一款、第三款，《企业破产法》第一条、第四条、第三十条，《民事诉讼法》第一百五十四条第一款第十一项
116	河南九盼食品有限公司等三家公司实质合并破产清算案	（2021）豫0291破2号	分别破产，再行合并	人、财、物高度混同，企业之间互相担保，资产和债务相互混合，区分财产成本过高，有利于保障债权人的利益，提高破产管理效率，降低破产管理成本	《企业破产法》第二条第一款、第三条、第七条第一款、第十条第二款
117	河南华夏神农医药物流有限公司与河南新乡联达纺织股份有限公司实质合并破产清算案	（2021）豫07破监1号	部分破产，再行并入	法人人格高度混同，区分成本过高	《企业破产法》第二条、第四条，《民事诉讼法》第一百七十条第一款第一项、第一百七十一条

续表

序号	案件名称	案号	启动模式	裁判理由	裁判依据
118	攀枝花庆润贸易有限公司等四家公司实质合并破产重整案	（2021）川04破3号	部分破产，再行并入	法人人格高度混同，区分关联企业成员财产成本过高，有利于保护债权人公平清偿，有利于提高司法效率、实现重整价值	《企业破产法》第二条、第四条、第七十一条
119	洋洋成都饭店有限公司与成都洋洋百货有限公司实质合并破产重整案	（2021）川01破105、106号	分别破产，再行合并	法人人格高度混同，区分关联企业财产成本过高，严重损害债权人利益	《企业破产法》第一条
120	泰富重装集团有限公司等五家公司实质合并破产重整案	（2021）湘03破4号之一	部分破产，再行并入	法人人格高度混同，区分各关联企业成员财产的成本过高，不当利用关联关系严重损害债权人公平清偿利益	《公司法》第二十条第一款、第二十一条第一款，《企业破产法》第二条、第三条、第四条、第七十条、第七十一条
121	上海华信国际集团财务有限责任公司等十五家关联企业实质合并破产清算案	（2021）沪03破44号	部分破产，再行并入	法人人格高度混同证据不足	《企业破产法》第二条第一款、第七条第一款
122	凯迪生态环境科技股份有限公司等二十一家公司实质合并破产重整案	（2021）鄂01破28号之一	部分破产，再行并入	法人人格高度混同；区分关联企业成员财产的成本过高；对其合并重整有利于保护全体债权人的公平清偿利益	《企业破产法》第二条、第四条、第七十一条，《民事诉讼法》第一百五十四条第一款第十一项
123	湖北中地建筑工程有限公司等十五家公司实质合并破产重整案	（2021）鄂01破申40号	部分破产，再行并入	法人人格高度混同；区分关联企业成员财产的成本过高；对其合并重整有利于保护全体债权人的公平清偿利益	《企业破产法》第二条、第四条、第七十一条，《民事诉讼法》第一百五十四条第一款第十一项

续表

序号	案件名称	案号	启动模式	裁判理由	裁判依据
124	武汉一冶汇中建筑安装有限责任公司等三家公司实质合并破产清算案	(2021)鄂0107破1、20、21号	部分破产，再行并入	人员、业务、资金、财产方面存在高度混同	《企业破产法》第二条、第三条
125	武汉机总钢通冶金机械设备有限公司等六家企业实质合并破产清算案	(2021)鄂0107破4、13、14、15、16、17号	分别破产，再行合并	六家关联企业在人员、业务、资金方面均存在关联关系	《企业破产法》第二条、第三条
126	江苏坦途特种材料有限公司与江苏煦和新材料有限公司合并破产清算案	(2021)苏1311破18、45号	分别破产，再行合并	财产、管理、财务、业务、人员等方面高度混同，债权债务难以区分	《公司法》第三条第一款、第二十条，《企业破产法》第一条、第四条，《民事诉讼法》第一百五十四条第一款第十一项
127	南京建工产业集团有限公司等二十五家合并破产重整案	(2021)苏01破20号之一至44号之一	分别破产，再行合并	管理结构混同，融资资金使用管理高度一体化；区分成本过高；提高效率	《企业破产法》第一条、第二条、第七十一条
128	永泰科技投资有限公司等五家公司实质合并重整案	(2021)苏01破45号之一	部分破产，再行并入	主要管理人员交叉任职、对外融资统借统还和互联互保情况、普遍的人员和经营场所混同情形；区分成本过高；提高效率整体保护	《企业破产法》第一条、第二条、第七十一条

续表

序号	案件名称	案号	启动模式	裁判理由	裁判依据
129	江苏集群图腾大数据科技股份有限公司与江苏集群软创信息科技有限公司实质合并重整案	(2021)苏03破10号之三	分别破产，再行合并	均无有效、完整、独立实施的人事、财务、经营等方面的管理制度，相互担保、交错担保，区分成本过高，公平清偿	《企业破产法》第二条、第三条、第四条、第七十一条，《民事诉讼法》第一百五十四条第一款第十一项
130	南通瑞泰制药机械科技发展有限公司等四家公司实质合并破产重整案	(2021)苏0684破1号	分别破产，再行合并	实际控制人、人员混同；业务混同；资产混同；财务关联；提高受偿率	《公司法》第二十一条、《企业破产法》第一条
131	江苏月华照明科技有限公司与江苏月华农业科技有限公司实质合并破产清算案	(2021)苏1084破37号	分别破产，再行合并	实际控制人相同，同一地点办公，并存在资产混同、管理人员混同、债权债务主体混同、相互担保等财务混同现象	无
132	泰州市奥鑫齿轮有限公司与泰州市奥鑫机械有限公司合并破产清算案	(2021)苏1203破6、7号之一	分别破产，再行合并	股东混同、人员混同、管理混同、财务混同、业务混同、经营场所混同。两家公司实际控制人均为万旭东；公平清偿	《企业破产法》第一条、第二条
133	华信国际(舟山)石油有限公司等七十家关联企业实质合并破产清算案	(2021)沪03破253号	分别破产，再行合并	财务混同，严重损害债权人利益	《企业破产法》第二条、第七条第二款

续表

序号	案件名称	案号	启动模式	裁判理由	裁判依据
134	九江蕙天制衣有限公司与九江奥德瑞商贸有限公司实质合并破产清算案	（2021）赣0403破1、2号	分别破产，再行合并	股东相同，实际控制人同一，经营场所混同，资产混同	《民法典》第六条，《公司法》第二十条第三款，《企业破产法》第一条
135	绿能高科集团有限公司等四家公司实质合并破产清算案	（2021）京01破申90号不予受理实质合并破产清算申请	分别破产，再行合并	相关报告无法反映绿能集团与三家公司之间是否存在资产负债高度混同的情况，亦无法证明区分各关联企业成员财产的成本过高。此外，本案中，绿能集团申请进行实质合并破产清算，并未提交充分证据证明绿能集团与三家公司不实质合并破产清算，将严重损害债权人公平清偿利益。因此，不能认定实质合并破产清算对整体债权清偿更有利，亦不能认定不实质合并破产清算，会严重损害债权人公平清偿利益	《企业破产法》第二条、第十二条第一款，《民事诉讼法》第一百五十四条
136	新沂必康新医药产业综合体投资有限公司等四十二家公司实质合并破产重整案	（2021）陕06破1号	部分破产，再行并入	财产、人员、财务、管理、营业场所等方面均高度混同；法人人格独立性丧失	《企业破产法》第一条、第二条、第七十一条

续表

序号	案件名称	案号	启动模式	裁判理由	裁判依据
137	陕西中赢置业集团有限公司等六家公司实质合并预重整案	(2021)陕08破申3-3号	部分破产，再行并入	人员、管理、资产、财产等方面的高度混同，导致法人人格混同，故区分关联公司间财产成本较高，将损害全体债权人公平清偿利益	《公司法》第三条第一款、第二十条、第二百一十六条第一款第四项，《企业破产法》第二条、第三条、第七条第一款、第七十条第一款，《陕西省高级人民法院破产案件审理规程(试行)》第一百五十六条、第一百五十八条、第二百四十二条、第二百四十五条、第二百四十六条
138	南涧凤凰沱茶有限公司与云南南涧凤凰沱茶厂实质合并重整案	(2021)云2926破2-1号	分别破产，再行合并	两家企业运营中存在办公场所、员工、财产及经营管理高度混同	《企业破产法》第七十条、第七十一条
139	南涧县山地食品有限公司等三家公司实质合并破产重整案	(2021)云29破4号之二	部分破产，再行并入	鉴于三家企业资产混同，债务混同，企业均由自然人左红云实际控制，有利于债权人整体清偿利益，有利于增加企业重整可能性	《企业破产法》第七十条、第七十一条，《最高人民法院印发〈全国法院破产审判工作会议纪要〉的通知》第六条，《云南省高级人民法院关于印发〈破产案件审判指引(试行)〉的通知》第三十八条
140	龙游鑫隆贸易有限公司与浙江鑫隆竹业有限公司实质合并破产重整案	(2020)浙0825破15号，(2021)浙0825破2号	分别破产，再行合并	股东、实际控制人混同；机构、人员混同；营业混同；负债混同	《企业破产法》第一条、第二条

续表

序号	案件名称	案号	启动模式	裁判理由	裁判依据
141	山东海润环保科技有限公司等三家公司实质合并破产清算案	(2021)鲁0321破11、12、13号	分别破产，再行合并	法人人格高度混同；财产区分成本过高；债权人公平受偿	《企业破产法》第一条，《全国法院破产审判工作会议纪要》第三十二条、第三十三条、第三十四条
142	山东岳海之尊置业有限公司等十四家公司实质合并破产重整案	(2021)0911破1号之一(2022)0911破1－11号（个别债权人申请异议）	分别破产，再行合并	法人人格高度混同；区分成本过高；有利于债权人公平受偿	《企业破产法》第一条、第二条、第七十一条
143	河北日新房地产开发等九家公司进行合并破产清算案	(2021)冀0929破2号	部分破产，再行并入	法人意志独立性和财产独立性严重丧失，区分成本过高，适用实质合并破产有利于提高破产财产整体处置利益	《企业破产法》第二条第一款、第三条、第四条，《民事诉讼法》第一百五十七条第一款第十一项
144	大庆星客食品公司与大庆天泰生化开发公司实质合并破产清算案	(2021)黑0623破1号	分别破产，再行合并	法人人格高度混同；都具备重整原因；区分两家公司财产的成本过高；合并进行破产清算有益于提高债权人的整体清偿率	《企业破产法》第一条、第四条、第三十条，《民事诉讼法》第一百五十七条第一款第十一项
145	西霞口集团有限公司等三公司实质合并破产重整案	(2021)鲁1082破2号	先行合并，再审破产	保障债权人公平受偿；法人人格混同，丧失法人财产独立性和法人意志独立性	《公司法》第三条第一款、第二十条第三款，《全国法院破产审判工作会议纪要》第三十二条、第三十三条

续表

序号	案件名称	案号	启动模式	裁判理由	裁判依据
146	烟台渤海制药集团有限公司等四公司实质合并破产重整案	（2021）鲁0613破1、2号之二（合并重整）	分别破产，再行合并	具有关联关系，法人人格高度混同；区分成本高。损害债权人公平清偿利益；提高重整效率、效益	《企业破产法》第二条、第三条、第七十一条，《全国法院破产审判工作会议纪要》第三十二条
147	淄博面粉厂有限公司与淄博利群面粉有限公司实质合并破产清算案	（2021）鲁03破21、26号（裁定书2份）	分别破产，再行合并	法人人格高度混同；债权人公平受偿；节约司法资源，提高破产效率	《企业破产法》第一条，《全国法院破产审判工作会议纪要》第三十二条、第三十三条、第三十四条
148	远高实业等十七家企业实质合并破产重整案	（2021）宁0122破1号之一	部分破产，再行并入	同一实际控制人；在人员、经营管理、资产、财务管理混同	《民法典》第六条、第六十条、第八十三条第二款，《公司法》第三条第一款、第二十条、第二十一条，《企业破产法》第二条、第四条、第七十一条，《民事诉讼法》第一百五十四条第一款第十一项，《最高人民法院关于适用〈中华人民共和国民事诉讼法〉的解释》第二百二十一条
149	海航集团有限公司等三百二十一家公司实质合并破产重整案	（2021）琼破1号之一民事案件裁定书	部分破产，再行并入	在组织架构、运行管理、财务管理等方面法人人格高度混同；区分各关联企业成员财产成本过高；实质合并重整有利于保护债权人公平清偿；实质合并重整具有可行性和必要性	《企业破产法》第二条、第四条、第七十一条

续表

序号	案件名称	案号	启动模式	裁判理由	裁判依据
150	贵州云开投资有限公司与贵州和拓商贸有限公司实质合并破产重整案	(2021)黔01破终21号(复议)	部分破产,再行并入	关联公司、人格高度混同(财产、债权债务);两家公司一并进入破产程序有利于双方债权人公平清偿	《公司法》第三条、第十二条,《企业破产法》第二条、第四条
151	沈阳松陵压力容器修造公司与松陵机械加工结构厂实质合并破产清算案	(2020)辽0105破31号、破19号合并审理	分别破产,再行合并	组织机构、人员管理、财务管理、资产及业务等方面存在高度关联性和法人人格混同	《企业破产法》第四条,《民事诉讼法》第五十二条第一款、第一百五十四条第一款第十一项
152	建瓯市和成房地产开发有限公司与建瓯市群升置业有限公司实质合并破产重整案	(2020)闽0783破1、2号	分别破产,再行合并	人格高度混同;财务混同;区分公司财产成本过高;单独清偿有失公平,严重损害债权人利益;有利于保护债权人的合法权益	《全国法院破产审判工作会议纪要》第三十二条,《企业破产法》第一条、第二条
153	河南巨世电源科技有限公司等六家公司实质合并破产清算案	(2020)豫15破1–3号	部分破产,再行并入	实际控制人同一、管理人员混同、财务混同、资金使用混同等情况,丧失法人人格独立性	《企业破产法》第二条,《民事诉讼法》第一百五十四条
154	新乡市雯德翔川油墨有限公司与河南翔川油墨有限公司实质合并破产清算案	(2020)豫07破1、2号	分别破产,再行合并	法人人格高度混同,对债权人权益造成实质损害	《公司法》第二十条、《企业破产法》第二条、第四条,《民事诉讼法》第一百五十四条

续表

序号	案件名称	案号	启动模式	裁判理由	裁判依据
155	湖南千山制药机械股份有限公司等七家公司实质合并破产重整案	（2020）湘04破7号之二	分别破产，再行合并	法人人格高度混同，区分关联企业财产成本过高，严重损害债权人利益	《公司法》第三条、第二十条、第二十一条、第二百一十六条，《企业破产法》第四条、第七十一条，《民事诉讼法》第五十二条、第一百五十四条第一款第一项
156	湖南共创光伏科技有限公司等五家公司实质合并破产重整案	（2020）湘04破5号之一	部分破产，再行并入	法人人格高度混同，区分资产与债务成本过高，有利于保护全体债权人的公平清偿利益	《公司法》第二十条，《企业破产法》第二条、第三条、第四条、第七条、第七十一条
157	成都金嘉洲建材有限公司与成都市嘉洲新型防水材料有限公司实质合并破产重整案	（2020）川0106破1、2号	部分破产，再行并入	系关联企业	《企业破产法》第二条、第七十条第一款、第七十一条
158	四川蓝剑化工（集团）有限责任公司等三家公司实质合并破产清算案	（2020）川0682破4号	分别破产，再行合并	人格混同，难以分离，损害债权人利益	《民法总则》第六条，《公司法》第二十条第三款，《企业破产法》第一条
159	成都市嘉洲新型防水材料有限公司与成都金嘉洲建材有限公司实质合并破产重整案	（2020）川0106破1、2号	分别破产，再行合并	法人人格高度混同，区分各关联企业成员的财产成本过高，有利于保护债权人公平清偿，有利于提高效率、节省司法资源	《企业破产法》第二条、第四条、第七十一条

续表

序号	案件名称	案号	启动模式	裁判理由	裁判依据
160	海南华信石油基地有限公司与海南华信国际控股有限公司实质合并破产重整案	（2020）沪03破259号	分别破产，再行合并	财务混同，严重损害债权人利益	《企业破产法》第二条、第七条第二款
161	上海徐汇上蔬永辉生鲜食品有限公司等三家公司实质合并破产清算案	（2020）沪03破359号之三	分别破产，再行合并	法人人格高度混同，区分各关联企业成员财产的成本过高，有利于保护全体债权人利益	《公司法》第二十条第一款、第二十一条第一款，《企业破产法》第二条第一款、第三条第一款
162	上海葳蕤股权投资基金管理有限公司等六十七家关联企业实质合并破产清算案	（2020）沪03破9号之二十四	部分破产，再行并入	法人人格高度混同，严重损害债权人利益	《公司法》第二十条第一款、第二十一条第一款，《企业破产法》第二条第一款、第三条
163	无锡开普机械有限公司与无锡开普动力有限公司实质合并破产案	（2020）苏02破终2号	部分破产，再行并入	适用实质合并的依据不充分，程序也不到位	《企业破产法》第二条第一款、第四条，《公司法》第三条
164	江苏扬安集团有限公司、江苏扬安投资有限公司实质合并破产清算案	（2020）苏10破2号	分别破产，再行合并	公司经营场所一致，主要负责人一致，决策机构基本重叠；资金混同；债权债务混同	《公司法》第二十条第一款、第二十一条、第二百一十六条第四项，《企业破产法》第一条、第四条，《民事诉讼法》第一百五十四条第一款第十一项

续表

序号	案件名称	案号	启动模式	裁判理由	裁判依据
165	常州富美美吉特国际家居装饰城有限公司等三家公司实质合并破产案	（2020）苏0404 破 2号之一	分别破产，再行合并	人员、业务、财务方面的表征人格因素均具有混同情况；公平清偿，提高效率	《企业破产法》第四条，《民事诉讼法》第一百三十二条、第一百五十四条第一款第十一项
166	江苏申特钢铁有限公司等十二家关联公司实质合并重整案	（2020）苏0481 破 2、3、5、6、7号，（2020）苏 0481 破申 20、21、22、23、24、25、26 号	分别破产，再行合并	人员、机构、财务、资产、业务等方面无独立性，法人人格高度混同；区分成本过高；提高效率	《企业破产法》第二条、第四条、第七十一条的规定
167	苏州静思园有限公司等七家公司实质合并破产清算案	（2020）苏0509 破 2号之一	分别破产，再行合并	资产的占有、管理、使用、处分等方面已混同且无法区分；合并破产是对其内在联系的尊重，并有利于体现整体营运价值。	《企业破产法》第一条、第四条，《民事诉讼法》第一百五十四条第一款第十一项
168	江苏煦和新材料有限公司等七家公司实质合并破产清算案	（2020）苏1311 破18－24 号	分别破产，再行合并	实际控制人、注册经营场所、经营管理人员、资产、财务管理混同；有利于破产清算，平等保护债权人	《公司法》第三条第一款、第二十条第一款、第三款，《企业破产法》第一条、第四条、第三十条，《民事诉讼法》第一百五十四条第一款第十一项
169	宿迁市金世米业有限公司与宿迁市旭峰粮贸有限公司实质合并破产清算案	（2020）苏1311 破 31号，（2021）苏 1311 破15 号	分别破产，再行合并	注册经营场所、经营管理人员、资产、财务管理等表征法人独立人格的因素上高度混同；平等保护各方当事人	《公司法》第三条第一款、第二十条第一款、第三款，《企业破产法》第一条、第四条、第三十条，《民事诉讼法》第一百五十四条第一款第十一项

续表

序号	案件名称	案号	启动模式	裁判理由	裁判依据
170	宿迁宏远港口有限公司等十二家公司实质合并破产清算案	(2020)苏1311破8－17、19号	分别破产，再行合并	注册经营场所、经营管理人员、资产、财务管理等表征法人独立人格的因素上高度混同，债权债务无法完全区分；公平清偿，平等保护	《公司法》第三条第一款、第二十条第一款、第三款，《企业破产法》第一条、第四条、第三十条，《民事诉讼法》第一百五十四条第一款第十一项
171	武汉恒钢物流发展有限公司与武汉钢实金结建筑安装工程有限公司实质合并破产清算案	(2020)鄂0107破6号之一	部分破产，再行并入	两被申请人虽然存在人员混同的情况，但其法人人格并未高度混同，区分各自的财产简便，不实质合并破产不会严重损害债权人公平清偿利益	《企业破产法》第十二条第一款
172	天喔（武汉）食品有限公司等三家公司实质合并破产清算案	(2020)鄂0112破1－3号	分别破产，再行合并	人格高度混同；分别清理各关联企业债权债务及资产，将严重损害部分债权人的合法权益	《企业破产法》第一条、第四条，《民事诉讼法》第一百五十四条第一款第十一项
173	大余县通达汽运有限公司等四家企业实质合并破产清算案	(2020)赣0723破1号之一，(2020)赣0723破2、3、4号	分别破产，再行合并	财务收支、人员任用、经营决策、股权结构、经营管理、资产使用等方面高度混同；各企业之间财产边界不清、利益相互输送	《企业破产法》第二条、第四条、第一百三十五条，《公司法》第三条、第二十条和《民事诉讼法》第一百五十四条第一款第十一项
174	江西天长进出口有限公司与江西天长轴承有限公司合并破产清算案	(2020)赣1123破1号	部分破产，再行并入	资产混同；区分该三家公司财产的成本过高；不适用关联企业实质合并破产将严重损害被申请人的债权人公平受偿权益	《企业破产法》第二条第一款、第四条、第七条，《公司法》第二十一条、第二百一十六条第四项，《民事诉讼法》第十三条第二款、第一百五十四条第一款第十一项

续表

序号	案件名称	案号	启动模式	裁判理由	裁判依据
175	中航世新安装工程（北京）有限公司与中航世新燃气轮机股份有限公司实质合并破产清算案	（2020）京01破30、31号	分别破产，再行合并	法人人格高度混同	《企业破产法》第四条、第七十一条，《民事诉讼法》第一百五十四条第一款第十一项
176	陕西东洲房地产开发有限公司等六家公司实质合并破产清算案	（2020）陕06破3号	分别破产，再行合并	人员、财务、资产、债务等方面高度混同；六家公司构成法人人格高度混同，区分各关联企业成员财产成本过高，合并破产清算有利于维护债权人公平清偿利益	《企业破产法》第一条、第二条
177	铜陵市巍丰制塑有限责任公司与铜陵市皖星粮油有限责任公司实质合并破产清算案	（2020）皖0706破6、7号	分别破产，再行合并	机构、人员、财务、资产、负债等方面均高度混同	无法条
178	绩溪县板桥绿色农产品开发有限公司等三家公司实质合并破产清算案	（2020）皖1824破5号	部分破产，再行并入	资金、财产、运营等方面存在高度混同，资金、财产难以区分，已构成法人人格混同，区分各自财产成本过大且将严重损害债权人公平清偿	《企业破产法》第二条第一款，《公司法》第二十条第一款
179	安徽长信安昌健康医疗大数据科技有限公司等六家公司实质合并破产清算案	（2020）皖07破7号，（2021）皖07破2号	分别破产，再行合并	机构、人员、财务、资产、负债等方面均高度混同；区分各关联企业财产成本过高	《企业破产法》第一条、第二条

续表

序号	案件名称	案号	启动模式	裁判理由	裁判依据
180	云南康伟生物有限公司等一百六十三家公司实质合并破产重整案	（2020）云0923 破 2 号	先行合并，再审破产	六十三家企业的实际控制人相同，经营场所、企业员工、企业资产、财务管理等方面高度混同	《公司法》第三条第一款、第二十条第三款，《企业破产法》第一条、第二条、第四条、第七十一条，《民事诉讼法》第一百五十四条第一款第十一项
181	嘉兴市豪仕登大酒店管理有限公司与浙江豪仕登投资有限公司实质合并破产清算案	（2020）浙0402 破 18 号	先行合并，再审破产	共用同一个财务办公室，共用同一批财务人员进行各类账务处理，两家公司的财务账面也只记录至 2019 年 12 月 31 日；法定代表人、经理、执行董事均为同一人，办公场所均为同一个地方；两家公司用工主体存在混同	《企业破产法》第一条、第二条第一款、第三条、第十三条，《民事诉讼法》第一百五十四条第一款第十一项
182	兰溪市晶能新能源科技有限公司等三家公司实质合并破产清算案	（2020）浙0781 破 14 之九	部分破产，再行并入	不构成法人人格混同	《企业破产法》第二条、第四条，《民事诉讼法》第一百五十四条第一款第十一项
183	烟台台海玛努尔核电设备有限公司等三家公司实质合并破产重整案	（2020）鲁0613 破 3 号之一	部分破产，再行并入	法人人格高度混同；区分成本高，会损害债权人的实际清偿利益；有利于企业重整；降低成本、提高效率，保护债权人公平清偿利益	《企业破产法》第二条、第三条、第七十一条

续表

序号	案件名称	案号	启动模式	裁判理由	裁判依据
184	烟台玛努尔高温合金有限公司等四家公司重整案	（2020）鲁0613 破 3号之五	部分破产，再行并入	可以区分人员、关联交易、资金往来等，丧失了法人人格高度混同的行为要件；单独重整能保障债权人和职工的整体利益，丧失法人人格高度混同的结果要件；有利于提高重整可能性	《企业破产法》第一条、第二条、第四条、第七十一条，《全国法院破产审判工作会议纪要》第三十二条
185	山东泰丰制动系统科技股份有限公司与陕西泰丰汽车制动系统有限公司实质合并破产重整案	（2020）鲁0783 破 4号之一	部分破产，再行并入	法人人格混同，保障各方当事人之间的实质公平，节约司法资源、提高案件审理效率、增加偿债手段、提升企业重整可能性；有管辖权	《民法总则》第六条，《企业破产法》第二条、第三条、第四条、第七十一条，《公司法》第三条第一款、第二十条，《民事诉讼法》第一百五十四条第一款第十一项
186	山东万腾建设有限公司等三公司实质合并破产清算案	（2020）鲁0321 破 7、8、9 号	分别破产，再行合并	严重丧失法人财产、意志独立性，法人人格高度混同；保障债权人公平受偿权利	《企业破产法》第一条，《全国法院破产审判工作会议纪要》第三十二条、第三十三条、第三十四条
187	山东省济宁市建筑材料总公司等三公司实质合并破产清算案	（2020）鲁0811 破 33号之一	分别破产，再行合并	法人人格混同；平等保护利害关系人合法权益	《民法总则》第五条、第六条、第七条、第五十八条、第六十条，《企业破产法》第二条、第四条（参照《全国法院破产审判工作会议纪要》中关于关联公司破产的有关规定），《民事诉讼法》第一百五十四条第一款第十一项

续表

序号	案件名称	案号	启动模式	裁判理由	裁判依据
188	济宁市机电设备总公司与济宁市正中机电设备有限责任公司实质合并破产清算案	（2020）鲁0811破20号	分别破产，再行合并	各关联公司自身意志无法支配财产且财产无法区分，丧失法人独立性；平等保护利害关系人的合法权益	《民法总则》第五条、第六条、第七条、第五十八条、第六十条、第六十七条第二款、第八十三条第二款，《公司法》第三条第一款、第二十条、第二十一条，《企业破产法》第二条第一款、第四条、第一百零七条（参照《全国法院破产审判工作会议纪要》中关于关联公司破产的有关规定），《民事诉讼法》第一百五十四条第一款第十一项
189	山东省邹平县长丰金属材料有限公司等四家关联公司实质合并破产清算案	（2020）鲁1626破6－9号	分别破产，再行合并	法人人格混同；保护各利害关系人合法利益，降低成本，提高清算效率，提高债权人整体清偿率，实现公平受偿	《企业破产法》第一条、第二条、第四条，《民事诉讼法》第一百五十四条第一款第十一项
190	山东洁昕纸业股份有限公司等十家公司实质合并破产重整案	（2020）鲁0923破7号，（2021）鲁0923破1－6号	部分破产，再行并入	具有关联关系，属于关联企业；存在显著、广泛、持续的法人人格混同；区分成本过高；保障债权人整体清偿利益；提高重整效率、可能性，降低成本；有管辖权	《企业破产法》第二条、第三条、第四条、第七十一条，《民事诉讼法》第一百五十四条第一款第十一项
191	山东永信鹿产品开发有限公司与山东广信鹿产品开发有限公司实质合并破产清算案	（2020）鲁0403破12号合并破产	先行合并，再审破产	法人人格高度混同；区分成本过高；债权人公平受偿	《企业破产法》第二条、第四条，《民事诉讼法》第一百五十四条第一款

续表

序号	案件名称	案号	启动模式	裁判理由	裁判依据
192	山东省高唐蓝山集团总公司等五公司实质合并破产清算案	（2020）鲁1526破1号之一原裁定	部分破产，再行并入	有管辖权；持续、广泛、显著的财务、人事管理、经营业务方面的高度法人人格混同；区分成本过高；债权人公平受偿	《公司法》第二百一十六条第四项，《企业破产法》第一条、第二条、第四条，《民事诉讼法》第一百五十四条第一款第十一项
193	胜利油田胜利动力机械集团有限公司等十九家公司实质合并破产重整案	（2020）鲁05破10、12号，（2021）鲁破1-17号	分别破产，再行合并	法人人格高度混同；保障债权人公平受偿权利	《公司法》第三条第一款、第二十条、第二百一十六条第四项，《企业破产法》第一条、第四条，《民事诉讼法》第一百五十四条第一款十一项，《全国法院破产审判工作会议纪要》第三十二条
194	山东华驰变压器股份有限公司等四家公司实质合并破产重整案	（2020）鲁1723破2、3、4、5号	分别破产，再行合并	四家公司系控制与从属关系，系关联企业，在公司人员、财务、决策、运营、资金流动等表征公司法人人格的要素方面具有高度混同情形，且存在控股股东过度支配与控制的实际情况，已达到公司人格否认的认定标准。四家公司之间存在随意调拨资金、任意划转债权债务、相互提供担保、统一捆绑融资、资产混同使用等情形，以致各公司财产界限不清，难以区分且区分成本过高，严重损害债权人公平清偿利益	《公司法》第三条第一款、第二十条第三款、第二百一十六条第四项，《企业破产法》第二条、第四条、第七十一条，《民事诉讼法》第一百五十四条第一款第十一项

续表

序号	案件名称	案号	启动模式	裁判理由	裁判依据
195	山东交通水泥厂有限公司与山东路港水泥有限公司实质合并破产清算案	(2020)鲁0181破4号(2021)鲁0114破1号	分别破产,再行合并	申请主体适格,存在高度关联,区分财产权属成本高、周期长、难度大,已严重损害全体债权人公平清偿利益	《公司法》第二十条,《企业破产法》第一条
196	山东玉皇化工有限公司等三十二家公司合并破产和解案	(2020)鲁17破3号之一	先行合并,再审破产	三十二家公司存在法人人格高度混同的事实,各关联公司的法人意志独立性和法人财产独立性丧失,各关联公司财产、债权债务区分成本过高。三十二家公司以存在人格混同、合并和解有利于挽救企业及公平清偿为由,共同向本院提出合并和解申请理由充分	《公司法》第二十条、第二十一条,《企业破产法》第二条、第四条、第七条、第九十五条、第九十六条
197	重庆金阳房地产开发有限公司等六家公司实质合并破产重整案	(2020)渝0108破5号实质合并审理	分别破产,再行合并	高级管理人员、财务、业务高度混同;区分财产成本过高	《企业破产法》第一条、第二条、第七条
198	喀什中坤高尔夫俱乐部有限公司等三家关联公司实质合并破产清算案	(2020)新3101破申1号	分别破产,再行合并	法人人格高度混同;合并破产有利于合理处置五家公司的债权债务关系	《企业破产法》第二条

续表

序号	案件名称	案号	启动模式	裁判理由	裁判依据
199	吉林森工金桥地板集团有限公司与吉林新合木业有限责任公司实质合并破产重整案	（2020）吉01破21号	分别破产，再行合并	两公司法人人格混同且资产混同（货币资金集中管理与运作、互相担保、资金拆借），区分成本高	《企业破产法》第四条、第七十一条，《民事诉讼法》第一百五十四条
200	广西百合化工股份有限公司等六家关联公司实质合并破产重整案	（2020）桂10破5号实质合并破产裁定书	分别破产，再行合并	关联企业，且存在法人人格高度混同；区分各关联企业成员财产成本过高；有利于债权人整体清偿利益；增加重整的可能性	《企业破产法》第二条、第四条、第七十一条
201	毕节金燕中草药开发有限公司与燕氏骨伤科医院合并重整案	（2020）黔0502破申1号	先行合并，再审破产	人格混同（生产经营、资金来源、人事、财务）；有利于重整大部分债权转股权，降低了企业债务清偿数额	《企业破产法》第二条、第七条、第七十条第一款、第七十一条，《最高人民法院关于适用〈中华人民共和国企业破产法〉若干问题的规定（一）》第二条
202	山东嘉宏伟业集团有限公司等二十二家公司实质合并破产重整案	（2019）鲁1102破1号	分别破产，再行合并	管理人是适格申请主体；法人人格高度混同，丧失意志、财产独立性；保障债权人公平清偿利益；有管辖权	《公司法》第三条第一款、第二十条、第二十一条，《企业破产法》第四条、第七十一条，《民事诉讼法》第一百五十四条第一款第十一项；《全国法院破产审判工作会议纪要》第三十二条、第三十五条

续表

序号	案件名称	案号	启动模式	裁判理由	裁判依据
203	盛泰集团有限公司等十三家公司实质合并重整案	（2019）鲁0523破6号原裁定	分别破产，再行合并	法人人格高度混同；债权人公平受偿	《公司法》第三条、第二十条，《企业破产法》第一条，《最高人民法院关于适用〈中华人民共和国企业破产法〉若干问题的规定（二）》第二十三条（参照《全国法院破产审判工作会议纪要》的相关规定）
204	德州中立新能源科技有限公司与山东中立空调设备有限公司合并破产和解案	（2019）鲁1491破1号之一	部分破产，再行并入	两公司存在相互担保、资金混同使用、财产混同、人员混同等情形，人格高度混同	《企业破产法》第二条、第七条、第九十五条、第九十六条第一款
205	泉州市丰泽金洲大酒店有限公司与泉州市丰泽灯洲无线电器材有限责任公司实质合并破产清算案	（2019）闽05破37号之三	部分破产，再行并入	经营无混同；财务、财产无混同	《企业破产法》第四条，《民事诉讼法》第一百五十四条第一款第十一项
206	湖南崀山宏基旅游发展有限公司等三家公司实质合并破产重整案	（2019）湘0528破1号之二	部分破产，再行并入	法人人格和其管理的财产高度混同，分别清算成本过高，维护债权人公平清偿	《企业破产法》第二条、第七条，《全国法院破产审判工作会议纪要》第三十二条、第三十四条
207	资阳晨工电器有限公司与资阳晨风工业公司实质合并破产清算案	（2019）川2022破2号之二	部分破产，再行并入	法人人格高度混同，维护债权人合法权益	《企业破产法》第一条、第二条、第七条

续表

序号	案件名称	案号	启动模式	裁判理由	裁判依据
208	中机环建集团有限公司等八家公司实质合并破产清算案	(2019)苏10破4号,(2021)苏10破1、2、3号,(2021)苏10破4、5、16、17号	分别破产,再行合并	资产、财务、人员、场所等方面高度混同;区分成本过高;提高破产效率	《公司法》第二十条、第二十一条、第二百一十六条,《企业破产法》第一条、第四条,《民事诉讼法》第一百五十四条第一款第十一项
209	泰兴市建业贸易有限责任公司与江苏天龙信息科技发展有限公司合并进行破产清算案	(2019)苏1283破9号	分别破产,再行合并	实际控制人同一、管理人员混同,经营混同,资产混同,账目混同	《企业破产法》第二条第一款规定
210	山东力丰重型机床有限公司等五家公司实质合并破产重整案	(2019)鲁1621破2号之一	分别破产,再行合并	法人人格高度混同;从其假定合并后的财务状况来看,仍然属于不能清偿到期债务并且资产不足以清偿全部债务的情形	《企业破产法》第二条第二款、第七十一条(参照了《全国法院破产审判工作会议纪要》第三十二条有关"当关联企业成员之间存在法人人格高度混同、区分各关联企业成员财产的成本过高、严重损害债权人公平清偿利益时,可例外适用关联企业实质合并破产方式进行审理"之规定)
211	山东裴堂瓶业有限公司等二十家关联公司实质合并破产重整案	(2019)鲁1621破6号	部分破产,再行并入	法人人格高度混同;从其假定合并后的财务状况来看,仍然属于不能清偿到期债务并且资产不足以清偿全部债务的情形	《企业破产法》第二条第二款、第七十一条,并参照了《全国法院破产审判工作会议纪要》第三十二条

续表

序号	案件名称	案号	启动模式	裁判理由	裁判依据
212	山东胜通集团股份有限公司等十一家公司实质合并破产重整案	（2019）鲁05破36－46号之一	分别破产，再行合并	法人人格高度混同，保障债权人公平受偿权利	《公司法》第三条第一款、第二百一十六条第四项，《企业破产法》第一条、第四条，《民事诉讼法》第一百五十四条第一款第十一项，并参考了《全国法院破产审判工作会议纪要》第三十二条
213	黄河方舟国际贸易有限公司等四公司实质合并破产重整案	（2019）鲁0503破1－4号之一	分别破产，再行合并	法人人格高度混同，严重丧失法人意志、财产独立性；区分成本过高；债权人公平受偿	《公司法》第三条第一款、第二百一十六条第（四）项，《企业破产法》第一条、第四条，《民事诉讼法》第一百五十四条第一款（十一）项，并参考了《全国法院破产审判工作会议纪要》第三十二条
214	山东鑫泽装饰工程有限公司与山东万鑫宏达木业有限公司实质合并破产清算案	（2019）鲁03破12号	部分破产，再行并入	申请主体适格；法人人格高度混同；保障债权人公平清偿利益，提供效率	《企业破产法》第一条、《民事诉讼法》第一百五十四条第一款第十一项，另参照了《全国法院破产审判工作会议纪要》第三十二条
215	山东科大鼎新电子科技有限公司等四家公司实质合并破产重整案	（2019）鲁0812破3号（异议）	部分破产，再行并入	法人人格高度混同；区分成本过高，不利于债权人公平受偿；保障职工合法权益；提高重整效益、效率；管理人是适格申请主体；有管辖权	《民法总则》第六条、《公司法》第三条第一款、第二十条第一款，《企业破产法》第一条、第二条、第四条、第七十一条，《民事诉讼法》第一百五十四条第一款第十一项，并参照了《全国法院破产审判工作会议纪要》第三十五条

续表

序号	案件名称	案号	启动模式	裁判理由	裁判依据
216	亿丰（大连）汽车城管理有限公司与上海亿丰企业集团大连置业有限公司实质合并破产清算案	（2019）辽02破20－1、22－1号	分别破产，再行合并	法人人格高度混同；区分两家公司财产的成本过高；合并进行破产清算有益于提高债权人的整体清偿率	《企业破产法》第一条、第二条、第三条、第一百零七条
217	广东启光集团等五家关联公司实质合并破产清算案	（2019）粤1971破10、12号，（2018）粤1971破18、19、34号	分别破产，再行合并	法人人格混同；合并破产清算能保护全体债权人的合法权益，提高破产审判效率	《企业破产法》第一条、第二条，《公司法》第二十条
218	衡水精信房地产开发有限公司等三家公司实质合并破产清算案	（2019）冀11民破3号之四	分别破产，再行合并	三家公司法人人格高度混同，区分各关联企业成员财产的成本过高，分别破产严重损害债权人公平清偿利益，实质合并破产不损害优质企业债权人的利益	《公司法》第二十条、《民事诉讼法》第一百五十七条第一款第十一项、《企业破产法》第四条
219	重庆恒诺公司等三家公司实质合并破产清算案	（2019）渝0110破1号之一、6、7号	分别破产，再行合并	法人人格高度混同；区分各公司财务、财产的成本过高；严重损害债权人的公平清偿利益	《企业破产法》第一条、第二条，《公司法》第二十条，《民事诉讼法》第一百五十四条第一款第十一项

续表

序号	案件名称	案号	启动模式	裁判理由	裁判依据
220	新疆胜利混凝土有限责任公司与库尔勒胜利棉业（集团）有限责任公司实质合并破产和解案	（2019）新28民破3号	部分破产，再行并入	混凝土公司虽然形式上为独立的法人，但在实质上与胜利棉业公司在人员、管理、财产等方面存在高度混同，该公司已经丧失了法人财产独立性及法人意志独立性，法人人格高度混同，同时两家公司之间显著、广泛、持续地存在大量的关联债务及相互担保关系，混凝土公司不宜单独进入和解程序，应当一并受理。为理顺胜利棉业公司、混凝土公司之间的债权债务关系，解决相互担保和关联债务的难题，提高和解效率，公平清理债权、债务，以平等保护各方当事人的合法权益，应当将混凝土公司的和解程序纳入胜利棉业公司的和解程序中合并审理	《企业破产法》第二条、第四条、第九十五条，《民事诉讼法》第一百五十四条第一款第十一项
221	诚丰家具（中国）有限公司与福清市诚丰家具有限公司实质合并破产重整案	（2018）闽0181破4号之三	分别破产，再行合并	人格高度混同；区分公司财产成本过高；符合企业破产法公平清理债权债务的要求；有利于公平保护全体债权人的合法权益	《企业破产法》第二条、第四条、第七十一条

续表

序号	案件名称	案号	启动模式	裁判理由	裁判依据
222	湖南宏通广厦房地产开发有限公司与湖南省恒力置业发展有限公司实质合并破产清算案	(2018)湘01破4、5-1号	先行合并，再审破产	法人人格高度混同，区分关联企业财产成本过高，不合并将严重损害债权人利益	《公司法》第二十条第一款、第二十一条第一款，《企业破产法》第二条第一款、第七条第二款，《最高人民法院关于适用〈中华人民共和国企业破产法〉若干问题的规定(一)》第一条、第四条第一项，参照最高人民法院《全国法院破产审判工作会议纪要》第三十二条、第三十四条
223	江苏星鑫工程管道有限公司与江苏星之烁管道有限公司合并破产清算案	(2018)苏1182破10号之一，(2019)苏1182破3号之一	分别破产，再行合并	资产、财务、人员、经营场所等方面高度混同；区分成本过高；提高效率	《公司法》第二十条、第二十一条、第二百一十六条，《企业破产法》第一条、第四条，《民事诉讼法》第一百五十四条第一款第十一项
224	江西大华投资集团有限公司等三家公司实质合并破产清算案	(2018)赣0921破2号，(2019)赣0921破1、2号	分别破产，再行合并	法人人格高度混同；区分各关联企业成员财产的成本过高；严重损害债权人公平清偿利益时	《公司法》第三条第一款、第二十条、第二十一条，《企业破产法》第二条、第四条，《民事诉讼法》第一百五十四条第一款第十一项
225	高邮市诚信物流有限公司等三家公司实质合并破产重整案	(2018)苏1084破1-4号	分别破产，再行合并	实际控制人、办公地点相同，管理人员混同、债权债务主体混同、相互担保等财务混同现象	无

续表

序号	案件名称	案号	启动模式	裁判理由	裁判依据
226	宣城万盛置业有限公司等四家公司实质合并破产清算案	（2018）皖18破14号	部分破产，再行并入	资金、资产、债务及经营场地等方面高度混同	《企业破产法》第一条、第二条第一款、第七条第一款
227	杭州广富实业有限公司等六家公司实质合并重整案	（2018）浙0111破19、20、21、22、23、24号	先行合并，再审破产	六家公司法人人格高度混同	《企业破产法》第一条、第二条
228	河北威控机电设备有限公司等三家公司实质合并重整案	（2018）冀0691破3号	分别破产，再行合并	投资主体混同、管理团队混同、债务及财务高度混同等情况，且都有到期债务不能清偿情形，鉴于三家公司法人人格高度混同，不合并破产重整会导致难以区分各关联企业成员的财产、损害债权人公平清偿利益的问题	《企业破产法》第二条、第四条，《公司法》第二十条、第二十一条，《民事诉讼法》第一百五十四条第一款第十一项
229	山东大海集团有限公司等五十七家公司实质合并破产重整案	（2018）鲁05破42号28家合并	分别破产，再行合并	法人人格高度混同；区分成本巨大；债权人公平受偿权益	《公司法》第三条第一款、第二百一十六条第四项，《企业破产法》第一条、第四条，《民事诉讼法》第一百五十四条第一款第十一项，并参考了《全国法院破产审判工作会议纪要》第三十二条、第三十三条
230	重庆珠峰投资有限公司等六家公司实质合并破产重整案	（2018）渝0116破12号民事裁定书	分别破产，再行合并	六家公司持控股、生产经营场所、人员及管理、主营业务情况、账务管理、资产与负债混同	《民法总则》第六条，《公司法》第二十条第三款，《企业破产法》第一条

续表

序号	案件名称	案号	启动模式	裁判理由	裁判依据
231	江苏省纺织工业集团进出口有限公司等六家公司实质合并破产重整案	(2017)苏01破1、6、7、8、9、10号之二	分别破产,再行合并	高管人员,财务人员及行政人员共用;公司住址相同;财务混同;业务混同;存在大量关联债务及担保	《企业破产法》第一条、第二条
232	江苏巨圣新材料集团有限公司等五家公司实质合并破产清算案	(2017)苏13破6号之一	分别破产,再行合并	注册经营场所、经营管理人员、资产、财务管理高度混同,财产及债权债务无法完全区分;提升效率;保护各方当事人	《公司法》第三条第一款、第二十条第三款,《企业破产法》第四条、第三十条,《民事诉讼法》第一百四十条
233	南京海鹰食品有限公司与江苏海鹰食品有限公司合并破产清算案	(2017)苏0115破10号之二、11号之二	分别破产,再行合并	人员、经营场所、资产、财务管理等方面均存在混同;成本过高、严重损害债权人公平清偿的利益	《企业破产法》第一条、第二条
234	武汉江河化工有限公司等六家公司实质合并破产重整案	(2017)鄂0112破2-3号	分别破产,再行合并	人格高度混同	《公司法》第三条第一款、第二十一条第二款、第二百一十六条第四项,《企业破产法》第一条、第四条和《民事诉讼法》第一百五十四条第一款第十一项
235	滁州澳兴机械科技有限公司与滁州澳凯装备模具有限公司实质合并破产清算案	(2017)皖1102破2号	分别破产,再行合并	财产、人员和业务高度混同	《公司法》第二十条,《企业破产法》第四条,《民事诉讼法》第一百五十四条第一款第十一项

续表

序号	案件名称	案号	启动模式	裁判理由	裁判依据
236	浙江永正控股有限公司等三十七家公司实质合并破产清算案	（2017）浙0111破10－43、50、51、52号	部分破产，再行并入	三十七家公司法人人格高度混同	《企业破产法》第一条、第二条
237	四川江华泵业有限公司与重庆道隆机械有限公司实质合并破产重整案	（2017）渝0116破10号民事裁定书	分别破产，再行合并	同一实际控制人；生产经营场所、人员及财务管理、主营业务、资产与负债混同	《民法总则》第六条，《公司法》第二十条第三款，《企业破产法》第一条
238	重庆秦谋科技开发有限公司与重庆昂龙冶金材料有限公司实质合并破产重整案	（2017）渝0116破5号之三	分别破产，再行合并	丧失公司法人意志独立性；丧失公司法人财产独立性	《民法总则》第六条，《公司法》第二十条第三款，《企业破产法》第一条
239	重庆市和太金属表面处理有限公司与重庆海皓涂料有限公司实质合并破产重整案	（2017）渝0116破9号民事裁定书	分别破产，再行合并	两家公司股东及实际控制人同一、生产人员及管理人员、生产经营、财务管理、资产权属及使用、经营场所、机器设备、存货、债务混同	《民法总则》第六条，《公司法》第二十条第三款，《企业破产法》第一条
240	重庆家博士股份有限公司与重庆倾国倾城家居有限公司实质合并破产清算案	（2017）渝0107破16号	分别破产，再行合并	同一实际控制人控制，两公司间存在经营混同、财务混同、人员混同等情况，构成公司法人人格高度混同	《企业破产法》第一条、第二条、第四条，《民事诉讼法》第五十二条第一款，《最高人民法院关于适用〈中华人民共和国民事诉讼法〉的解释》第二百二十一条

续表

序号	案件名称	案号	启动模式	裁判理由	裁判依据
241	河南新飞家电有限公司等三公司实质合并破产重整案	（2017）豫07民破6、7、8号	分别破产，再行合并	三家公司虽然形式上在工商行政管理部门登记为各自独立的企业法人，但实质上存在关联关系，并在财产、人员、经营管理、债权债务等方面普遍存在混同现象，致使彼此之间严重丧失了法人财产独立性和法人意志独立性，法人人格已高度混同，对外均不具有独立承担民事责任的基础和能力	《企业破产法》第二条、第四条、第七十一条和《民事诉讼法》第一百五十四条第一款第十一项
242	齐星集团有限公司等二十七家公司实质合并破产重整案	（2017）鲁1626破1－11、13、15－29号之一	分别破产，再行合并	二十七家公司在人员、财务、资金、资产、运营等方面存在高度混同情形，各相关公司利益相互输送、转移，且公司间存在巨额多重贷款互保关系，丧失了对各自企业的经营决策权和意志控制力，从而导致关联公司的各自财产无法明确区分、债权债务相互交叉且界限模糊，已构成法人人格混同，造成对债权人权益的实质损害	《企业破产法》第二条、第四条、第七十一条，《公司法》第三条第一款、第二十条第三款，《民事诉讼法》第一百五十四条第一款第十一项
243	江苏迎浪科技集团有限公司与江苏迎浪科技集团炉料有限公司实质合并破产清算案	（2016）苏1023民破字1－3号，（2021）苏1023破2号之一	分别破产，再行合并	法定代表人、实际控制人、主要人员一致；营业场所均为同一地址；财产混同；债务混同	《公司法》第二十条第一款、第二十一条、第二百一十六条第四项，《企业破产法》第一条、第四条，《民事诉讼法》第一百五十四条第一款第十一项

续表

序号	案件名称	案号	启动模式	裁判理由	裁判依据
244	杭州杭宏电力承装有限公司等十三家公司实质合并破产清算案	（2016）浙0109民破12、13、14、15、16、17、18、19、20、21、22、23、24号	分别破产，再行合并	十三家公司的控股权存在高度关联；十三家公司的经营场所混同，实物资产也存在混同；十三家公司存在财务混同，虽然十三家公司均有建账核算，但财务人员混同；十三家公司间资金往来频繁，往来款余额巨大，且为取得融资相互担保，各公司间债权债务关系相互牵扯、高度关联；参加听证的债权人代表对合并破产意见不一	《企业破产法》第一条、第二条第一款

后　记

2017年，供给侧结构性改革正如火如荼，破产法作为市场经济的主角已再次登场，成为理论和实务中的热点。我怀着对破产法学的学术兴趣，从企业法踏入企业破产法的研究浪潮。彼时，关联企业实质合并破产裁判案例开始在国内出现，但学术研究成果寥寥。关联企业实质合并破产的理论基础是什么？适用界限在哪？是否应该将其纳入企业破产法当中？立法如何设计？这些问题亟待回应。在此背景下，我选取了"关联企业实质合并破产制度研究"作为我的博士毕业论文选题。就选题而言，作为一个毫无破产实务经验、破产法理论积淀较少的应届博士研究生，选择实务性较强的破产制度类题目，无疑不算明智。也正因如此，在本文的写作过程中，我开启了研习破产法学的学术生涯，积累了一些破产法学的理论知识，也度过了研习破产法之初的彷徨迷茫阶段。

本书的书稿在我的电脑里放置多年，一直想在对相关问题有更深的思考后加以完善、发表。但由于个人惰性，一直未能及时完成。没想到这些年相关实践和理论发展迅速，新一轮《企业破产法》修订也对引入该制度讨论热烈，书中很多观点先后在各种著作中已有体现，我的一些疑惑也得到了解答。为了提升可读性，本书在原有博士论文基础上删减了部分不成熟的内容、增加了对近些年的案例和法律文本的梳理和分析，期望能为关联企业实质合并破产问题的研究和立法提供些许参考。毫无疑问，本书的写作仍然存在较多的不足，观点也可能存在偏颇之处，敬请学界前辈同仁批评指正。

本书算是我学术生涯的习作和阶段性总结，其得以顺利完成和出版离不开诸多师友的帮助。其中，我要特别感谢我的硕士导师卢代富教授、博士导师王怀勇教授、博士后导师李曙光教授，三位恩师先后在我的求学生涯里提供了悉心的教导，也为本书出版作序鼓励。可惜我资质愚钝，学术能力有限，使得本书可能难以达到他们的期望。唯有日后潜心研究、打磨自己、不断进取，方能不负师恩。在求学、工作和生活中，我还得到了非常多的老师、同门、同事、同学、学友的关心和帮助,恕我在此不一一列举,“简单地”道一句“感谢,铭记在心!”当然,我还要感谢法律出版社法商分社薛晗分社长、赵明霞编辑提供了高效、专业、细致的编辑工作,使本书得以顺利出版。最后,感谢我的家人,你们的爱是我前进的动力。

是为记。

钟　颖

2023 年 3 月于重庆渝北